# 汽 车 概 论

## （第4版）

曹建国　廖林清　等 编著

重庆大学出版社

## 内 容 提 要

本书主要介绍了汽车基本知识,其内容包括:汽车发展史、汽车性能、汽车构造、汽车材料、汽车电子技术、汽车的排污与噪声、汽车驾驶技术、汽车相关技术法规等。

本书可作为高等学校非汽车专业,高职高专学校汽车专业以及汽车驾驶学校的教材,也可作为从事汽车设计、制造,交通运输等人员的参考书。

**图书在版编目(CIP)数据**

汽车概论/曹建国等编著.—3 版.—重庆:重庆大学出版社,2009.8(2019.1 重印)
(车辆工程专业本科系列教材)
ISBN 978-7-5624-1262-5

Ⅰ.汽…  Ⅱ.曹…  Ⅲ.汽车—高等学校—教材  Ⅳ.U46

中国版本图书馆 CIP 数据核字(2009)第 047301 号

## 汽 车 概 论
### (第 4 版)

曹建国  廖林清  等 编著

责任编辑:曾令维    版式设计:曾令维
责任校对:谢  芳  责任印制:张  策

*

重庆大学出版社出版发行
出版人:易树平
社址:重庆市沙坪坝区大学城西路 21 号
邮编:401331
电话:(023) 88617190  88617185(中小学)
传真:(023) 88617186  88617166
网址:http://www.cqup.com.cn
邮箱:fxk@cqup.com.cn(营销中心)
全国新华书店经销
POD:重庆新生代彩印技术有限公司

*

开本:787mm×1092mm  1/16  印张:17.25  字数:431 千
2016 年 1 月第 4 版    2019 年 1 月第 13 次印刷
ISBN 978-7-5624-1262-5  定价:45.00 元

# 再版前言

在现代社会中,汽车已成为人们日常工作和生活的必备交通工具,汽车已逐步进入百姓家庭,不但从事汽车专业的人员需要学习研究汽车理论知识,用以提高汽车产品的产品质量和水平,同时广大汽车使用者也迫切需要了解汽车的有关知识,以及大专院校非汽车专业的学生、工程技术人员也迫切需要扩展专业技术知识,学习汽车技术。为此我们编写了这本全面介绍汽车有关知识的教材。

本书在前两版的使用过程中,承蒙读者及专家的指正,在此表示衷心的感谢。应广大读者的要求,我们对有关内容进行了修订和补充。

参加本书修订工作的有曹建国、廖林清、陈莹莹、杨英、王敬、黄超群等同志。其中曹建国编写了第2,3,8章、廖林清编写了第4章、陈莹莹编写了第1,10章、杨英编写了第5章、王敬编写了第6,7章、黄超群编写了第9章。

在本书编写过程中借鉴了不少同志的宝贵材料,在此表示真诚的谢意。

编　者

2016 年 1 月

# 目录

1

# 第1章

# 汽车发展概况

## 1.1 汽车的定义与分类

在美国,汽车(Motor Vehicle)是指由本身的动力驱动(不包括人力、畜力),装有驾驶操纵装置的在固定轨道以外的道路或自然地域上运输客货或牵引其他车辆的车辆。在日本,汽车则指自身装有发动机和操纵装置的、不依靠轨道和架线能在陆上行驶的车辆。在中国,汽车的定义与分类,与美国和日本均有所不同,本节介绍中国对汽车的定义与分类。

### 1.1.1 汽车的定义

汽车是一种快速而机动的陆路运输工具。它由动力驱动,具有4个或4个以上车轮的非轨道承载的车辆,主要用于载运人员或货物,牵引载运人员或货物及一些特殊用途。与电力线相联的车辆(如无轨电车)以及整车整备质量超过400 kg的三轮车辆也属于汽车的范畴。

挂车就其设计和技术特性来看,需要汽车牵引才能正常使用,因此,挂车是一种无动力的道路车辆,不属于汽车的范畴,而它们与牵引汽车组成的汽车列车则属于汽车列车的范畴。

### 1.1.2 汽车的分类

汽车分类方法较多,主要介绍以下几种:

依据国家标准(GB/T 3730.1—2001)可对汽车进行如下分类:

(1)乘用车 PASSENGER CAR(见表1-1)

乘用车主要用于载运乘客及其随身行李或临时物品的汽车,包括驾驶员座位在内最多不超过9个座位。主要包括基本乘用车、MPV、SUV及除以上三类外所有乘用车共4类品种;它也可牵引一辆挂车。

表 1-1　乘用车的分类及其定义

| 序号 | 术语 | 定义 |
|---|---|---|
| 1 | 普通乘用车<br>saloon（sedan） | 车身:封闭式,侧窗中柱有或无。<br>车顶(顶盖):固定式,硬顶。有的顶盖一部分可以开启。<br>座位:4 个或 4 个以上座位,至少两排。后座椅可折叠或移动,以形成装载空间。<br>车门:2 个或 4 个侧门,可有一后开启门 |
| 2 | 活顶乘用车<br>convertible saloon | 车身:具有固定侧围框架的可开启式车身。<br>车顶(顶盖):车顶为硬顶或软顶,至少有两个位置:封闭、开启或拆除。可开启式车身可以通过使用一个或数个硬顶部件或合拢软顶将开启的车身关闭。<br>座位:4 个或 4 个以上座位,至少两排。<br>车门:2 个或 4 个侧门。<br>车窗:4 个或 4 个以上侧窗 |
| 3 | 高级乘用车<br>Pullman saloon(pullman sedan)(executive limousine) | 车身:封闭式。前后座之间可以设有隔板。<br>车顶(顶盖):固定式,硬顶。有的顶盖一部分可以开启。<br>座位:4 个或 4 个以上座位,至少两排。后排座椅前可安装折叠式座椅。<br>车门:4 个或 6 个侧门,也可有一个后开启门。<br>车窗:6 个或 6 个以上侧窗 |
| 4 | 小型乘用车 coupe | 车身:封闭式,通常后部空间较小。<br>车顶(顶盖):固定式,硬顶。有的顶盖一部分可以开启。<br>座位:2 个或 2 个以上的座位,至少一排。<br>车门:2 个侧门,也可有一个后开启门。<br>车窗:2 个或 2 个以上侧窗 |
| 5 | 敞篷车<br>Convertible（open tourer）（roadster）（spider） | 车身:可开启式。<br>车顶(顶盖):车顶可为软顶或硬顶,至少有两个位置:第一个位置遮覆车身;第二个位置车顶卷收或可拆除。<br>座位:2 个或 2 个以上的座位,至少一排。<br>车门:2 个或 4 个侧门。<br>车窗:2 个或 2 个以上侧窗 |
| 6 | 舱背乘用车<br>hatchback | 车身:封闭式,侧窗中柱可有可无。<br>车顶(顶盖):固定式,硬顶。有的顶盖一部分可以开启。<br>座位:4 个或 4 个以上座位,至少两排。后座椅可折叠或可移动,以形成一个装载空间。<br>车门:2 个或 4 个侧门,车身后部有一舱门 |

续表

| 序号 | 术　语 | 定　义 |
|---|---|---|
| 7 | 旅行车<br>station wagon | 车身:封闭式。车尾外形按可提供较大的内部空间。<br>车顶(顶盖):固定式,硬顶。有的顶盖一部分可以开启。<br>座位:4 个或 4 个以上座位,至少两排。座椅的一排或多排可拆除,或装有向前翻倒的座椅靠背,以提供装载平台。<br>车门:2 个或 4 个侧门,并有一后开启门。<br>车窗:4 个或 4 个以侧窗。 |
| 8 | 多用途乘用车<br>multipurpose passenger car | 上述序号 1~7 所列车辆以外的,只有单一车室载运乘客及其行李或物品的乘用车。但是,如果这种车辆同时具有下列两个条件,则不属于乘用车:<br>(1)除驾驶员以外的座位数不超过 6 个;<br>只要车辆具有可使用的座椅安装点,就应算"座位"存在。<br>(2)$p - (M + N \times 68) > N \times 68$<br>式中:$p$——最大设计总质量;<br>$M$——整车整备质量与 1 位驾驶员质量之和;<br>$N$——除驾驶员以外的座位数。 |
| 9 | 短头乘用车<br>forward control passenger car | 一种乘用车,它一半以上的发动机长度位于车辆前风窗玻璃最前点以后,并且方向盘的中心位于车辆总长的前四分之一部分内。 |
| 10 | 越野乘用车<br>off-road passenger car | 在其设计上所有车轮同时驱动(包括一个驱动轴可以脱开的车辆),或其几何特性(接近角、离去角、纵向通过角、最小离地间隙)、技术特性(驱动轴数、差速锁止机构或其他形式机构)和它的性能(爬坡度)允许在非道路上行驶的一种乘用车。 |
| 11 | 专用乘用车<br>special purpose passenger car | 运载乘员或物品并完成特定功能的乘用车,它具备完成特定功能所需的特殊车身或装备。<br>例如:旅居车、防弹车、救护车、殡仪车等。 |
| 11.1 | 旅居车<br>motor caravan | 旅居车是一种至少具有下列生活设施结构的乘用车:<br>(1)座椅和桌子;<br>(2)睡具,可由座椅转换而来;<br>(3)炊事设施;<br>(4)储藏设施。 |
| 11.2 | 防弹车<br>armoured passenger car | 用于保护所运送的乘员或物品并符合装甲防弹要求的乘用车。 |
| 11.3 | 救护车<br>ambulance | 用于运送病人或伤员并为此目的配备专用设备的乘用车。 |
| 11.4 | 殡仪车<br>hearse | 用于运送死者并为此目的而配备专用设备的乘用车。 |

注:1. 表 1-1 中序号 1~6 给出的乘用车俗称轿车。
　　2. 定义中的车窗指一个玻璃窗口,它可由一块或几块玻璃组成(例如通风窗为车窗的一个组成部分)。

### （2）商用车 COMMERCIAL VEHICLE（见表 1-2）

在设计和技术特性上用于运送人员和货物的汽车，并且可以牵引挂车。主要包括座位数大于 9 座的客车、货车、半挂牵引车等。

表 1-2　商用车的分类及其定义

| 序号 | 术　语 | 定　义 |
|---|---|---|
| 1 | 客车<br>bus | 在设计和技术特性上用于载运乘客及其随身行李的商用车辆，包括驾驶员座位在内座位数超过 9 座。<br>客车有单层的或双层的，也可牵引挂车。 |
| 1.1 | 小型客车<br>minibus | 用于载运乘客，除驾驶员座位外，座位数不超过 16 座的客车。 |
| 1.2 | 城市客车<br>city-bus | 一种为城市内运输而设计和装备的客车。这种车辆设有座椅及站立乘客的位置，并有足够的空间供频繁停站时乘客上下车。 |
| 1.3 | 长途客车<br>interurban coach | 一种为城间运输而设计和装备的客车。这种车辆没有专供乘客站立的位置，但在其通道内可载运短途站立的乘客。 |
| 1.4 | 旅游客车<br>touring coach | 一种为旅游而设计和装备的客车。这种车辆的布置要确保乘客的舒适性，不载运站立的乘客。 |
| 1.5 | 铰接客车<br>articulated bus | 一种由两节刚性车厢铰接组成的客车。在这种车辆上，两节车厢是相通的，乘客可通过铰接部分在两节车厢之间自由走动。这种车辆可以按 1.2 ~ 1.4 进行装备。<br>两节刚性车厢永久联结，只有在工厂车间使用专用的设施才能将其拆开。 |
| 1.6 | 无轨电车<br>trolley bus | 一种经架线由电力驱动的客车。<br>这种电车可指定用作多种用途，并按 1.2,1.3 和 1.5 进行装备。 |
| 1.7 | 越野客车<br>off-road bus | 在其设计上所有车轮同时驱动（包括一个驱动轴可以脱开的车辆）或其几何特性（接近角、离去角、纵向通过角、最小离地间隙）、技术特性（驱动轴数、差速锁止机构或其他形式机构）和它的性能（爬坡度）允许在非道路上行驶的一种车辆。 |
| 2.1.2.1.8 | 专用客车<br>special bus | 在其设计和技术特性上只适用于需经特殊布置安排后才能载运人员的车辆。 |
| 2 | 半挂牵引车<br>semi-trailer towing vehicle | 装备有特殊装置用于牵引半挂车的商用车辆。 |
| 3 | 货车<br>goods vehicle | 一种主要为载运货物而设计和装备的商用车辆，它是否牵引挂车均可。 |
| 3.1 | 普通货车<br>general purpose goods vehicle | 一种在敞开（平板式）或封闭（厢式）载货空间内载运货物的货车。 |

| 序号 | 术语 | 定义 |
|---|---|---|
| 3.2 | 多用途货车<br>multipurpose goods vehicle | 在其设计和结构上主要用于载运货物,但在驾驶员座椅后带有固定或折叠式座椅,可运载3个以上乘客的货车。 |
| 3.3 | 全挂牵引车<br>trailer towing vehicle | 一种牵引杆式挂车的货车。<br>它本身可在附属的载运平台上运载货物。 |
| 3.4 | 越野货车<br>off-road goods vehicle | 在其设计上所有车轮同时驱动(包括一个驱动轴可以脱开的车辆)或其几何特性(接近角、离去角、纵向通过角、最小离地间隙)、技术特性(驱动轴数、差速锁止机构或其他形式的机构)和它的性能(爬坡度)允许在坏路上行驶的一种车辆。 |
| 3.5 | 专用作业车<br>special goods vehicle | 在其设计和技术特性上用于特殊工作的货车。例如:消防车、救险车、垃圾车、应急车、街道清洗车、扫雪车、清洁车等。 |
| 3.6 | 专用货车<br>specialized goods vehicle | 在其设计和技术特性上用于运输特殊物品的货车。例如:罐式车、乘用车运输车、集装箱运输车等。 |

**(3)按用途分类**

1)轿车 轿车用于载运人员及其随身物品。是座位布置在两轴之间的四轮汽车。它的座位不多于9个(包括驾驶员在内)。

①按发动机排量分类 轿车按所用发动机汽缸工作容积(排量)分成:

a. 微型轿车 排量≤1.0 L,如长安奥拓、天津夏利、菲亚特126。

b. 普通级轿车 排量1.0~1.6 L,如拉达、雪铁龙 BX16。

c. 中级轿车 排量 1.6~2.5 L,如上海桑塔纳、一汽奥迪100。

d. 中高级轿车 排量 2.5~4 L,如日本皇冠 HT2800。

e. 高级轿车 排量4 L以上,如红旗 CA770D、美国通用公司产总统自用车。

②按车身形式分类 轿车可分为普通轿车、活顶轿车、旅行轿车和华贵轿车等几种类型(图 1-1)。

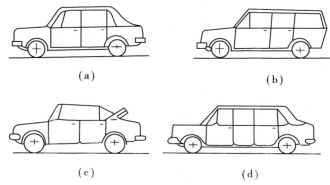

(a)       (b)

(c)       (d)

图 1-1 按车身形式对轿车分类
(a)2 侧门普通轿车;(b)旅行轿车;(c)活顶(篷顶)轿车;(d)华贵轿车

2) 客车　客车用于载运乘客及其所携带的行李, 一般有 9 个以上座位(包括驾驶员座)。

① 按其总长度分类

a. 微型客车　总长度不超过 3.5 m。

b. 轻型客车　总长度 3.5 ~ 7 m。

c. 中型客车　总长度 7 ~ 10 m。

d. 大型客车　总长度大于 10 m。

② 按用途不同, 客车可分为旅行客车、城市客车、长途客车、游览客车、铰接式客车及双层客车等(图 1-2)。

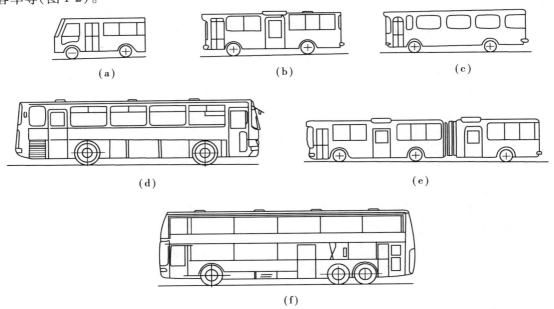

图 1-2　客车的分类

(a) 旅行客车; (b) 城市客车; (c) 长途客车; (d) 游览客车; (e) 铰接式客车; (f) 双层客车

3) 货车　货车是运载货物的汽车, 又称载重汽车或卡车。通常采用前置发动机, 车身分为独立的驾驶室和货箱两部分。

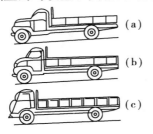

图 1-3　按驾驶室结构类型对货车分类

(a) 长头货车; (b) 平头货车; (c) 短头货车

① 按最大总质量分

a. 微型货车　最大总质量不超过 1.8 t。

b. 轻型货车　最大总质量 1.8 ~ 6.0 t。

c. 中型货车　最大总质量 6.0 ~ 14.0 t。

d. 重型货车　最大总质量 14 t 以上。

② 按驾驶室的外形和结构分为长头货车、平头货车和短头货车(图 1-3)。

4) 专用(特种)汽车　为完成特定的载运(货物或人员)或作业任务, 装有专用设备或经过特殊改装的汽车。它可分为专用轿车、专用客车、专用货车及特种作业车。

① 专用轿车　以轿车为基础进行改装而成, 如检阅车、指

挥车、运动车等。

②专用客车　以客车为基础进行改装而成,如囚车、监察车、救护车等。

③专用货车　为载运特殊货物装有专用设备的货车,如自卸车、罐式车、保温冷藏车等。

④特种作业车　装有专用设备用于完成特殊任务的特种汽车,如消防车、高空作业车等。有的特种作业车,兼有完成作业和运输任务的功能,如垃圾集运车、洒水车、水泥搅拌车等。

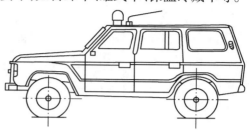

5)越野汽车　主要用于非公路条件下载运人员或货物或牵引各种装备的汽车。如图1-4为一种硬顶式越野车。

图1-4　硬顶式越野客车(4×4)

6)工矿自卸汽车　主要用于矿区、工地运输矿石、砂土等散装货物,并能自行卸货的汽车。这种汽车的最大总质量和最大轴载质量一般都超过公路承载规定,不能在普通公路上行驶,且需采用多桥驱动形式。工矿自卸汽车的允许最大装载质量一般为15 t以上,最大的已达300 t,需采用大功率柴油发动机。装载质量较小的工矿自卸汽车可采用长头式或平头式驾驶室,装载质量较大的一般采用仅设驾驶员座的半边头式驾驶室(图1-5)。

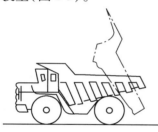

图1-5　工矿自卸汽车(半边头驾驶室)

7)农用汽车　农用汽车是农村地区运输用或农耕作业用汽车。一般农用汽车结构简单,造价较低,发动机功率较小而输出转矩较大,车速较低(20 ~ 45 km/h),最大装载质量较小(1 000 kg以下),轮胎附着性能好,离地间隙高。

农用汽车可分为:

农村运输汽车——主要用于农村地区的货物运输,在农村公路和田间道路行驶,具有较好的越野性能。

农用运输作业车——既可用于农村地区运输,也可用于田间作业,多装有拉钩,装上农用装备后可进行撒肥、播种、喷药、除草等田间作业。

多功能农用汽车——其发动机功率较大,结构较复杂,造价较高。除用于货物运输外,可装用特种设备,可输出动力,进行铡草、磨面、抽水等工作。

8)牵引汽车和汽车列车

牵引汽车专门用于牵引各种挂车。由牵引车与挂车共同组成的车称为汽车列车,参见图1-6。

**(4)按动力装置种类及所用燃料分类**

1)蒸汽机汽车——以蒸汽机为动力装置的汽车。

2)电动汽车——车上装有蓄电装置和电动机,由电力驱动的汽车。

3)内燃机汽车——以内燃机为动力装置的汽车。按发动机所用的燃料分:有汽油机汽车和柴油机汽车,也有专门采用液化石油气、甲醇、乙醇、煤油、煤气、天然气等代用燃料的汽车。

4)其他动力装置汽车——有装用燃汽轮机的汽车,有装用斯特林发动机(外燃式发动机)的汽车,新研制的有用氢气燃料的汽车,用太阳能的汽车等。还有20世纪60年代后期出现的复合动力汽车,装有两种动力装置,而其中之一必须具有回收能量的储能装置,如内燃机和蓄

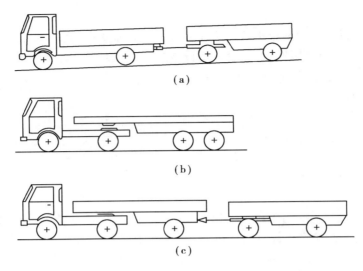

图 1-6 牵引汽车、挂车和汽车列车
(a)全挂牵引汽车和全挂车组合的全挂汽车列车;(b)半挂牵引
汽车和半挂车组合的半挂汽车列车;(c)双挂汽车列车

电池复合动力汽车。

**(5)按发动机布置分类**

1)前置发动机汽车——发动机位于汽车前端的汽车。

2)后置发动机汽车——发动机位于汽车后端的汽车。

3)中置发动机汽车——发动机位于前后桥之间的汽车。

4)下置发动机汽车——发动机位于车身地板下面的汽车。

5)双发动机汽车——汽车前后端都装有发动机的汽车。

**(6)按法规分类**

有的国家制订了有关车辆法规和交通法规,对道路行驶的车辆进行分类管理。如日本的《道路运输车辆法》和《道路交通法》。前者将汽车分为:普通汽车、小型汽车、轻型汽车、大型特种车、小型特种车。而后者则分为:大型汽车(总质量 8 000 kg 以上,最大装载质量 5 000 kg 以上或乘客定员在 30 人以上的汽车),普通汽车、轻型汽车(车身长 3.0 m 以下,宽 1.3 m 以下,高 2.0 m 以下,以内燃机为动力,排量在 360 mL 以下)、大型特种车、小型特种车(车身长 4.7 m 以下,宽 1.7 m 以下,高 2.0 m 以下,时速不超过 15 km/h,以内燃机作为动力,其排量在 1 500 mL 以下的特殊构造的机动车辆)。

有的国家按公路交通法规将汽车分为:

1)公路用汽车 指符合公路交通法规限制,如轮廓尺寸、总质量、轴载荷等的限制的汽车。

2)非公路用汽车 指超出公路交通法规限制条件的汽车,如越野汽车、工矿自卸汽车、农用汽车等。

## 1.2　中国汽车产品型号的构成及识别代码

国家于1959年颁布了汽车专业标准130—59《汽车产品编号规则》，1961年原机械工业部又提出了《关于汽车产品编号原则的补充规定》，1988年又颁布了 GB 9417—88《汽车产品型号编制规则》，于1989年1月1日起实施。

### 1.2.1　国产汽车产品型号的构成

汽车的产品型号由企业名称代号、车辆类别代号、主参数代号、产品序号组成。必要时附加企业自定代号（图1-7）。对于专用汽车及专用半挂车还应增加专用汽车分类代号（图1-8）。

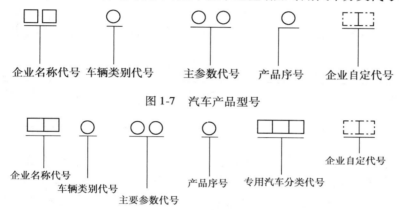

图1-7　汽车产品型号

□—用汉语拼音字母表示　　○—用阿拉伯数字表示　　[_._]—用汉语拼音字母或阿拉伯数均可

图1-8　汽车产品型号

1）企业名称代号　位于产品型号的第一部分，用代表企业名称的汉语拼音字母表示。

2）车辆类别代号　位于产品型号的第二部分，用一位阿拉伯数字表示，按表1-3规定。

表1-3　车辆分类代号

| 车辆类别代号 | 车辆种类 | 车辆类别代号 | 车辆种类 | 车辆类别代号 | 车　辆　种　类 |
|:---:|:---:|:---:|:---:|:---:|:---:|
| 1 | 载货汽车 | 4 | 牵引汽车 | 7 | 轿　车 |
| 2 | 越野汽车 | 5 | 专用汽车 | 8 | |
| 3 | 自卸汽车 | 6 | 客　车 | 9 | 半挂车及专用半挂车 |

注：表列代号也适用于所列车的底盘。

3）主参数代号　位于产品型号的第三部分，用两位阿拉伯数字表示。

①载货汽车、越野汽车、自卸汽车、牵引汽车、专用汽车与半挂车的主参数代号为车辆的总质量（t）。牵引汽车的总质量包括牵引座上的最大质量。当总质量在100 t以上时，允许用3位数表示。

②客车及半挂车的主参数代号为车辆长度（m）。当车辆长度小于10 m时，应精确到小数

点后一位,并以长度(m)值的 10 倍数值表示。

③轿车的主参数代号为发动机排量(L)。应精确到小数点后一位,并以其值的 10 倍数值表示。

④专用汽车及专用半挂车的主参数代号。当采用定型汽车底盘或定型半挂车底盘改装时,若其主参数与定型底盘原车的主参数之差不大于原车的 10%,则应沿用原车的主参数代号。

⑤主参数的数字修约按《数字修约规则》的规定。

⑥主参数不足定位数时,在参数前以"0"占位。

4)产品序号　位于产品型号的第四部分,用阿拉伯数字表示,数字由 0,1,2,…依次使用。

5)当车辆主参数有变化,但不大于原定型设计主参数的 10% 时,其主参数代号不变;大于 10% 时,应改变主参数代号,若因为数字修约而主参数代号不变时,则应改变其产品序号。

6)专用汽车分类代号　位于产品型号的第五部分,用反映车辆结构特征和用途特征的 3 个汉语拼音表示。结构特征代号按表1-4 的规定(同时适用于专用半挂车),用途特征代号另行规定。

表1-4　专用汽车分类代号

| 厢式汽车 | 罐式汽车 | 专用自卸汽车 | 特种结构汽车 | 起重举升汽车 | 仓栅式汽车 |
|---|---|---|---|---|---|
| X | G | Z | T | J | C |

7)企业自定代号　位于产品型号的最后部分,同一种汽车结构略有变化而需要区别时(例如汽油、柴油发动机,长、短轴距,单、双排座驾驶室,平、长头驾驶室,左、右置方向盘等),可用汉语拼音字母和阿拉伯数字表示,位数也由企业自定。供用户选装的零部件(如暖风装置、收音机、地毯、绞盘等)不属结构特征变化,应不给予企业自定代号。

**编制型号举例**

例1:中国第一汽车制造厂生产的第二代载货汽车,总质量为 9 310 kg,其型号为 CA1091。

例2:中国青岛汽车制造厂生产的总质量为 15 010 kg 的第二代半挂运输车,其代号为:QD9151。

例3:中国上海汽车厂生产的第二代轿车,发动机排量为 2.232 1 L,其型号为 SH7221。

例4:中国天津客车厂生产的第二代车长为 4 750 mm 的客车,其型号为:TJ6481。

例5:中国第二汽车制造厂生产的越野汽车,越野时总质量为 7 720 kg,其型号为 EQ2080。

例6:中国上海重型汽车厂生产的第一代自卸汽车,总质量为 59 538 kg,其型号为 SH3600。

例7:型号 CA1092 表示第一汽车厂生产的货车,总质量 9 t,末位数字 2 表示在原车型 CA1091 的基础上改进的新型。

例8:型号 CA7226L,表示第一汽车厂生产的轿车,发动机工作容积 2.2 L,序号 6 表示安装 6 缸发动机的车型,尾部字母 L 表示加长型(小红旗加长型中级轿车)。

### 1.2.2　我国汽车产品型号的识别码(VIN)

VIN( veihcle identifiy number)码,车辆识别号码,犹如人的身份证一样,具有在世界范围内对一辆车的唯一识别性。利用 VIN 代码可方便地查找车辆的制造者、销售者及使用者。国际标准化组织 ISO 在 1976 年制定了 ISO 3780《道路车辆——世界制造厂识别代号》后,各主要汽车生产国纷纷制定了自己的标准,建立了世界范围内的车辆识别系统。我国在 1996 年完成了有关车辆识别代号的报批工作,发布了四个重要标准:GB/T 16735、GB/T 16736、GB/T 16737、GB/T 16738,这四个标准等同采用了 ISO 标准。1998 年原国家机械工业部发布了有关使用 VIN 的规定,于 1999 年 1 月 1 日起在我国实施。

17 位的 VIN 码可以根据其各自代表的含义划分成三个部分,它们分别是世界制造厂识别代号(WMI)、车辆说明部分(VDS)和车辆指示部分(VIS)。

世界制造厂识别代号(WMI)——世界制造厂识别代号用来标识车辆制造厂的唯一性。ISO 组织授权美国汽车工程师学会 SAE 作为其国际代理,负责为世界各国指定地区代码及国别代码,负责 WMI 的保存与核对。我国获得授权负责中国境内(包括大陆、港、澳、台地区)的车辆识别代号的统一管理,负责 WMI 代号的分配。通常占车辆识别代号(VIN)的前 3 位。

车辆说明部分(VDS)——说明车辆的一般特性,由车辆识别代号(VIN)的第 4 位到第 9 位共 6 位字符组成。如果制造厂不用其中的一位或几位字符,应在该位置填入选定的字母或数字占位。此部分应能识别车辆的一般特征,其代号顺序由制造厂决定。

车辆指示部分(VIS)——制造厂为了区别不同车辆而指定的一组字符,车辆指示部分由车辆识别代号(VIN)的后 8 位字符组成,其最后 4 位字符应是数字。

以下以上海大众桑塔纳 2000 型轿车为例,了解一下 VIN 编码规则。

识别码 LSVHJ133022221761:

第 1～3 位世界制造厂识别代码:LSV——上海大众汽车有限公司。

第 4 位车身型式代码:H——4 门加长型折背式车身。

第 5 位发动机/变速器代码:J——AYJ(06BC)/FNV(01N.A)。

第 6 位乘员保护系统代码:1——安全气囊(驾驶员)。

第 7～8 位车辆等级代码:33——上海桑塔纳轿车、上海桑塔纳旅行轿车、上海桑塔纳 2000 轿车。

第 9 位校验位:0～9 中任何一数字或字母"X"。

第 10 位年份代码:2——2002。

第 11 位装配厂代码:2——上海大众汽车有限公司。

第 12～17 位车辆制造顺序号。

该 VIN 码的含义是:2002 年,上海大众汽车有限公司生产的桑塔纳 2000 型轿车,该车配备 AYJ 发动机,FNV(01N.A)自动变速器,出厂编号 221761。

## 1.3　汽车工业发展史

汽车,作为一种基本构思,早在 19 世纪 80 年代中期已经形成。今天,在饱经沧桑的旅程中走过了 100 多年。自第一辆实用的汽车问世之后 100 多年来,汽车在人们观念中一直是一种具有 4 个轮子、依靠内燃动力,用以载人或载物并在公路上行驶的运输工具。虽然随着技术进步,它的使用价值不断提高,它的操纵性能、使用经济性以及乘坐舒适性都远远超过了初创时期,但上述的基本概念并未发生变化。

原始的汽车是从马车发展而成的。19世纪中叶,燃烧汽油的内燃机制造成功,许多人设法把它装在马车上,取代马车来驱动车辆,成为"无马的马车"。德国的本茨(Benz)和戴姆勒(Daimler)于1886年首先研制成功。其后在英、法、美等国也相继出现,一时形成创造发明的热潮。

虽然现代汽车诞生在欧洲,但由于汽车工业大生产所要求的技术和条件,在当时的欧洲还不具备,欧洲的汽车工业未能形成。

世界汽车工业的最先形成是在美国。而美国汽车工业的形成,应首先归功于亨利·福特(Henry·Ford)。

福特是于1895年开始从事汽车制造业的,他制造的第一辆汽油车结构简单而实用,最高车速可达20公里/小时,销售十分紧俏,因而得到了市民的喜爱。1903年成立了福特(Ford)汽车公司,积极研制结构简单实用、性能完善而售价低廉的普及型轿车。1908年10月正式投产T型汽车。该车排量2.89 L,25马力(1马力=735 W),四缸四冲程汽油机。1913年创建了世界上第一条汽车装配生产流水线,并实行了工业大生产管理方式,产品系列化,零部件标准化,1914年福特汽车年产量达到30万辆;1926年达到200万辆。而每辆汽车售价,由首批的850美元,下降到1923年的265美元。由于福特不仅完成了现代汽车的总体结构模式,而且还使汽车工业走上了大生产的道路。可以说,从福特的T型汽车开始,人类才算真正地跨进了汽车时代。因此,福特汽车公司被誉为汽车现代化的先驱。

第一次世界大战后,欧洲的工业遭受了极大的破坏,而美国的工业发展却突飞猛进。加上美国政府特别重视汽车工业,使美国的汽车工业出现了飞跃。1923年,美国汽车年产量达到400万辆,占全世界汽车年产总量的91%。美国汽车工业的突飞猛进,不仅使汽车工业成为美国最主要的支柱工业,也使美国首先进入了现代化。

美国福特汽车公司(Ford)是汽车上所有零部件都自己制造的全能性公司;于1908年建立的美国通用汽车公司(GM)则是各零部件专业生产厂协作组建起来的专业性公司(集中装配、统一管理)。生产组织方式的改革使美国通用汽车公司(GM)在1927年汽车产量超过了美国福特汽车公司,成为世界上年产量最大的汽车制造公司。美国汽车工业的特点,主要是产品单一、高档豪华,而产量很大。美国汽车大量销往欧洲,并在欧洲各国建立分公司和总装厂。世界汽车工业的重心在美国。

1930年后,欧洲各国为了保护本国民族工业,开始对美国汽车进口提高了关税,特别是对汽车零部件进口课以重税,迫使美国在欧洲各国的汽车总装厂,改造成为汽车制造厂,由此也促进了欧洲各国汽车工业的发展。欧洲各国还利用本国的技术优势,以多品种和轻便普及型新产品与美国汽车进行竞争。例如,意大利的菲亚特(Fiat)轿车,西德的甲壳虫(Beetle)普及型轿车等。

1950年后,由于中东地区廉价石油的大量开采,更刺激了西欧汽车工业的发展。1970年后,西欧共同体的汽车年产总量超过了美国,而且西欧的大型汽车制造公司还纷纷到美国去投资建厂,明显地改变了第二次世界大战前美国福特汽车公司(Ford)和美国通用汽车公司(GM)到欧洲投资建厂的格局。

欧洲汽车工业的特点,既有美国式大规模生产的特征,又有欧洲式多品种高技术的趋势。世界汽车工业的重心从美国移向了欧洲,使欧洲和美国的汽车技术都得到了进一步的发展。例如,出现了发动机前置前驱动、后置后驱动、承载式车身、液力偶合器、转向梯形机构、防碎玻璃、感载比例阀、子午线及超低压轮胎;还出现了排气净化技术和稀燃技术;1950 年英国罗巴公司成功试制了第一台燃气轮机汽车;1958 年西德工程师弗利克斯·汪克尔(Wankel)发明了三角旋转活塞式发动机(即转子发动机)。

1960 年后,正当美国与欧洲的汽车工业在激烈竞争时,日本推行了终身雇佣制及全面质量管理(TQC),促进了劳动者与管理者之间的相互信任,提高了人员素质,调动了积极因素,使工业发展出现了飞跃。特别是日本的汽车工业,出现了有名的"丰田生产方式",从而在生产组织管理上发生了新的突破,生产出高质量、低消耗、价廉精巧多品种的汽车,畅销全世界。到 1987 年,日本汽车的年产总量占世界汽车年总产量的 26.6%,而美国和西欧四国只分别占 23.7% 和 24.8%。与此同时,日本的各大汽车制造公司纷纷到美国投资建厂,标志着世界汽车工业的重心已移向日本。

1970 年后,由于能源危机的严重冲击,各国对汽车的安全、净化、节油的要求越来越高。为此迫使各国在汽车设计制造和使用维修方面投入了大量的人力、财力和物力。从而使汽车工业进入了大规模、多品种、低消耗、高技术的新阶段。在 20 世纪 70 年代中,各国都在努力简化汽车的机械结构,减轻自重;努力改善汽车的使用性能,提高热机效率。为此汽车出现了小型化、轻量化、柴油机化,也出现了分层稀燃技术、代用燃料技术、新型润滑剂、传动系最佳匹配以及各式各样的节油技术。值得一提的是,1970 年后,苏联及东欧的汽车工业发展得很快。

1980 年后,随着对汽车的安全、净化、节油的要求越来越高,进一步发展机械结构已显得越来越困难;而与此同时,电子技术却发生了新的突破,于是汽车技术明显地发生了转折。电子技术和微机技术在汽车上的大量应用,使汽车技术向多功能、高精度、智能化方向发展,如电子防抱死装置、雷达防撞系统、微机控制自动变速系统等。电子技术使现代化汽车的结构和性能发生了根本的变化,从而又促进了汽车技术的发展。

综上可以看出,汽车工业从最初的小型作坊发展到今天的世界性的硕大产业,成为很多国家的支柱产业(同时也使得许多发展中国家把汽车工业作为支柱产业的发展),这期间经过了多次大的变革(见表 1-5),可以断言,在今后 20 年内,汽车工业向成本要素低的地区转移生产,大量引入柔性生产系统,将会使某些次发达国家的汽车市场及汽车产业迅猛发展,而引发第四次变革。

中国的汽车工业是在 1949 年后才建立起来的。1953 年 7 月第一汽车制造厂开始在长春市兴建,仅用三年建成并于 1956 年 10 月开工,大批生产装载 4 t 的解放 CA10 货车,从而结束了中国不能制造汽车的历史。在 1958 年该厂又制造了我国第一辆轿车——东风牌轿车,接着又开始小批量生产红旗 CA770 高级轿车。

20 世纪 50 年代后期和 60 年代,在一汽逐步扩大生产的同时,我国各地一批汽车修配企业相继改建成汽车制造厂,此外,城建和交通部门等也设立了一批公共交通车辆工厂,使我国汽车的品种和产量进一步发展。这批工厂及其产品主要有:南京汽车制造厂生产的装载 2.5 t 的跃进 NJ130 轻型货车、济南汽车制造厂生产的装载 8 t 的黄河 JN150 重型货车、北京汽车制造厂生产的 BJ212 轻型越野车、北京第二汽车制造厂生产的装载 2 t 的 BJ130 轻型货车、上海汽车制造厂生产的 SH760 中级轿车、上海客车厂生产的 SK640 中型客车和 SK660 铰接式客车以及北京市客车总厂生产的 BK640 和 BK651 客车等。1968 年在湖北省十堰市开始动工兴建我国规模最大的第二汽车制造厂,以后又建成生产重型汽车的四川、陕西汽车制造厂。第二汽车制造厂于 1975 年生产第一个车型——装载 2.5 t 的 EQ240 越野汽车,1978 年 7 月主导产品——装载 5 t 的东风 EQ140 货车正式批量投产,进一步促进了我国汽车工业的发展,并带动了一大批地方企业的发展。1980 年我国汽车年产量已超过 22 万辆。

表 1-5　汽车工业发展过程中的变革

| 变革序号 | 时　间 | 生产或产品的革新 | 市场迅速增长的地区 | 掌握世界汽车工业主动权的国家或地区 |
|---|---|---|---|---|
| 第一次 | 1902 年到 20 年代 | 产品标准化,大量生产体系 | 美　国 | 美　国 |
| 第二次 | 50 年代到 60 年代 | 多品种生产,强调产品技术 | 欧　洲 | 欧　洲 |
| 第三次 | 60 年代后期到整个 70 年代 | "准时"生产,以全面质量管理和企业集团建立新的生产组织系统 | 日　本 | 日　本 |
| 第四次 | 80 年代后期到 90 年代 | 在成本要素低的地区进行集中生产 | 某些次发达国家如韩国、墨西哥、巴西、中国 | 日本、美国、德国、法国 |
| 第五次 | 90 年代后期以来 | 大量引入柔性生产系统,出现"强强联合"和"技术创新"的新局势 | 中国、印度和拉丁美洲等地区 | 美国、德国、日本 |

20 世纪 80 年代,我国的改革开放使我国汽车工业又以更高的速度向前发展。1982 年 5 月在北京成立了中国汽车工业公司。在中汽公司的统一领导和管理下,汽车行业以各个大型骨干厂为主,联合一批相关的中、小企业组建了解放、东风、南京、重型、上海、京津冀六个汽车工业联营公司和一个汽车零部件工业联营公司,促进了企业之间的合作和专业化分工生产,有利于技术引进和技术改造。"六五"计划期间,我国汽车工业加快了主导产品更新换代和新产品开发的步伐,产品质量提高,品种增多,汽车产量翻了一番——1985 年产量超过 44 万辆。

1985 年,中央在"七五"计划建议中提出了要把汽车制造业作为支柱产业的方针,1987 年国务院又确定了发展轿车工业来振兴我国汽车工业的发展战略。这两项决定确立了我国汽车工业在国民经济中的重要地位以及汽车工业发展的重点。在中央的正确方针指引下,我国汽车工业坚持走联合、高起点、专业化、大批量的道路,进入了大发展时期。中汽公司及其下属机构经过调整改组,充实了解放、东风、重型三大汽车企业集团并在国家计划中单列户头。以天津、上海、沈阳等城市为中心的汽车生产企业也组成了一些地方性企业集团。此外,其他部、委所属企业以及一批军工企业也从事汽车产品的生产。"七五"计划期间一汽完成换型改造后已形成年产 8 万辆新一代装载 5 t 的 CA141(CA1091)货车的生产能力。二汽也已形成年产 10 万辆货车的生产能力。各汽车企业定型投产的基本车型有 30 多种,改装车、专用汽车新产品 200 多种。10 年来我国汽车工业有重点、有选择地引起国外先进技术 100 多项,其中整车项目有:与德国、法国、美国合资生产的轿车和吉普车,引进奥地利斯太尔(STEYR)和德国本茨(MERCEDES—BENZ)重型汽车,美国和英国矿用自卸车,意大利依维柯(IVECO)和日本五十铃(ISUZU)轻型货车,以及日本大发(DAIHATSU)和铃木(SUZUKI)微型汽车。为了发展轿车生产,我国已确定了以一汽、二汽、上海为三大基地。一汽与德国大众公司合资经营,1990 年奥迪 100(AUDI100)轿车的生产线正式开工投产,同年双方又签订了年产 15 万辆高尔夫(GOLF)和捷达(JETTA)轿车的协议书并开始兴建生产基地。二汽与法国雪铁龙(CITROEN)

公司合作生产轿车的协议书亦于 1990 年底签订并着手实施。上海与德国大众公司合资生产的桑塔纳(SANTANA)轿车,1985 年底投产以来第一阶段规划已基本完成,在"八五"规划末期预计年产量可超过 10 万辆,90 年代上海与通用公司合作生产别克高级轿车。除了三大轿车生产基地外,还确定了天津、北京、广州三个较小的轿车生产基地:天津引进日本大发公司技术生产夏利(CHARADE)微型轿车,北京与美国汽车公司(AMC)合资生产切诺基(CHEROKEE)吉普车,以及广州与法国标致汽车公司合资生产的标致 505(PEUGEOT505)轿车,广州和日本本田合作生产本田雅阁高级轿车。

我国汽车工业经过 50 年的艰苦创业、巩固、调整与发展,虽然与世界先进水平还有一定的差距,但已形成相当的规模并明确了发展的方向,为迅速腾飞奠定了较好的基础。汽车工业为我国的国民经济做出了重要贡献,已经成为我国重要的支柱产业之一。

## 1.4　汽车外形的演变

确定汽车外形的三要素是机械工程学、人类工程学和空气动力学,前两个因素在决定汽车物理构成的基本骨架上具有决定意义,而汽车外形受空气动力学的影响尤为显著。

现代汽车是一种复杂的技术设备,通常由很多零件组成一整体,汽车的 4 个基本结构是发动机、底盘、车身和电气设备。发动机是汽车的动力来源,底盘是把动力转换为行驶驱动力的一系列机构(包括传动、转向、制动等装置),而车身则是用来载人或载货的结构,此外,汽车还有转向驾驶机构、冷却系统、燃料和润滑系统以及提高使用性能的各种附件,如何把汽车的各种装置配合组成一种有效的行驶工具,主要是由机械工程学来完成的。

因为汽车是由人驾驶或供人乘坐的,如何确保乘员的空间、乘坐的舒适和驾驶的方便,就必须依据人体工程学进行汽车设计。首先,应从车身造型上确保乘员的空间,设计合理的座椅来保证乘坐的舒适,通过操纵机构的有机布置使驾驶方便,此外,扩大车窗增大视野,安置悬挂装置来减少震动,以及适当的车门形式来方便人们上下车。

空气动力学确定各种车辆外形的阻力,高速行驶的汽车除克服地面阻力之外,还受空气阻力的影响,降低车辆空气阻力,能减少油耗和排气污染。汽车行驶时,周围的空气便被分开形成气流,气流由车身正面分别向上下、左右流动,并在车身后部行成旋涡,气流的速度和方向随车身表面的凹凸情况而变化,与其对应的压力也随着变化。而且空气阻力与车速的平方成正比,风阻取决于汽车横截面和车身外形,主要是车身上部分的轮廓形状。侧风阻力对汽车的行驶性也很重要,高而垂直的车身对侧面来的风造成较大的阻力,行驶时的贴路性较差,低而呈圆形的车身产生较小的阻力。汽车外形越接近流线型,阻力系数越小。如果完全采用流线型车身,可以使风阻减至最小,但是这种车身并不实用,因为可供乘坐的空间太小了。自 1973 年石油危机以来,提高汽车经济性便是汽车设计的重大问题之一。所以,采用符合空气动力学原理的车身轮廓曲线,可获得较高的利益成本比。一般轿车的空气阻力系数的平均值为 0.41。1982 年德国的新奥迪 100 型轿车问世才使大量生产的轿车空气阻力系数第一次达到 0.30。目前市场上的轿车空气阻力系数已小于 0.30。

当然,汽车设计并不仅仅依据这三要素来进行的。此外,还有一些诸如人的审美、社会的经济水平和技术发展等因素都影响汽车的设计。现代汽车是累积机械工程学、空气动力学、人类工程学、燃料科学、电子科学和信息科学精华的结晶。节省能源、保护环境以及改善交通,这些是促使微型汽车逐渐流行的直接因素,也是迎合 21 世纪生活方式和交通环境发展的趋势。

汽车发明的初期,汽车并不是当做一种实用的交通工具,只是富裕阶层的娱乐工具,当时的汽车由于发动机功率小,所以一直没有车篷和车门。1904 年的汽车车轮与车体还是分离的,挡风玻璃近于垂直,驾驶员和乘客的座椅都完全暴露在气流中,人们只好穿上防尘衣、戴上护风眼镜在道路上行驶。由于汽油发动机功率的增大,提高了车辆行驶速度,于是后来出现了脚踏板、方向盘、轮罩,逐渐与车身融为一体,脱离马车形状(图 1-9),演变为现代的箱型汽车车身。

图 1-9　马车型汽车　　　　　　　　图 1-10　箱型汽车及车身高度的变迁

### 1.4.1　箱型汽车(图 1-10)

箱型汽车带车篷和车门。装置蒸汽机的公共汽车为使乘员免遭风雨侵袭就在马车的基础上设置车篷和车门。随着双缸发动机和四缸发动机的使用,汽车开始采用木结构的车篷,出现箱形汽车。1915 年美国出产的福特 T 型汽车确定了以后汽车的基本造型。早期的箱型汽车车室很高,类似中国的轿子,所以,当汽车引进中国后,人们称箱型汽车为轿车。为提高车速,必须降低车体高度,以减少车身迎面面积,箱型汽车在 1900 年几乎与马车同高(2.7 m),1910 年为 2.4 m,到 1920 年为 1.9 m。以意大利的菲亚特汽车(Fiat)为例子,可以清楚地看到车篷高度逐渐下降的趋势。由于车内乘坐人员,车身高度不能无限降下去,目前箱型汽车的高度以 1.3 m 为限。

### 1.4.2　甲虫型汽车(图 1-11)

从空气动力学的角度看,箱型车的前窗玻璃、车顶和后部都产生涡流,其空气阻力很大,阻碍汽车高速行驶,要减少迎面阻力必须减少迎面面积。1934 年,美国克莱斯勒汽车公司的设

图 1-11　甲虫型汽车

计师卡尔·布里尔（Carl Breer）根据空气动力学原理，模仿麦克唐纳·道格拉斯飞机（McDonnel-Donglas）的形状特征，设计了克莱斯勒气流牌轿车（Chryslcr Aeroflow），其车身侧面将发动机罩、前翼子板和灯形成一体而消除凸凹部分。由于时代欣赏能力的限制，这种车型在当时没有获得商业上的成功。然而，这一汽车式样却影响到后来的流线型设计。直到 1937 年，德国的波尔舍博士根据价廉、耐用、维修方便原则，设计的大众牌轿车（Volks Wagen1200），才真正使流线型汽车获得推广，到 1986 年底，已有 2 100 多万辆大众牌汽车问世，该车身造型合理，给人以新颖、柔和、流畅和高速感。由于流线型汽车的外形与甲虫体形相似，都符合流体力学，所以，流线型汽车也称为甲虫型汽车。流线型汽车除采用流线型的车身外，为减少空气的阻力提高车速，还将头灯、备胎、脚踏板都隐入车身内，车身高度相对降低，汽车造型更显得整齐、简洁。

### 1.4.3　船型汽车（图 1-12）

第二次世界大战后，人体工程学被应用在汽车设计上。福特汽车公司于 1949 年推出了具有历史意义的福特 V8 船型汽车（Ford V8），它强调以人为主的设计思想，使汽车操作轻便、乘坐舒适。该车将整个车室置于前后轮之间（颠簸最小），前为发动机，后为行李舱，车厢宽度为车身宽，发动机罩与前翼子板形成一体，车体外形近似于船舶，故称之为船型

图 1-12　船型汽车

汽车。从此开始，汽车设计采用直线和平面为主的方形造型，直至今日，船型汽车外形并未发生多大的变化。

### 1.4.4　鱼型汽车（图 1-13）

图 1-13　鱼型汽车

船型汽车具有人体工程学方面的优越性。但是，船型车尾部的阶梯状要产生空气涡流，对此，将船型汽车尾部阶梯形的后背逐渐倾斜，即成为苗条的鱼背形，因此称之为鱼型汽车。1952 年，美国通用汽车公司制造的别克车（Buick）最早采用斜背式；1964 年，克莱斯勒公司的顺风牌车是大量生产的斜背式鱼型汽车。以后，斜背式造型在各国汽车设计中逐渐被运用，由于采用方形造型，具有一种刚劲挺拔的力感和朴实、大方的轮廓线。

### 1.4.5　楔型汽车（图 1-14）

在汽车设计中，为解决汽车高速行驶的升力问题，人们通过风洞实验发现，将车身整体向前下方倾斜就能克服升力。1963 年，美国司蒂倍克公司设计生产出司蒂倍克·阿本提（Studebaker）楔型汽车，它是目前高速汽车接近理想的造型。1964 年，福特汽车公司的雷鸟牌高级轿车开始采用楔型造型，现在世界各国汽车公司都生产带有楔型效果的汽车，其外形趋于方基调，它完全改变了以往那种臃肿肥大的过渡性圆弧，显得清爽利落、简洁大方，它与现代城市中的高层盒型建筑相互衬托，给人以美的享受。

图 1-14　楔型汽车　　　　　　　　　图 1-15　车身背部的变化

改良车身形状主要是为了减少空气阻力。汽车造型从马车的直线型演变为汽车圆曲的流线型,进一步演变为直方的楔形,是汽车造型设计的一种飞跃。汽车形状从 20 世纪 30 年代开始,由厢形车身向流线型车身过渡;1935 年以后,则朝向楔形发展。尽管这种变化不利于减少空气阻力,但它是在顾全了汽车的视野性、居住性和安全性之后,总结形成的楔形车身形状,被视为汽车的最合理形状而发展着。目前仍然是对各部位进行改良。它与以往的流线型车身的空气阻力相比较,这种汽车以它新颖、刚劲有力的直线美的造型,受到人们的欢迎;在楔型的基础上,汽车形状又发展为梯形,采用直线平面为主的造型,在直线中加强斜线因素,平面中采用相当数量的梯形面,此外,还适当地应用斜线和斜面进行造型,产生一种以斜破直,以动破静,动静结合的效果,利用曲线和曲面具有柔和、圆润和饱满的特性,使造型具有刚柔的特点。1930 年以前的汽车,前后窗基本上是垂直的,没有倾斜,30 年代后期,由于引进空气动力学研究结果,汽车前后窗倾斜角度逐渐加大,为追求表现动感,一度出现过分的倾斜,影响车厢的空间,之后马上得到纠正,汽车背部由滑背变化为梯背、半斜背和斜背。甲虫型汽车的背部为滑背,船型汽车的背部为阶梯背,鱼型汽车为斜背(1-14)。

汽车造型的演进总离不开生活的需要。因此,汽车设计师在构思和设计、制造汽车时,总是和他们所处的环境、人们的生活水平、使用要求、习惯爱好、欣赏水平等密切联系起来,这是因为各地区、各阶层的人们的审美趣味和经济能力不同。汽车是一种实用的产品,通常要经历诞生、成长、成熟和衰亡的发展过程,对使用者而言,汽车除具有运输和代步的作用外,它还代表一定的社会地位,用汽车来显示自己的社会地位,或者拥有一部高级豪华的汽车来显示自己的优越感,一些豪华汽车的生产厂家也宣传,为成功人士制造的汽车可靠、装备良好和舒适,所以,汽车必须经常地更新换代、推陈出新,才具有强烈的时代感,汽车造型的演进正是由各种牌号、各种车型及系列、各种档次汽车的兴衰替代,推动汽车文明的渐进与递变。

# 1.5　汽车的总体构造和主要技术参数

### 1.5.1　汽车的总体构造

汽车是由各种机构和装置所组成,由于使用的动力装置不同,汽车的总体构造可有很大的差异,但它们的基本构造都是由发动机、底盘、车身和电气设备四大部分所组成。

1）发动机　汽车的动力装置。

2）底盘　汽车的基础,它包括传动系、行驶系、转向系、制动系四大部分。传动系由离合器、变速器、万向传动器装置和驱动桥组成;行驶系由车架、悬架、车轮、车桥组成;转向系由转向器和转向传动机的机构组成;制动系由制动器和制动传动装置组成。

3）车身　用来装置货物或乘坐人员。

4）电气设备　分电源和用电设备两大部分。用电设备又可分启动系、点火系(汽油机)、照明、信号和仪表等。

图 1-16 为货车的总体构造。

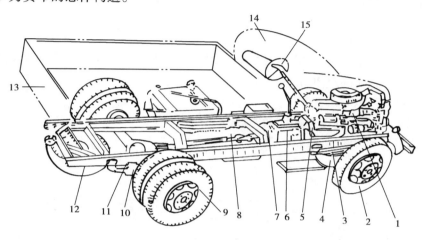

图 1-16　货车的总体构造

1—发动机;2—转向车轮;3—前悬架;4—前从动桥;5—离合器;6—变速器;
7—中央制动器;8—万向传动装置;9—驱动车轮;10—驱动桥;11—后悬架;
12—车架;13—货箱;14—驾驶室;15—方向盘

### 1.5.2　汽车的主要技术参数

**(1)汽车自重**

汽车自重是汽车完全装备好的重量(kg)。它除了整车重量外,还包括随车工具、备用轮胎的重量,但不包括人员和货物的重量。

**(2)乘载量**

汽车在公路上行驶时的最大额定载重量(或称名义载重量)。载重车以 kg 计,大、小客车以客座数计。

**(3)总重**

汽车自重和乘载量的总和。

**(4)汽车的外廓尺寸**

①总长($L$)　汽车长度方向两极端点间的距离(mm)

②总高($H$)　汽车最高点至地面的距离(mm)

③总宽($S$)　汽车宽度方向两极端点间的距离(mm)

④前悬($A_1$)　汽车最前端至前轴中心的距离(mm)

⑤后悬($A_2$)　汽车最后端至后轴中心的距离(mm)

⑥接近角($\alpha$)　通过汽车最前端最低点所作的前轮切线与地平面所成的交角(°)

⑦离去角($\beta$)　通过汽车最后端最低点所作的后轮切线与地平面所成的交角(°)

⑧转弯半径　由转向中心到外侧转向轮中心的距离(mm)

**(5)车轮数和驱动轮数**

汽车的车轮数和其中的驱动轮数。

**(6)轴距($B$)**

汽车前轴中心至后轴中心的距离。如是三轴汽车,则为前轴中心至后轴与中轴中心之间的距离(mm)。

**(7)轮距($K_1$,$K_2$)**

同一车桥左右轮胎中心间的距离($K_1$)。如后轴为双胎,则为同一车轿一端两轮胎的中心至另一端两轮胎中心间的距离($K_2$)(mm)。

**(8)最小离地间隙($c$)**

汽车满载时,汽车最低点离地面的距离(mm)。

图 1-17 为汽车常用结构参数。

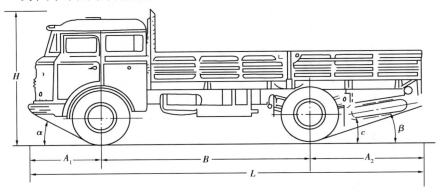

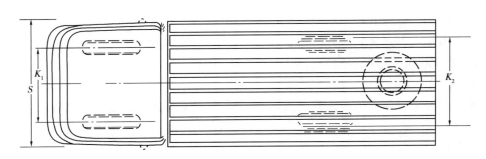

图 1-17　汽车常用结构参数

$L$—车长;$B$—轴距;$A_1$—前悬;$A_2$—后悬;$H$—车高;$\alpha$—接近角;

$\beta$—离去角;$K_1$,$K_2$—轮距;$c$—最小离地间隙

# 第2章
# 汽车发动机构造

## 2.1 汽车发动机的工作原理及总体构造

### 2.1.1 概述

**(1)汽车发动机的定义**

发动机是将某一种形式的能量转变为机械能的机器。汽车用的发动机属内燃机,即将液体或气体燃料与空气混合直接输入机器内部燃烧而产生热能,然后再转变为机械能,驱动汽车行驶。内燃机具有热效率高、体积小、质量小、便于移动、启动性能好、使用和维修方便等特点,因而广泛应用于飞机、轮船、汽车和坦克等各种车辆上。但内燃机一般使用石油燃料,排出的废气含有害气体成分较高。为解决能源和大气污染的问题,目前正致力于排气净化及其他新能源的研究。如电动汽车、太阳能汽车等,但因技术问题,目前尚不能取代内燃发动机。

**(2)汽车发动机的分类**

车用发动机,根据其热能转变为机械能的主要构件形式,分为活塞式内燃机和燃气轮机两大类。前者又可按活塞运动方式不同分为往复活塞式和旋转活塞式,后者在实用中尚未推广,故这里主要介绍往复活塞式内燃机。

车用活塞式内燃机、按其不同特征进行如下分类:

1)根据每一工作循环所需活塞冲程数分类,分为二冲程发动机和四冲程发动机。

2)根据所用燃料不同,可分为汽油发动机和柴油发动机。

3)根据冷却方式不同,可分为水冷式发动机和风冷式发动机。

4)根据汽缸数不同,可分为单缸发动机、双缸发动机和多缸发动机。

5)根据是否使用增压器,可分为自然进气式发动机和增气式发动机。

**(3)汽车发动机的编号**

国家标准 GB 725—65《内燃机产品名称和型号编制规则》对内燃机的名称和型号作了如下规定:

1)内燃机名称按其所用的主要燃料命名:如汽油机、柴油机、煤气机等。

2）内燃机型号应能反映内燃机主要结构特征及性能。型号由表示以下 4 项内容的符号组成：

汽缸数　用阿拉伯数字表示。

机型系列　用阿拉伯数字表示内燃机汽缸直径和汉语拼音文字的首位字母表示的完成一个工作循环的冲程数。

变型符号　表示该机型经过改型后，在结构和性能上有所改变。用数字表示改型顺序，与前面的符号用短横线隔开。

用途及结构特点　必要时，在短横线前可增加机器特征符号，表示内燃机的主要用途和不同的结构特点。

内燃机型号的排列顺序及符号所代表的意义规定如下：

内燃机型号依次分为 4 个部分：

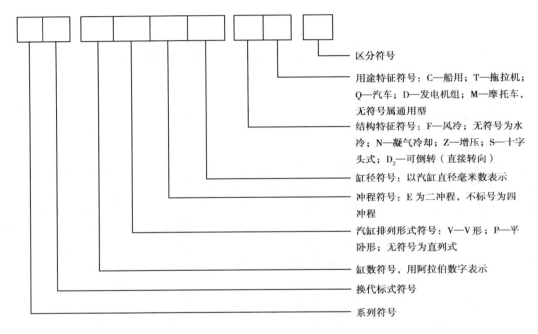

区分符号

用途特征符号：C—船用；T—拖拉机；Q—汽车；D—发电机组；M—摩托车，无符号属通用型

结构特征符号：F—风冷；无符号为水冷；N—凝气冷却；Z—增压；S—十字头式；$D_2$—可倒转（直接转向）

缸径符号：以汽缸直径毫米数表示

冲程符号：E 为二冲程，不标号为四冲程

汽缸排列形式符号：V—V 形；P—平卧形；无符号为直列式

缸数符号，用阿拉伯数字表示

换代标式符号

系列符号

例如：4100—4 汽油机——四缸，四冲程，缸径 100 mm，汽车用，第四代变型产品；

　　　6120Q 柴油机——六缸，四冲程，缸径 120 mm，水冷，车用。

### 2.1.2　发动机的工作原理

**（1）四冲程汽油机工作原理**

四冲程汽油发动机是由进气、压缩、做功和排气 4 个行程所组成。图 2-1 为单缸汽油发动机的基本构造图。

活塞 3 装在汽缸 2 内，并通过活塞销 4，连杆 5 与曲轴 9 相连。当活塞在汽缸内作往复运动时，通过连杆推动曲轴作旋转运动。为了使新鲜混合气进入汽缸并将燃烧后的废气排出汽缸，设有进气门 15 和排气门 16。

如图 2-2 所示，当活塞运动到汽缸最高位置，即活塞顶离曲轴中心最远处称为上止点；当活塞运动到汽缸最低位置,即活塞顶离曲轴中心最近处称为下止点。上、下止点之间的距离称为活塞行程 $S$。从上止点到下止点,曲轴正好转动 $180°$,曲轴与连杆下端的连接中心至曲轴中心的距离称为曲柄半径 $R$。对汽缸中心线通过曲轴中心线的发动机而言,活塞行程等于曲柄半径的两倍。

活塞由上止点移到下止点所扫过的容积称为汽缸工作容积,用 $V_h$ 表示

$$V_h = \frac{\pi D^2 S}{4 \times 10^3} \qquad (2\text{-}1)$$

式中:$D$——汽缸直径(cm);

$S$——活塞行程(cm)。

多缸发动机各汽缸工作容积的总和称为发动机排量 $V_L$:

$$V_L = V_h \cdot i \qquad (2\text{-}2)$$

式中:$i$——汽缸数。

活塞在上止点时,活塞顶以上的容积称为燃烧室容积 $V_c$。

活塞在下止点时,活塞顶以上的容积称为汽缸总容积 $V_a$。

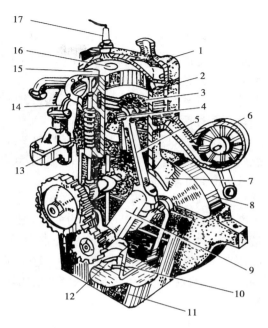

图 2-1 单缸四冲程汽油机结构示意图

1—汽缸盖;2—汽缸;3—活塞;4—活塞销;5—连杆;6—水泵;7—曲轴箱;8—飞轮;9—曲轴;10—机油管;11—机油盘;12—机油泵;13—化油器;14—进气管;15—进气门;16—排气门;17—火花塞

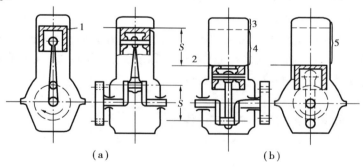

图 2-2 曲柄连杆机构的主要位置图

(a)上止点位置;(b)下止点位置

1—上止点;2—下止点;3—燃烧室容积;4—工作容积;5—总容积;$S$—活塞行程 $= 2R$

$$V_a = V_c + V_h$$

汽缸总容积与燃烧室容积之比称压缩比 $\varepsilon$:

$$\varepsilon = \frac{V_a}{V_c} = 1 + \frac{V_h}{V_c} \qquad (2\text{-}3)$$

它表示活塞由下止点运动到上止点汽缸内气体被压缩的程度。在汽缸工作容积和缸数相等的条件下,压缩比大的发动机,功率也大。

目前一般车用发动机的压缩比为 $6 \sim 10$,柴油机的压缩比为 $16 \sim 20$。

1）进气冲程

汽油发动机的空气和燃料是在汽缸外部进行混合,形成可燃混合气,然后被吸入汽缸的。曲轴带动活塞从上止点到下止点,此时进气门开,排气门关。活塞在运动过程中,汽缸的容积由小到大,形成一定真空度而产生吸力,将可燃混合气经进气管和进气门吸入汽缸。进气终了时,气体压力为 70 ~ 90 kPa,温度达 370 ~ 400 K。

2）压缩冲程

进气结束后,进、排气门全部关闭,曲轴推动活塞由下止点向上止点运动,汽缸容积缩小,可燃气体进一步混合并被压缩,直到活塞到达上止点,压缩冲程结束。此时气体的压力可达 600 ~ 1 500 kPa,温度达 600 ~ 700 K。

3）做功冲程

在做功冲程中,进、排气门仍均关闭。此时,被活塞压缩在燃烧室内的高压、高温可燃混合气被火花塞电极间产生的高压电火花点燃而迅速燃烧。此时瞬时温度可达 2 200 ~ 2 800 K,最高压力可达 3 000 ~ 5 000 MPa。活塞在高温、高压的燃气推动下,由上止点向下止点迅速运动,并通过连杆传给曲轴,使曲轴旋转,输出转矩。随着活塞的下移,汽缸内容积增大,气体压力和温度下降。

4）排气冲程

在排气冲程中,进气门关,排气门开,曲轴带动活塞由下止点向上止点运动,缸内容积由大变小,废气在剩余压力和活塞的推动下,被排出汽缸进入大气,直到活塞运动到上止点。排气终了的压力仍高于大气压。此时气体压力为 105 ~ 125 kPa,温度为 900 ~ 1 200 K。

综合上述,发动机经进气、压缩、做功、排气 4 个过程,完成一个循环。活塞在上、下止点间往复移动 4 个冲程,相应地曲轴旋转了两周,故此类发动机称为四冲程发动机。

**(2)四冲程柴油发动机的工作原理**

四冲程柴油发动机和四冲程汽油发动机一样,一个工作循环也由进气、压缩、做功和排气 4 个冲程组成。但由于柴油机用的燃料是柴油,其黏度大,挥发性差,而其自燃温度却比汽油低,故可燃混合气的形成及点燃方式都与汽油机不同。

1）进气冲程

柴油机在进气冲程中吸入的是纯空气。由于进气阻力比汽油机小,使进气终了时的压力略高于汽油机进气终了时的压力,为 80 ~ 85 kPa,温度则低于汽油机的进气终了的温度,为 300 ~ 370 K。

2）压缩冲程

柴油机汽缸内被压缩的仍是纯空气,在压缩冲程接近终了时,柴油经喷油泵、喷油器喷入汽缸,迅速与压缩后的高温空气混合,形成可燃混合气,由于柴油机压缩比汽油机高,所以压缩终了时汽缸内的压力可达 3 ~ 5 MPa,温度达 1 000 ~ 1 200 K。

3）做功冲程

柴油机在汽缸内形成可燃混合气后,由于汽缸内温度高于柴油自燃温度(600 K)。故柴油可燃混合气立即自行燃烧,汽缸内压力和温度急剧升高,瞬时压力可达 5 ~ 10 MPa,瞬时温度则达 1 800 ~ 2 200 K。从而推动活塞下行,使曲轴旋转做功,冲程终了时的压力为 200 ~ 400 kPa,温度为 1 000 ~ 1 200 K。

4）排气冲程

该冲程与汽油机基本相同。排气终了时的汽缸压力为 105 ~ 125 kPa,温度为500 ~ 800 K。

柴油机与汽油机比较,各有特点。汽油机具有转速高(目前轿车用发动机可达5 000 ~ 6 000 r/min,货车用的达 4 000 r/min),质量小,工作时噪声小,启动容易等优点。其不足是燃油消耗率较高,经济性差;而柴油机因压缩比高,燃料消耗率平均比汽油机低 30% 左右,柴油价格低,因此燃料经济性好。此外它的动力性较好,故障率低。柴油机不足之处是:转速比汽油机低(一般最高为 2 500 ~ 3 000 r/min),质量大,噪声较大,制造和维修的费用较高。

### 2.1.3　发动机总体构造

发动机是一部由许多机构和系统组成的复杂机器,如图 2-3 所示。现代汽车发动机的结构形式很多,具体构造也是各种各样。如图 2-4 的 SH680Q 型汽油机是其中的一种。

四冲程汽油机的一般结构包括机体组、曲柄连杆机构、配气机构、供给系、冷却系、润滑系、点火系、启动系。

柴油机因其混合气形成和点火方式与汽油机不同,因而其总体结构也有所区别。图 2-5 是 6120Q-1 型柴油机。空气经空气滤清器 1 和进气管 2 吸入汽缸并被压缩。柴油由油箱被输油泵 7 吸出,通过柴油滤清器 4 和进入喷油泵 6,加压后,经喷油器喷入汽缸,与缸内高温压缩空气混合,形成可燃混合气而自燃。故柴油机没有点火系。其他机构和系统与汽油机相同。

### 2.1.4　发动机主要性能指标

发动机的主要性能指标有动力性指标和经济性指标。动力性指标包括有效转矩、有效功率,经济性指标通常用燃油消耗率表示。

有效转矩:指发动机通过飞轮向外输出的转矩,用 $M_e$ 表示,单位为 N·m。东风 EQ1090 汽车发动机的最大转矩为 358.8 ~ 372.4 N·m(1 200 ~ 1 400 r/min 时);解放 CA1091 型汽车发动机的最大转矩为 327 N·m(1 200 ~ 1 400 r/min 时);桑塔纳轿车发动机的最大转矩为 127 N·m(3 200 r/min 时)。

有效功率:指通过飞轮输出的功率,用 $P_e$ 表示,单位为 kW。它表示发动机在单位时间内对外做功的量。东风 EQ1090 和解放 CA1091 汽车发动机的最大功率为 99.9 kW(3 000 r/min),桑塔纳轿车发动机的最大功率为 63 kW(5 600 r/min 时)。

有效转矩和有效功率的关系:

$$P_e = M_e \cdot n/9\ 550 \ (\text{kW}) \tag{2-4}$$

式中:$P_e$——有效功率,kW;

　　　$M_e$——有效转矩,N·m;

　　　$n$——发动机转速,r/min。

燃油消耗率:指发动机发出 1 kW 功率,运转 1 h 所消耗的燃油质量,用 $g_e$ 表示,单位 g/(kW·h)。其计算公式为:

$$g_e = \frac{G_T}{P_e} \times 1\ 000 \tag{2-5}$$

式中:$G_T$——每小时耗油量,kg/h(可由试验测得);

　　　$P_e$——发动机有效功率,kW。

显然,消耗的燃料越少,经济性越好。

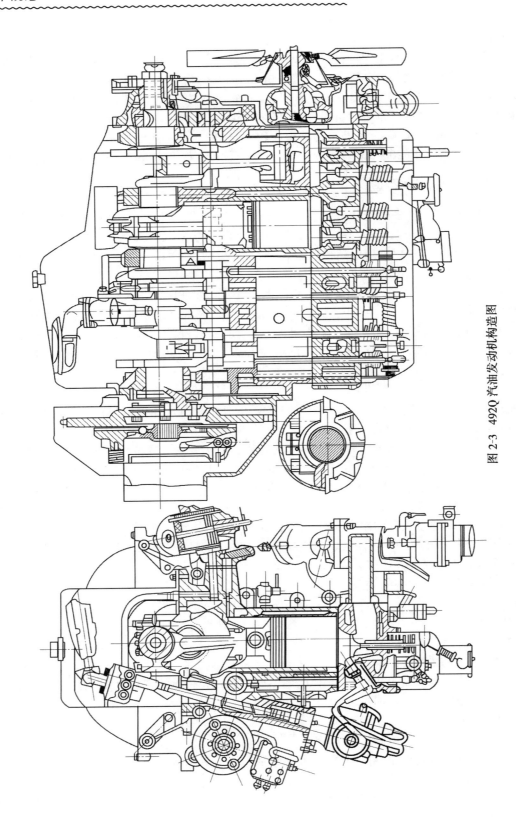

图 2-3 492Q 汽油发动机构造图

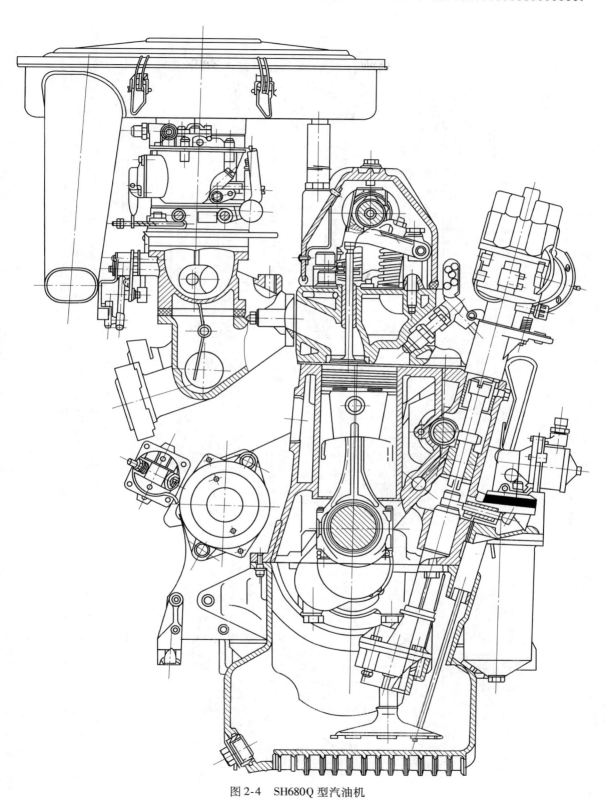

图 2-4　SH680Q 型汽油机

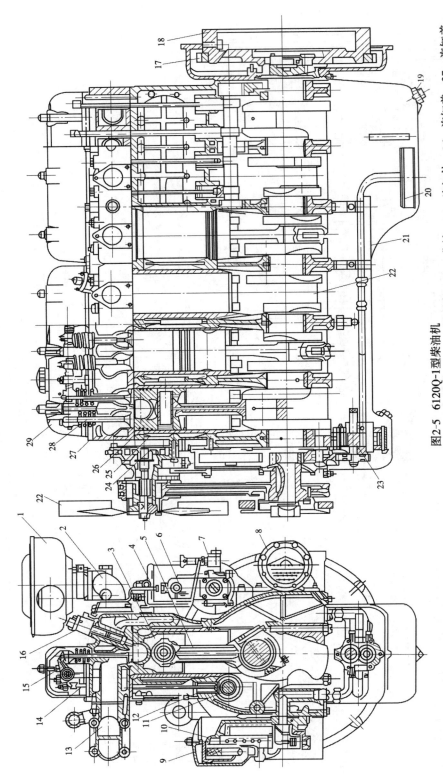

图2-5 6120Q-1型柴油机

机体和曲柄连杆机构：3—活塞；5—连杆；18—飞轮；17—齿圈；19—放油螺塞；21—下曲轴箱；22—曲轴；25—汽缸体；26—汽缸盖；27—汽缸盖；
配气机构：11—凸轮轴；12—推杆；14—挺杆；15—挺柱；28—气门；2—空气滤清器；1—空气滤清器；4—柴油滤清器；
燃料系：7—输油泵；13—喷油泵；16—排气歧管；2—进气歧管；
润滑系：8—机油冷却器；9—机油集滤器；20—机油滤清器；23—机油泵；24—冷却系；
29—气门室罩；6—喷油器；30—风扇

## 2.2　曲柄连杆机构

### 2.2.1　概述

曲柄连杆机构是发动机将燃料燃烧的热能转换为机械能的主要机构。由机体组、活塞连杆组、曲轴飞轮组组成。

曲柄连杆机构是在高温、高压和高速的条件下工作的,且与可燃混合气和燃烧废气接触的汽缸、汽缸盖、活塞等还将受到化学腐蚀,因此,曲柄连杆机构的机件应具有足够的强度和刚度,良好的耐磨、耐热、耐腐蚀和抗氧化等性能。为了减轻发动机重量和减少运动件的惯性力,其结构应紧凑合理。为了保证运动件的正常运动,降低功率消耗,故还应具有一定的加工精度和装配精度。

### 2.2.2　机体组

机体组主要包括汽缸体、曲轴箱、汽缸盖、汽缸垫和汽缸套。

汽缸体是汽缸的壳体,是发动机各机构、各系统的装配基础件。上部有一个或几个圆柱形空腔,是活塞上、下运动导向的空间,称为汽缸。下部为支承曲轴的曲轴箱,其内腔为曲轴运动的空间,其具体结构形式分为一般式、龙门式、隧道式 3 种,如图 2-6 所示。

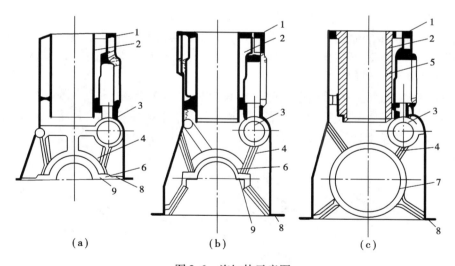

图 2-6　汽缸体示意图
（a）一般式汽缸体;（b）龙门式汽缸体;（c）隧道式汽缸体
1—汽缸体;2—水套;3—凸轮轴孔座;4—加强筋;5—湿缸套;6—主轴承座;
7—主轴承座孔;8—安装曲轴箱的加工面;9—安装主轴承盖的加工面

一般式汽缸体其主轴承孔的轴线位于曲轴箱分开面上（图 2-6（a））,它多用于中、小型发动机,如 492Q 发动机即属于这种结构。其特点是便于机械加工;龙门式汽缸体其主轴承孔的轴线高于曲轴箱分开面（图 2-6（b））,它多用于大、中型发动机,如 EQ6100、CA6102Q 汽油发动机,日本车辆用柴油机大都采用这种形式。其特点是刚度和强度较好,但工艺性较差;隧道式汽缸体其特点是主轴承不分开,采用滚动轴承,刚度好,一般用在大负载的柴油机上,如6135Q 柴油发动机。

为了保证汽缸表面能在高温下正常工作,其汽缸和汽缸盖必须随时冷却。冷却方式有两种:一种用水来冷却;另一种直接用空气来冷却。汽车发动机上多采用水冷却,汽缸周围和汽缸盖中均有用以充水的空腔,称为水套,如图 2-7 所示。汽缸体和汽缸盖上的水套是相互连通的。

采用空气冷却的发动机,汽缸体和汽缸盖外表面铸有许多散热片,以增加冷却面积,保证散热充分,如图 2-8 所示。

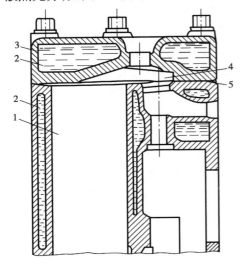

图 2-7 汽缸体和汽缸盖
1—汽缸;2—水套;3—汽缸盖;
4—燃烧室;5—汽缸垫

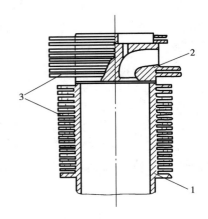

图 2-8 风冷发动机的汽缸体和汽缸盖
1—汽缸体;2—汽缸盖;3—散热片

对于多缸发动机,汽缸的排列形式分为单排直列式和 V 形排列式、对置式 3 种。单排直列式如图 2-9(a)所示,一般是垂直布置,通常用于六缸以下的发动机。其特点是结构简单,加工容易,但发动机的长度和高度较大,如 CA6102、EQ6100Q 和 BJ492Q 等发动机。

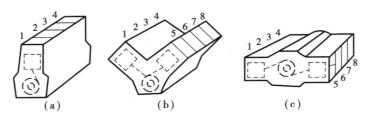

图 2-9 汽缸体
(a)直列型;(b)V 形;(c)对置型

与直列式发动机相比,V 形发动机的长度和高度短了,而汽缸体的刚度增加了,缺点是发动机的宽度增加和制造工艺复杂。如图 2-9(b),所示为红旗轿车 8V100 型发动机。

对置式发动机的优点是高度比其他形式低,使汽车的总布置更方便,对风冷发动机也较为有利。缺点是汽缸磨损不均匀。

　　汽缸体的材料一般用优质灰铸铁。为了提高汽缸的耐磨性,有时在铸铁中加入少量的合金元素如镍、钼、铬、磷等。近年来,广泛采用了汽缸套,汽缸套内表面形成汽缸工作表面,这样汽缸套可用耐磨性能较好的合金钢、合金铸铁制造,以延长使用寿命,而汽缸体则可用普通铸铁或铝合金材料制造,以降低制造成本。汽缸套根据其外壳表面是否直接与冷却水接触,分为干式和湿式两种,如图 2-10 所示。

　　干式汽缸套的特点是其外表面不直接与冷却水接触,汽缸壁较薄。为使汽缸套有足够面积同缸体接触,有较好散热效果和汽缸套定位,它的内外表面和与其配合的汽缸体沉孔要求有较高的加工精度和粗糙度。干式汽缸套的优点是不易漏水、漏气,气体结构刚度大,不存在蚀穴,各缸缸心间距小,机体重量轻。缺点是散热效果较差。

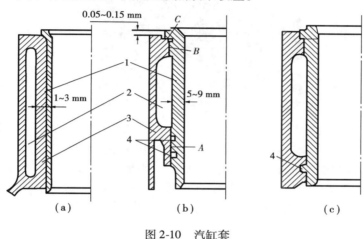

图 2-10　汽缸套
(a)干式;(b)、(c)湿式
1—汽缸套;2—水套;3—汽缸体;4—橡胶密封圈;
A—下支承密封带;B—上支承定位带;C—汽缸套凸缘平面

　　湿式汽缸套的特点是外表面与冷却水直接接触,汽缸壁较厚。湿式汽缸套的轴向定位一般采用汽缸套上口凸缘的下平面 C 处。径向定位一般采用汽缸套外圆与承孔的接触表面 A、B 两处。湿式汽缸套一般有 2~4 个密封圈,上部 1 个、中部 1~3 个,为防止漏气、漏水,汽缸套装入汽缸体内,其顶面略高出汽缸体上平面 0.05~0.15 mm,保证装配后的压紧定位。湿式缸套的优点是汽缸体铸造方便,容易拆卸更换,散热效果较好。缺点是汽缸体刚度较差,易漏气、漏水。

### 2.2.3　汽缸盖与汽缸垫

　　汽缸盖是用来封闭汽缸上部,与活塞顶部共同组成燃烧室,如图 2-11 所示。汽缸盖按结构形成分整体式和分段式,整体式汽缸盖可缩短中心距和发动机长度,但刚性变差。一般用于缸径小于 105 mm 的汽油机上,缸径较大的发动机常采用分段式汽缸盖。

　　汽缸盖的材料一般采用灰铸铁或合金铸铁。少数汽油机的汽缸盖用铝合金铸造。

　　汽缸盖内有水套,盖上有水套出水口,火花塞安装螺孔或喷油器螺孔(柴油机),进排气道,气门装置座孔和螺栓孔。

　　汽缸盖的主要部分是燃烧室。由于可燃混合气的形成和燃烧过程的不同,汽油机与柴油

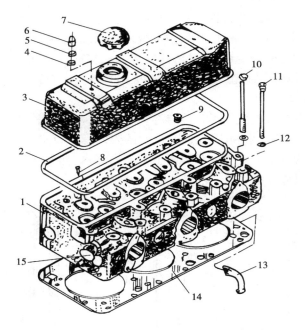

图 2-11　6120Q-Ⅰ型柴油机汽缸盖

1—汽缸盖;2—汽缸盖罩垫片;3—汽缸盖罩;4—垫圈;5—垫圈盘;6—盖形螺母;7—加油孔盖;8—圆柱销;
9—方孔锥形螺塞;10、11—汽缸盖螺栓;12—垫圈;13—喷水管;14—汽缸垫;15—起重螺栓

机的燃烧室,在结构上有很大的区别。汽油发动机的燃烧室有楔形、盆形、半球形和 L 形几种,如图 2-12 所示。

　　汽缸盖与汽缸体之间装有汽缸垫,以保证燃烧室密封。汽缸垫应耐高温、耐腐蚀、具有一定的弹性,有足够的强度,使用寿命长,目前广泛采用的是金属石棉汽缸垫,厚度为1.2～2.2 mm,它的中间是石棉纤维,外包铜皮或钢片。

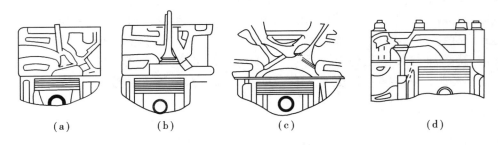

(a)　　　　　　　　(b)　　　　　　　　(c)　　　　　　　　(d)

图 2-12　汽油机燃烧室类型

(a)楔形燃烧室;(b)盆形燃烧室;(c)半球形燃烧室;(d)L 形燃烧室

# 2.3　活塞连杆组

活塞连杆组由活塞、活塞环、活塞销和连杆等组成,如图2-13所示。

### 2.3.1　活塞

活塞的作用是:与缸盖组成燃烧室,承受气体作用力,通过活塞销和连杆将力传给曲轴。

活塞是在高温、高压和润滑、散热都较困难的环境中工作,其温度高达2 000 ℃,压力为3 920 kPa以及平均速度为8 ~ 12 m/s。因此要求活塞质量小、热膨胀系数大,导热性好,且有较好的耐磨、耐腐蚀性能。

活塞大都采用铝合金材料制造。

活塞由顶部、环槽部、裙部组成,如图2-14所示。

活塞顶部形状与燃烧室有关。常采用平顶,其优点是吸热面积小,加工简单。为改善混合气形成和燃烧也有采用凹顶和凸顶的。

活塞环槽部切有若干环槽,用以安装活塞环。与活塞环一起实现汽缸的密封,承受气体的压力和传热作用。通常上面2 ~ 3道用以安装气环,下面1 ~ 2道安装油环。油环槽的内壁有多个径向小孔,使被油环从汽缸壁上刮下的多余机油通过小孔流回机油盘。

活塞裙部指环槽带以下的部位。其作用是对活塞的往复运动起导向作用。并把连杆的侧向力传给汽缸壁。活塞销座用来安装活塞销,并通过活塞销与连杆小头相连,将气体作用力经活塞销传给连杆。

为了适应机械变形和热变形,活塞裙部的外形为上小下大略带锥度的椭圆体。在工作时,活塞顶部与燃烧气体直接接触,温度自上而下逐渐减小,其热膨胀量是上大下小。尤其是铝制活塞更为显著。因此通常将活塞直径加工成上小下大的近似圆锥形。

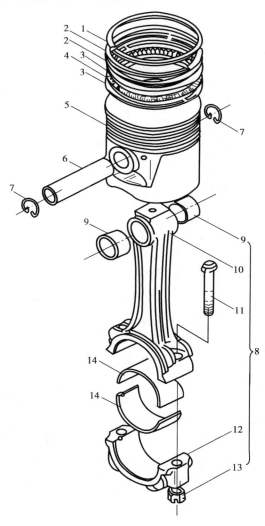

图 2-13　活塞连杆组

1、2—气环;3—油环刮片;4—油环衬簧;
5—活塞;6—活塞销;7—活塞销卡环;8—连杆组;
9—连杆衬套;10—连杆;11—连杆螺栓;
12—连杆盖;13—连杆螺母;14—连杆轴瓦

活塞工作时,气体压力均匀作用在活塞顶上,而活塞销给予的反作用力作用在销座处,加之侧压作用,由此产生的变形使裙部直径沿活塞销座轴线方向增大,如图2-15所示。同时,为

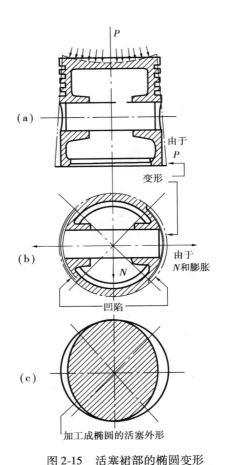

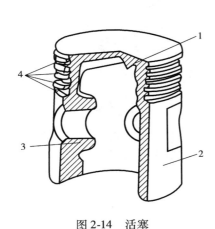

图 2-14 活塞
1—活塞顶;2—活塞裙;
3—活塞销座;4—活塞环槽

图 2-15 活塞裙部的椭圆变形
(a)由于 $P$ 的变形;(b)由于 $N$ 的变形;(c)加工形状

了提高活塞销座和活塞顶部的刚度和强度,销座处壁厚较大,金属堆积,受热后膨胀量大,产生的机械变形和热变形使裙部断面变成长轴在活塞销方向上的椭圆。为了保证在正常温度下,活塞与汽缸壁能保持均匀间隙,以免在汽缸内卡死或引起局部磨损,必须预先在冷态下把活塞加工成裙部断面为长轴垂直于活塞销轴线方向的椭圆形。

同时,为了改善热变形,还可将销座附近的裙部外表制成凹陷形状或开有"T"形槽或"Ⅱ"形槽,以切断从头部向裙部传热的部分通道,减少裙部受热膨胀量,并使裙部具有弹性。

### 2.3.2 活塞环

活塞环分为气环和油环。气环的作用为密封和散热,油环的作用是刮去汽缸壁上多余的润滑油,并使缸壁上的油膜分布均匀。油环还可起到封气的辅助作用。

气环是一个开口的弹性环,自由状态时,环的外径大于汽缸直径,装入汽缸后,在本身弹力作用下,紧压在缸壁上。当汽缸产生一定气压时,气体通过活塞与环的边隙,作用在气环背面,形成背压力,进一步使环贴在缸壁形成密封作用,如图 2-16 所示。

装入缸内的环,它的开口两端有一个很小的间隙,称为端隙。其作用是避免环受热后膨胀卡死在缸内。为避免各个环的开口在同一轴线上产生漏气,在装配时,各环的开口要相互错位。

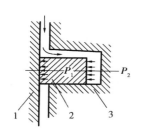

图 2-16　活塞环密封原理

1—汽缸;2—活塞环;3—活塞

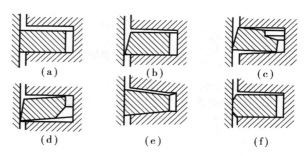

图 2-17　气环的断面形状

(a)矩形环;(b)锥面环;(c)正扭曲内切环;

(d)反扭曲锥面环;(e)梯形环;(f)桶面环

气环的断面有很多形状,如图 2-17 所示。常用的有矩形断面,它制造方便和导热效果好,不足之处是活塞环与汽缸壁接触面大,密封性差,且有泵油作用,会使缸壁的机油不断压入燃烧室,使燃烧室内积炭和机油消耗增加。

油环分整体式和组合式两种。如图 2-18(a)所示,整体式油环的外圆中间切有一道凹槽,凹槽底部加工有很多回油孔或窄槽,其刮油作用如图 2-19 所示。组合式油环,如图 2-18(b)所示,由径向衬环、轴向衬环和刮油片组成,它的刮油性能好,不会在槽内浮起,从而关闭了润滑油经背隙和侧隙窜油的通道。

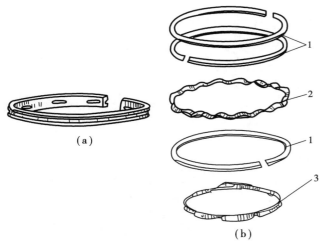

图 2-18　油环

(a)普通环;(b)组合环

1—刮油片;2—轴向衬环;3—径向衬环

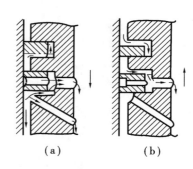

图 2-19　油环的刮油作用

(a)活塞下行;(b)活塞上行

### 2.3.3　活塞销

活塞销的作用是连接活塞和连杆小头,将气体作用在活塞上的力传给连杆。活塞销在高温下承受很大的周期性冲击载荷,润滑条件差。因此活塞销应具有足够的刚度和强度,表面应耐磨,质量要小。一般用低碳钢或低碳合金钢制造。通常做成空心圆柱体。

### 2.3.4 连杆

连杆的功用是将活塞受的力传给曲轴,使活塞的往复运动转变为曲轴的旋转运动。连杆承受活塞销传来的作用力及自身摆动和活塞组往复运动的惯性力,受到拉、压和弯曲等变载荷。因此,要求连杆在质量尽可能小的条件下有足够的刚度和强度。通常用优质中碳钢或合金钢制成。

连杆由大头、杆身和小头组成,如图2-20所示。

连杆大头与曲轴曲柄销相连,除个别小型汽油机采用整体式连杆大头外,一般都采用剖分式。被剖的部分为连杆盖,借特制的连杆螺栓紧固在连杆大头上,并通过滑动轴承与曲轴相连。

滑动轴承俗称轴瓦。如图2-21,分上、下两片轴瓦,由厚1~3 mm的钢背和0.30~0.7 mm的减磨合金层组成。为防止连杆轴瓦在大头内转动,在轴瓦上制有定位唇等。

连杆小头与活塞销连接,孔内压入有1~4 mm厚的青铜衬套。小头与衬套上开有相应的孔和槽,用来储存润滑油,以润滑活塞销。连杆杆身通常呈工字形断面。有的杆身钻有油道,用来对活塞销进行压力润滑和向活塞顶部喷油,以冷却活塞顶部。

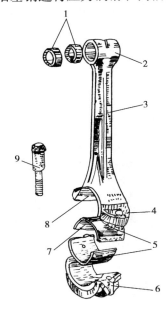

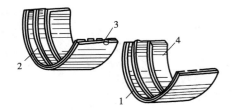

图2-20　连杆
1—衬套;2—小头;3—杆身;4—大头;
5—轴承;6—连杆盖;7、8—止口;9—连杆螺栓

图2-21　连杆轴瓦
1—钢背;2—油槽;
3—定位凸键;4—减磨合金层

### 2.3.5 曲轴飞轮组

曲轴飞轮组由曲轴、飞轮以及其他辅助零件组成,如图2-22与图2-23所示。曲轴的作用是承受连杆传来的力,并由此造成绕其本身轴线的转矩,然后通过飞轮对外输出功率和带动发动机其他辅件工作。

曲轴主要由主轴颈2、曲柄4、连杆轴颈3、平衡块5、前端轴1和后端凸缘6组成。

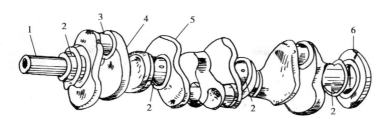

图 2-22 曲轴

1—前端轴;2—主轴颈;3—连杆轴颈;4—曲柄;5—平衡块;6—凸缘盘

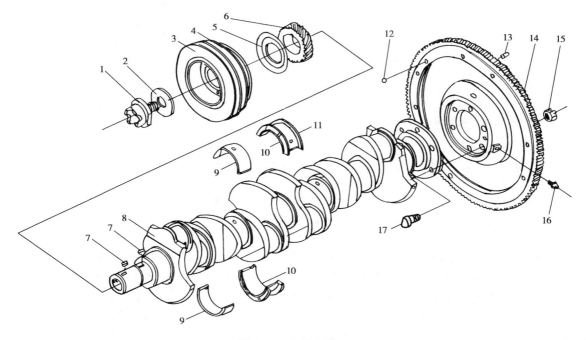

图 2-23 曲轴飞轮组

1—启动爪;2—锁紧垫圈;3—扭转减振器总成;4—皮带轮;5—挡油片;6—正时齿轮;7—半圆键;
8—曲轴;9、10—主轴瓦;11—止推片;12—一、六缸上止点记号用钢球;13—离合器定位销;
14—飞轮与齿圈;15—螺母;16—润滑脂嘴;17—飞轮螺栓

前端轴用于安装正时齿轮、皮带轮和启动爪等。主轴颈是曲轴的支承部分,分全支承式和非全支承式两种。在相邻的两个曲柄之间,都设置一个主轴颈称为全支承曲轴,否则为非全支承曲轴。曲柄将主轴颈和连杆轴颈连在一起。主轴颈、连杆轴颈和曲柄上都设有油道,并相互贯通。曲轴后端有安装飞轮用的凸缘。为防止机油向后漏出,在曲轴后端切有回油螺纹等其他封油装置。

曲轴一般采用中碳钢或中碳合金钢模锻组成。轴颈表面为提高耐磨性进行了高频淬火或氮化处理。近年来也采用高强度稀土球墨铸铁铸造曲轴。

主轴承(俗称大瓦)与曲轴与主轴颈配合,用以支承曲轴,其结构和材料与连杆轴瓦相似。

飞轮的作用是在做功冲程中,将曲轴输入的动能一部分储存起来,以克服其他冲程的阻力,带动曲柄连杆机构越过上、下止点,使曲轴的旋转和输出转矩尽可能均匀,提高发动机运转的稳定性,并使发动机尽可能克服短时的超负荷。此外飞轮还是离合器的主动件。

飞轮是一块铸铁圆盘,其外缘镶有钢制齿圈,可与启动机的驱动齿轮啮合,以便启动发动机。飞轮上刻有第一缸或最后一缸点火正时记号,便于校准点火提前角或供油提前角,如图2-24、图2-25所示。

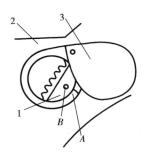

图2-24 EQ6100-Ⅰ型汽油机一、六缸上止点记号
1—飞轮;2—飞轮壳;3—观察孔盖
A—飞轮壳上的刻线;B—飞轮上的标记(钢球)

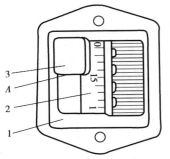

图2-25 柴油机飞轮上的刻记
1—检查窗孔;2—飞轮上的刻线;
3—凸缘;A—凸缘边沿

## 2.4 配气机构

### 2.4.1 概述

配气机构的作用是按照发动机的工作循环和点火顺序要求,定时开启和关闭各汽缸的进、排气门,使新鲜的可燃混合气(或空气)进入汽缸,并及时排出汽缸内的废气。

汽车发动机配气机构分顶置式气门配气机构和侧置式气门配气机构。顶置式气门配气机构,其进排气门倒置在汽缸盖上,它由进、排气门、气门导管、气门弹簧及弹簧座,气门摇臂、推杆、挺杆及凸轮轴等组成。它具有燃烧室集中,进气阻力小和热量损失小的特点,有利于提高发动机的动力性和经济性,目前在汽油机和柴油机上广泛采用。侧置式气门配气机构,进、排气门布置在汽缸体的一侧。由于燃烧室结构不紧凑,进气阻力大,影响发动机动力性和高速性,现已逐渐被淘汰,如图2-26与图2-27所示。

### 2.4.2 配气机构的构造

**(1)气门组**

气门组由气门、气门导管、气门弹簧、锁片等零件组成,如图2-28所示。

气门由圆形且具有锥面的头部和圆柱形的杆部组成,头部的锥面与气门座的锥面配合,以保证密封。气门导管与气门杆配合,为气门运动起导向作用。气门工作温度很高,且冷却、润滑条件很差,因此,要求气门必须有足够的强度、刚度、耐冲击、耐腐蚀和耐磨的性能。

通常气门为耐热合金钢制成,并在密封锥面上喷涂镍合金。多数发动机进气门头部比排气门大,以利于减少进气阻力,提高充气量。

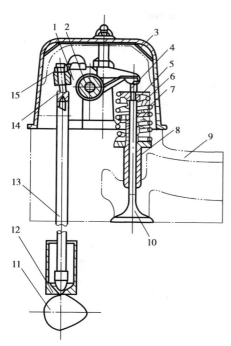

图 2-26　顶置气门式配气机构

1—摇臂;2—摇臂轴;3—气门室罩;4—锁片;
5—气门弹簧座;6—气门副弹簧;7—气门主弹簧;
8—气门导管;9—汽缸盖;10—气门;
11—凸轮轴;12—挺杆;13—推杆;
14—气门间隙调整螺钉;15—锁紧螺母

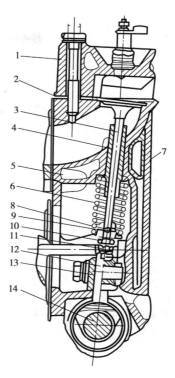

图 2-27　侧置气门式配气机构

1—汽缸盖;2—汽缸垫;3—气门;4—气门导管;
5—汽缸体;6—气门弹簧;7—汽缸壁;8—气门弹簧座;
9—锁销;10—调整螺钉;11—锁紧螺母;12—挺杆;
13—挺杆导管;14—凸轮轴

气门杆部的圆柱形表面经光磨与气门导管保持正确的配合间隙,以减少磨损和较好地散热,末端开有装锁片的环槽或装锁销的孔,可利用锁片或锁销将气门锁定在弹簧座内。

气门弹簧用以克服气门运动阻力,自动关闭气门,保证气门及时落座并紧密配合。大多数发动机一个气门采用旋向相反的内、外两根弹簧,这样可提高气门弹簧工作的可靠性,避免因发动机振动引起共振,同时还可降低弹簧高度。

**(2)气门传动组**

气门传动组由凸轮轴及其驱动装置、挺杆、推杆、摇臂及摇臂轴组成。其功用是保证气门按发动机工作顺序及时打开,并保持规定的开启时间和开启高度。

凸轮用于控制各汽缸气门的开启和关闭,其各缸工作顺序由凸轮在轴上的相互位置来保证。当汽油

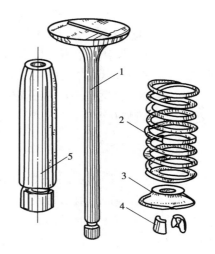

图 2-28　气门组

1—气门;2—气门弹簧;3—气门弹簧座;
4—锁片;5—气门导管

机凸轮轴布置在汽缸侧下方时,凸轮轴上还有用以驱动机油泵和分电器的齿轮4,以及用以驱动汽油泵的偏心轮3,如图2-29所示。

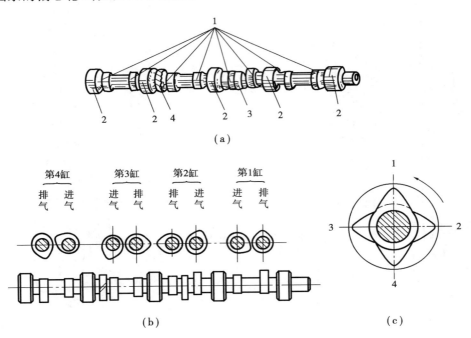

图2-29　四缸四冲程汽油机凸轮轴
(a)492QA发动机的凸轮轴;(b)各凸轮的相对角位置图;(c)进(或排)气凸轮投影
1—凸轮;2—凸轮轴轴颈;3—驱动汽油泵的偏心轮;4—驱动分电器等的螺旋齿轮

凸轮轴是用一对正时齿轮或链轮并通过曲轴驱动来传动的,正时齿轮或链轮通过键固定装在曲轴和凸轮轴的前端,其传动比为2:1。为了保证曲轴与气门关闭时间和着火时刻的配合关系,在两个正时齿轮上刻有正时记号,如图2-30所示。

凸轮传来的力通过挺杆、推杆带动摇臂摇动,推动气门开启。摇臂是一个中间有圆孔的不等长双臂杠杆,长臂的端部以圆弧形的工作面与气门尾端接触,短臂的端部有螺孔,用来安装螺钉及锁紧螺母,以调整气门间隙。为了减少摇臂圆弧工作面的磨损,其中部钻有油道。

摇臂轴为一空心圆轴,通过支架固定在汽缸盖上,摇臂套在摇臂轴上,为防止轴向移动,每个摇臂上之间装有弹簧,如图2-31所示。

### 2.4.3　配气相位

进、排气门实际开启到关闭时曲轴的转角,称为配气相位。

理想的四冲程发动机,通常认为进、排气时间各占180°曲轴转角,即进气门在活塞处于上止点时开启,到下止点时关闭;排气门在活塞处于下止点时开启,到上止点时关闭。实际上,发动机工作时,其转速很高,每个冲程的时间相当短,如发动机转速为 4 400 r/min 时,一个冲程仅为 0.006 8 s,在如此短的时间内,完成进气或排气很困难,发动机不能产生最大功率。为了使进气更充分,排气更彻底,采用进、排气门早开和晚闭,如配气相位图(图2-32)。

在活塞未到达上止点时,进气门提前开启,进气门提前角 $\alpha$ 为10°～30°。当活塞到达下

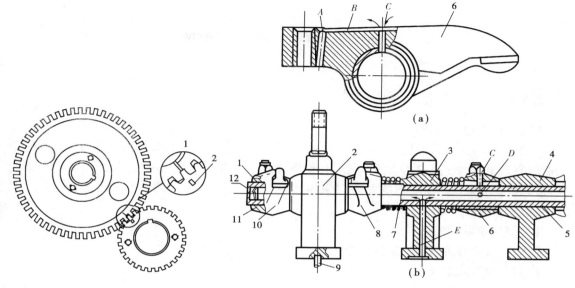

图 2-30　正时齿轮
1,2—正时记号

图 2-31　摇臂及摇臂组
1—垫圈;2,3,4—摇臂轴支座;5—摇臂轴;
6,8,10—摇臂;7—弹簧;9—定位销;11—锁簧;12—堵头
A、C、D、E—油孔;B—油槽

止点后一个角度时,进气门才关闭,这一角度称进气门迟闭角 $\beta$,$\beta$ 为 $40°\sim70°$。进气门提前开启的目的是,保证进气行程开始时,进气门有足够的开度,使新鲜气能顺利地进入汽缸。延后关闭是利用气流的惯性和压力差继续进气。

在做功冲程接近终了时,排气门提前开启,排气门提前角 $\gamma$ 为 $40°\sim60°$,当活塞到达上止点后,排气门才关闭,迟闭角 $\delta$ 为 $10°\sim30°$。排气门提前开启的目的是利用汽缸残余压力排出废气,延迟关闭是利用气体惯性,将废气排放干净。

进气门开启时间相当于曲轴转角为 $180°+\alpha+\beta$。

排气门开启时间相当于曲轴转角为 $180°+\gamma+\delta$。

由于进气门在上止点前开启,而排气门在上止点后才关闭,这就出现了在一段时间内进、排气门同时开启的现象,这一现象称为气门重叠,重叠角为 $\alpha+\delta$。由于新鲜气流和废气气流的流动惯性大,在极短的时间内来不及改变流向,因此只要选择好合适的重叠角,不会产生新鲜气被排出,而废气倒流的现象。

不同的发动机,有不同的配气相位。

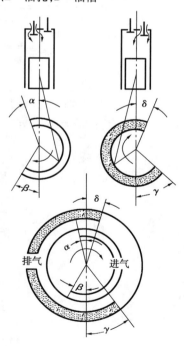

图 2-32　配气相位图
$\alpha$—进气提前角;$\beta$—进气迟闭角;
$\gamma$—排气提前角;$\delta$—排气迟闭角

41

# 2.5 燃料供给系

## 2.5.1 概述

### (1)燃料供给系的作用

对于化油器式的汽油机,根据发动机不同工况的需要,将一定数量的汽油在汽缸外与一定比例的空气混合后送入燃烧室,用电火花点燃方式使混合气燃烧,并将废气排出。对于柴油机,将适量柴油采用高压喷射的方法,直接喷入燃烧室,借助汽缸压缩终时的温度自行着火燃烧,并将废气排出。

### (2)燃料供给系的组成

汽油机与柴油机的燃料供给系的差别较大。

汽油供给系的组成包括(图2-33):

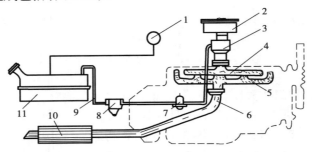

图 2-33 汽油机燃料系示意图

1—汽油表;2—空气滤清器;3—化油器;4—进气歧管;5—排气歧管;6—排气管;
7—汽油泵;8—汽油滤清器;9—油管;10—消声管;11—汽油箱

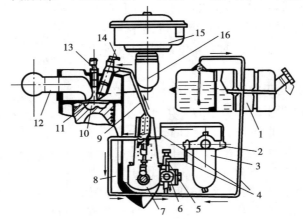

图 2-34 柴油机燃料系示意图

1—柴油箱;2—溢油阀;3—柴油滤清器;4—低压油管;5—手压输油泵;6—输油泵;
7—喷油泵;8—回油歧管;9—高压油管;10—燃烧室;11—喷油器;12—排气管;
13—排气门;14—排油管;15—空气滤清器;16—进气歧管

1）汽油供给装置　油箱 11、汽油滤清器 8、油管 9 和汽油泵 7 等。
2）空气供给装置　即空气滤清器 2,有些轿车上还装有进气消声器等。
3）可燃混合气形成装置　化油器 3 和进气歧管 4 等。
4）废气排出装置　排气管 6 和消声器 15 等。
柴油供给系的组成包括(图 2-34)：
1）柴油供给装置　油箱 1、滤清器 3、输油泵 6、喷油泵 7、喷油器 11 及各种油管等。
2）混合气形成装置　燃烧室。
3）空气供给装置　空气滤清器 15、进气管和进气歧管 16 等。
4）废气排出装置　排气管 12、消声器等。

### 2.5.2　汽油发动机供给系

**(1)可燃混合气的形成与简单化油器**
汽油要与空气充分混合,需蒸发为气态后才能得以完成。实现这一装置的即为化油器。
图 2-35 为简单化油器与可燃混合气形成的原理。它由浮子室、量孔、喷管、喉管等组成。

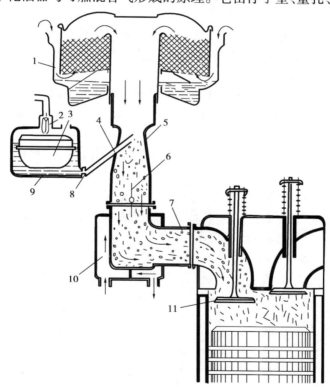

图 2-35　简单化油器及可燃混合气形成原理示意图
1—空气滤清器;2—针阀;3—浮子;4—喷管;5—喉管;6—节气门;
7—进气管;8—量孔;9—浮子室;10—进气预热套管;11—进气门

汽油由汽油泵输送进入浮子室,其喷管口高于油平面,汽油不会自动流出。油平面的高度由浮子控制,当油平面高时,浮子上浮,针阀关闭;油平面低时,浮子下沉,针阀打开,允许油流进。浮子室开有通气孔,因此浮子室油的压力始终为大气压。为了在喷管形成很大的真空度,将浮子室中的油吸出,在空气管中部做成喉管,在进气行程中,进气门开启,空气在喉管处的流速加快而压力降低形成真空度,浮子室中的油在压力差的作用下,通过喉管吸出,吸出的汽油被喉管处高速的气流冲散,形成雾状与空气混合,并由进气管分配到各汽缸内。由于汽车行驶情况的变化,需要发动机功率也作相应的变化,发动机功率的变化是通过改变供入的可燃混合气的浓度来实现的。可燃混合气的浓度,当发动机转速一定时,由节气门的开度而定,节气门的开度愈大,混合气浓度愈大。

**(2)发动机各种工况对可燃混合气浓度的要求**

1)过量空气系数 $\alpha$

$$\alpha = \frac{\text{完全燃烧 1 kg 汽油实际所需的空气质量}}{\text{完全燃烧 1 kg 汽油所需理论空气质量}}$$

当 $\alpha = 1$ 时,称为标准混合气,即 1 kg 汽油完全燃烧需要 15 kg 空气;当 $\alpha > 1$ 时,称为稀混合气;当 $\alpha < 1$ 时,称为浓混合气;当 $\alpha = 1.05 \sim 1.15$ 时,称为经济混合气;$\alpha = 0.85 \sim 0.95$ 时,称为功率混合气。

2)发动机各种工况对可燃混合气浓度的要求

**怠速工况** 发动机对外不输出功率,以最低稳定转速运转。此时发动机所作的功是用以克服发动机本身的阻力。怠速工况时,节气门处于接近关闭位置,进入汽缸的混合气数量少,发动机转速低、温度低,汽油雾化不良,汽缸中废气含量多。要维持发动机最低稳定运转,需供给很浓的混合气,$\alpha = 0.6 \sim 0.8$。

**启动工况** 冷车启动时,发动机转速、温度均很低,汽油雾化困难,大量汽油呈油粒状态黏附在进气管壁上,不能及时进入汽缸,从而使混合气过稀而无法燃烧。为此需供给极浓的混合气,$\alpha = 0.2 \sim 0.6$。

**小负荷工况** 节气门开度不大,进入汽缸的混合气仍较少,此时混合气浓度为 $\alpha = 0.7 \sim 0.9$。

**中等负荷工况** 发动机经常运行的工况,节气门开度由小变大,汽缸的进气量增加,汽油雾化、蒸发较好,此时经济性是主要的,因此需供给较稀的混合气,$\alpha = 1.05 \sim 1.15$。

**大负荷和全负荷工况** 此时汽车需要克服较大阻力,要求发动机发出最大功率,因此需供给较浓的混合气,$\alpha = 0.8 \sim 0.9$。

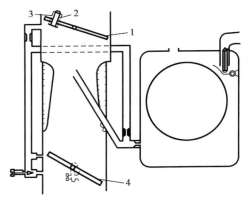

图 2-36 阻风门式启动系统示意图

1—阻风门;2—自动空气阀;3—弹簧;4—节气门

**(3)化油器**

1)启动装置

启动装置的作用是当发动机冷启动时,在化油器内形成极浓的混合气,以保证发动机能顺利启动。

如图 2-36 所示,发动机启动时,阻风门关小,减少进入汽缸的空气量,同时阻风门后面形成较大的真空度,使主喷管、怠速喷孔和过渡孔都喷油以形成极浓的混合气,满足启动需要。

2)怠速与过渡装置

怠速装置是保证发动机在怠速时或低速工况时供给较浓的混合气的装置。

如图 2-37 所示,怠速时发动机转速较低,节气

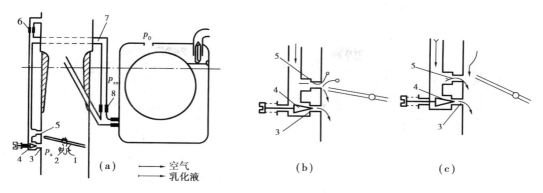

图 2-37　怠速系统示总图

（a）典型的怠速系统；（b）低怠速；（c）高怠速

1—支块；2—限止螺钉；3—怠速喷口；4—调整螺钉；

5—过渡孔；6—空气量孔；7—油道；8—怠速量孔

门接近全闭。节气门上方的真空度很低，主喷管的汽油不能吸出，而节气门下方的真空度很高，汽油从浮子室经怠速量孔 8 进入怠速油道 7 与怠速空气量孔 6 来的空气初步混合，形成泡沫状油液。怠速过渡孔 5 流进的空气进入怠速油道与油液形成第二次混合。由怠速喷孔喷出的油即被由节气门边隙来的高速气流冲击、雾化，形成较浓的混合气。

当节气门逐渐开大时，过渡孔 5 将位于节气门下方，与怠速量孔一起喷油，从而不会由于节气门开大空气增多，使混合气变稀，保证使发动机由怠速向小负荷圆滑过渡。节气门开度再增大时，喉管处的真空度也随之增大，主供油装置开始工作，此时主喷管和怠速喷孔过渡喷孔一起喷油。

节气门开度进一步增大时，由于怠速喷孔和过渡喷孔处真空度降低而不再喷油，怠速装置便停止工作。

3）主供油装置

主供油装置应保证发动机正常工作时所得到的混合气浓度随节气门开大而变稀，以获得最佳的经济性，如图 2-38 所示。

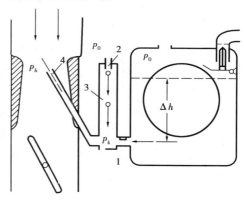

图 2-38　降低主量孔处真空度的主供油系统

1—主量孔；2—空气量孔；3—通气管；4—主喷管

主供油装置广泛采用的是降低主量孔处真空度的结构，如图 2-38 所示。其特点是在喷管上加开一个带空气量孔 2 的通气管 3，目的在于引入少量的空气，降低主量孔的真空度，以控制汽油的流量，使混合气随节气门的开度增大而由浓变稀。

4）加浓装置

加浓装置是保证发动机在大负荷时，额外供油，以使发动机输出最大的功率。正因为有加浓装置，主供油装置才能使混合气按最经济的要求设计。因此，加浓装置又称省油器。加浓装置有机械式和真空式两种，如图 2-39 所示。

机械加浓装置由拉杆 5、推杆 4 和加浓阀 3 组成。加浓阀的控制杆件与节气门联动，当发动机的负荷加大到节气门离全开位置10°左右时，推杆才能顶开加浓阀，浮子室的汽油便经加

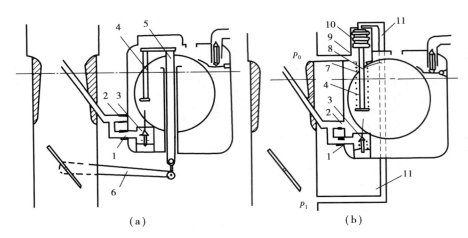

图 2-39  加浓系统(省油装置)示意图

(a)机械式;(b)真空式

1—加浓量孔;2—主量孔;3—加浓阀;4—推杆;5—拉杆;

6—摇臂;7—弹簧;8—通道;9—空气缸;10—活塞;11—气道

浓量孔 1 流入主油道与主量孔的汽油一起从主喷管喷出,使混合气加浓。

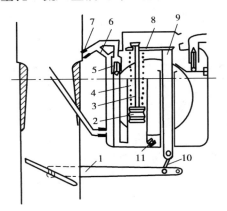

图 2-40  活塞式机械加速泵示意图

1—装在节气门轴上的摇臂;2—活塞;

3—活塞杆;4—弹簧;5—出油阀;6—通气道;

7—加速量孔;8—连接板;9—拉杆;

10—联杆;11—进油阀(单向阀)

机械加浓装置只与节气门开度(即负荷)有关。

真空加浓装置由活塞 10、空气缸 9、活塞弹簧 7、加浓阀 3 和真空气道 11 组成。加浓阀由活塞控制,而活塞又受节气门下的真空度控制。当发动机转速较高而负荷又较小时,节气门后的真空度较大,通过真空气道将活塞吸至顶部,加浓阀关闭;当发动机在低速高负荷时,节气门后真空度很小,不足以克服弹簧的弹力和活塞重量时,活塞下落,打开加浓阀,额外供油使混合气加浓。

真空加浓装置不仅与节气门开度有关,而且与发动机转速有关。

5)加速装置

加速装置的作用是在节气门突然开大时,及时将一定量的燃油一次喷入喉管,使混合气临时加浓,以满足发动机加速的需要。

如图 2-40 所示,活塞式机械加速泵由进油阀 11、活塞 2、活塞杆 3、弹簧 4、出油阀 5 和加速量孔 7 等组成。加速泵活塞的操纵杆件与节气门联动。当节气门开度变小时,活塞上行,泵腔内产生真空,汽油进入泵腔,此时出油阀保持关闭状态。当加速时,节气门突然打开,操纵杆件下行,先压缩弹簧,再推动活塞下行,泵腔油压升高,关闭进油阀,打开出油阀,一定量的额外汽油从加速量孔喷出,使混合气加浓,满足加速需要。当节气门不再开大,连接板不再下行时,由于弹簧的伸张,活塞继续下行,使加速喷油时间延长,改善加速性能。

(4)典型化油器

如图 2-41 所示,BSH101 型化油器是我国第二代化油器产品,主要用于排量为 2.2～2.5 L

的货车发动机。

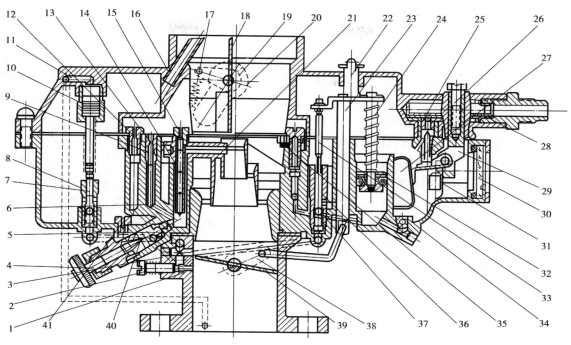

图 2-41　BSH101 型化油器结构示意图

1—怠速喷口；2—怠速调节螺钉；3—怠速过渡孔；4—可调主量孔配剂针；5—功率量孔；
6—第一级怠速量孔；7—真空加浓顶杆；8—真空加浓阀组件；9—第二级怠速量孔；10—真空加浓活塞；
11—真空气道；12—第二怠速空气量孔；13—第一怠速空气量孔；14—泡沫管；15—主空气量孔；
16—浮子室平衡管；17—阻风门拉簧；18—阻风门；19—阻风门摇臂；20—阻风门操纵臂；21—主喷口；
22—放气阀；23—拉杆；24—加速泵弹簧；25—进油针阀组件；26—油面调节螺钉；27—浮子；
28—进油滤网；29—浮子支架；30—油面观察窗；31—浮子弹簧；32—加速泵活塞；33—机械加浓推杆；
34—加速泵进油阀；35—加速泵喷嘴；36—机械加浓阀组件；37—加速泵重杆；38—加速泵摇臂；
39—节气门；40—可调主量孔；41—固定主量孔

其结构特点如下：

1）采用三重可拆式喉管。大喉管夹在中体和下体之间，是可拆的，中、小喉管制成一体，固定在中体上，主喉口 21 位于小喉管的喉部。采用三重喉管可改善低速工况下的汽油雾化质量，其低速经济性好，且能在节气门全开时维持发动机最低稳定转速，改善汽车的爬坡和起步性能。

2）浮子室油面可由观察孔看到，其油面能在体外调节。浮子室内的油面高度，可从刻有标准油面高度记号的观察孔 30 观察到。浮子 27 铰接在可上下移动的浮子支架 29 上，支架的位置由浮子室外的油面调节螺钉 26 调节。

另外浮子室上部装有蒸气放气阀 22，发动机在怠速工况下，节气门开度很小时，放气阀被机械加浓装置的连接板顶开，浮子室内的汽油蒸气由此放出。这样可避免在高温怠速运转和热机启动时，由于浮子室内过多的汽油蒸气进入进气管而使混合气过浓，引起发动机怠速运转不稳或热机启动困难。当节气门从怠速位置开大后，连接板下行，放气阀关闭。

3）主供油装置采用垂直布置，在体外可调节。主喷管由中体中的倾斜孔和垂直孔道，以及与中、小喉管制成一体的水平管组成。泡沫管 14 置于垂直孔道中，泡沫管上部有主空气量孔 15，底部是封闭的,中部开有渗气孔。垂直布置的主油井和泡沫管可防止汽车上坡时汽油从主喷口溢出。主供油系统的出油量由两个串联的主量孔来控制。第一级是固定量孔 41,位于浮子室底部,第二级是带有配剂针 4 的可调主量孔 40。调节配剂针可调节主量孔的供油量。

4) 怠速采用了两个怠速量孔。第一个怠速量孔 6 位于取油管的底端;第二个怠速量孔 9 位于取油管侧面,与倾斜的怠速油道相通。发动机怠速时,汽油经第一怠速量孔吸到取油管中,与来自第一怠速空气量孔 13 的空气混合后,通过第二怠速量孔 9 并与由第二怠速空气量孔 12 进入的空气混合,最后由怠速喷口喷出。经过两次泡沫化的汽油喷出后能更好的雾化。以使怠速混合气较稀,改善怠速排放污染。

5) 启动装置采用半自动阻风门。阻风门 18 的操纵臂 20 是空套在轴上的。当转动操纵臂时,只能由拉簧 17 通过摇臂 19 把阻风门关闭。当发动机启动后转速升高时,被封闭的进气道内真空度增高,由于阻风门的偏置,阻风门两翼上气体作用力不等,阻风门便克服拉簧的拉力而自动开启,以降低阻风门后的真空度,避免混合气过浓,使发动机由启动工况顺利过渡到怠速工况。

**(5) 汽油发动机供给系其他装置**

1) 汽油箱

油箱用来储存汽油,容量一般可供汽车行驶 200~600 km。

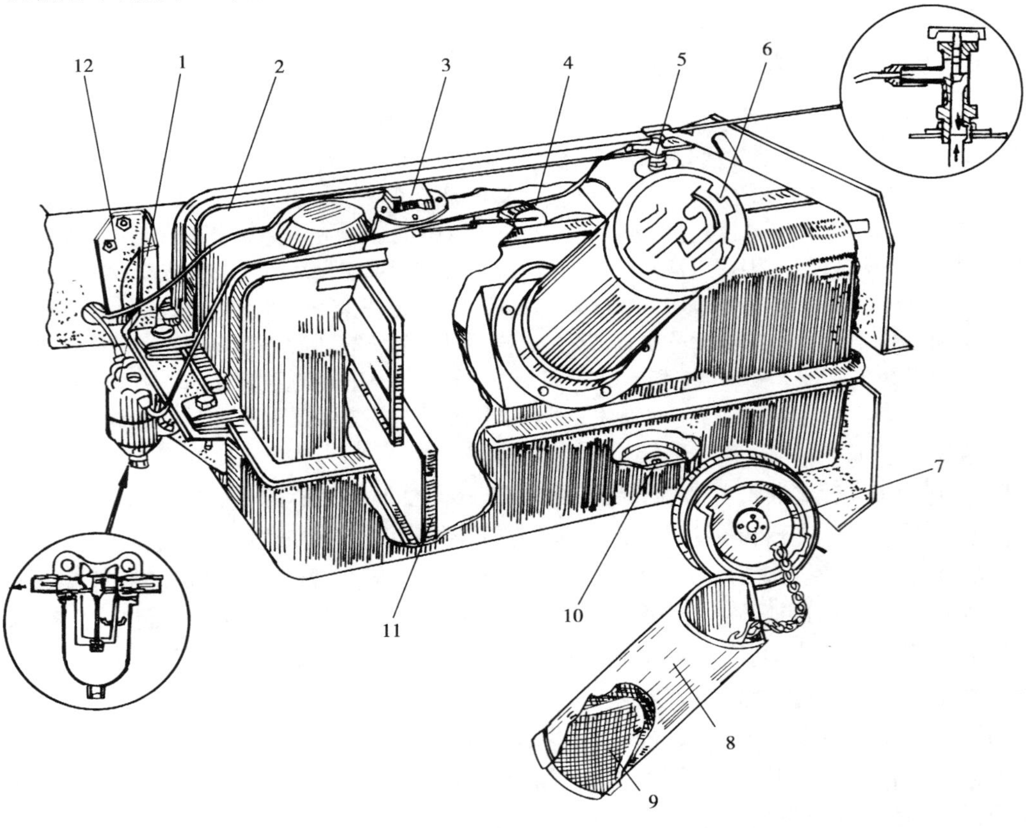

图 2-42　CA1091 汽油箱

1—汽油滤清器;2—汽油箱固定箍带;3—油面指示表传感器;4—油面指示表传感器浮子;5—出油开关;6—加油管;7—汽油箱盖;8—加油延伸管;9—滤网;10—放油螺塞;11—隔板;12—汽油箱支架

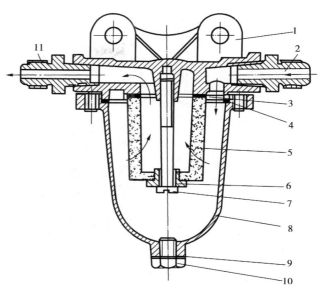

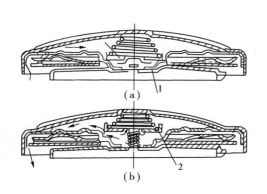

图 2-43　带有空气和蒸汽阀的油箱盖
（a）进入空气；（b）泄出空气
1—空气阀；2—蒸气阀

图 2-44　282 型汽油滤清器
1—盖；2—进油管接头；3—滤芯密封垫；
4—沉淀杯密封衬垫；5—陶瓷滤芯；6—垫圈；
7—滤芯螺栓；8—沉淀杯；9—垫圈；
10—放油螺塞；11—出油管接头

如图 2-42、图 2-43 所示，油箱体一般用钢板冲压焊成的，上部有加油管 6，内装延伸管 8，油箱上表面装有汽油表传感器 3 和出油开关 5，油盖上设有两个阀，用以调节箱内气压。当油箱内温度很高时，大量汽油蒸发，使油箱内压力升高，此时，蒸气阀打开；当油箱内压力小于大气压力时，空气阀打开。油箱内置有隔板 11 以减轻汽车行驶时汽油的振荡。

2）汽油滤清器

构造如图 2-44 所示，其作用是过滤汽油中的杂质。滤芯的形式有多孔陶瓷式、金属滤网、尼龙布和纸质等。

3）汽油泵

如图 2-45 所示，汽油泵的作用是提高汽油压力以克服管道和滤清器的阻力，将汽油从油箱中吸出，输送到化油器的浮子室内。汽油泵的形式有机械膜片式、电动式和柱塞式 3 种。常用的机械膜片式，如图 2-45 所示。配气凸轮轴上的偏心轮 1 驱动摇臂 2，拉钩 3 拉动顶杆 4 带动膜片 6 下拱，进油阀 7 开启，出油阀 11 关闭，汽油吸入膜片上腔。当偏心轮转离摇臂 2，在回位弹簧 5 伸张作用下，使膜片向上拱，进油阀关闭，出油阀开启，腔内汽油经出油阀流出，完成泵油作用。膜片拱曲程度可自动调节实际出油量。

4）空气供给装置

空气滤清器：空气滤清器的作用是过滤进入发动机空气中的尘粒及起消音效果。安装在化油器进气口上方。滤芯有纸质和金属网式。进、排气歧管一般用铸铁制成。断面形状有圆形和方形两种。为减少进、排气阻力，管道内应光滑，转角处圆滑。有些进气管装有预热装置。

排气消音器：其作用是降低排出废气的压力和温度，衰减排气噪音，消除火星。形式有同心式和不同心式等,如图 2-46 所示。

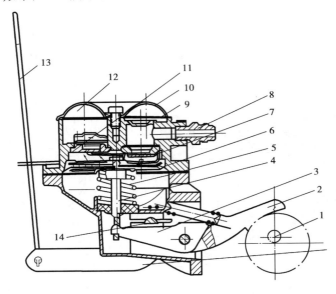

图 2-45 EQB601-C 型汽油泵(膜片式)

1—偏心轮;2—摇臂;3—拉钩;4—顶杆;5—膜片弹簧;6—膜片;7—进油阀;
8—进油管接头;9—垫片;10—上盖;11—出油阀;12—空气室;13—拉杆;14—销轴

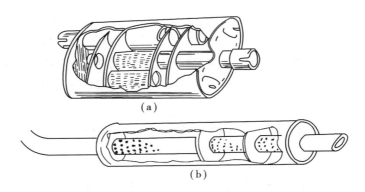

图 2-46 消音器的典型结构

(a)轿车用消音器;(b)载货车用消音器

5)汽油直接喷射

化油器作为汽油机的混合气形成系统,具有如下缺点:主要是充气及混合气分配不够理想,为发动机在急速等过渡工况下能稳定工作,化油器往往供给的混合气较浓,对发动机的动力性和经济性的提高和排污的改善都有非常不利的影响。为解决上述问题,近几年已成功使用的是将燃油直接喷射到进气管中或汽缸内,而不再使用化油器。其优点是:进气管道中没有狭窄的喉管,空气流动阻力小,进气量较多,因此输出功率较大;混合气的分配均匀性较好,可以随发动机使用工况的变化而配制最佳的混合气浓度;具有良好的加速等过渡性能。

汽油直接喷射分为缸内喷射和进气管内喷射两种。

缸内喷射将喷油器直接装在燃烧室内,喷射压力为 $3 \sim 5$ N/mm$^2$,喷射时间在进气行程上

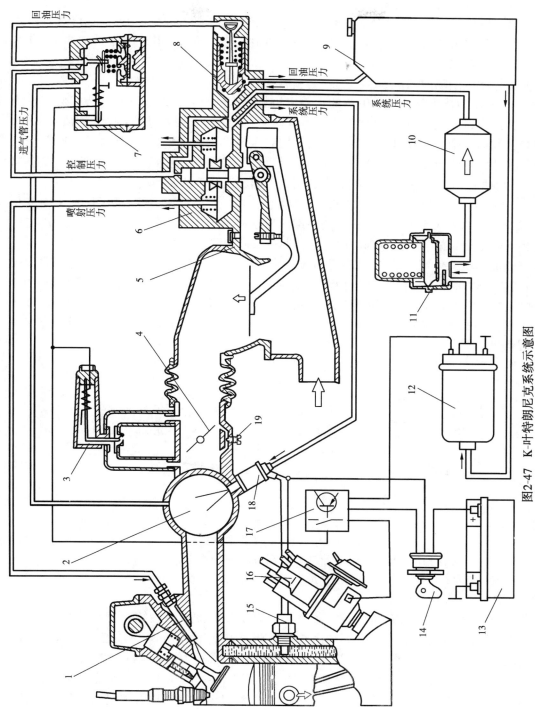

图2-47　K-叶特朗尼克系统示意图

1—喷油器；2—进气管；3—补充空气调节器；4—节气门；5—空气计量器；6—燃油量分配器；7—控制压力调节器（暖机调节器）；8—调压器；9—汽油箱；10—燃油滤清器；11—蓄压器；12—电动汽油泵；13—蓄电池；14—点火开关；15—热控正时开关；16—分电器；17—控制继电器；18—冷启动阀；19—怠速调节螺钉

止点后30°～50°开始,一直延续到压缩行程接近终了时为止,这种喷射方法的喷油装置结构和布置较复杂。进气管内喷射是将喷油器置于进气管内,燃料在进气过程中被喷到气门附近并随气流进入汽缸,这种方法喷射压力不高,一般只有 0.5～1 N/mm²,喷射时间在进气行程上止点后10°～100°的时间内,喷射方法可以是间歇喷射或连续喷射。其优点是结构简单,成本较低,目前使用较广泛。

①机械控制汽油喷射系统

图 2-47 所示为德国波许公司生产的一种机械控制汽油喷射系统——K-叶特朗尼克系统示意图。其工作过程是:汽油箱 9 中的汽油由电动泵吸出,加压后经蓄压器 11 和滤清器 10 输入燃油量分配器 6 中。燃油量分配器在不同的控制压力作用下,根据空气计量器 5 所反馈的吸入进气管 2 的空气流量的信息,将所需的燃油量分配给汽缸的喷油器 1,并由压力控制阀 7 使汽油压力保持一定值。燃油量分配器内剩余的汽油经回油管流回油箱。

空气计量器工作示意如图 2-48 所示。A 为气流入口,承受气流动压力的承压片 2 固定在带有配重 5 并以轴销 6 为支承的杠杆 7 的一端。发动机不工作时(图 2-48(a)),承压片在片簧 8 支持下位于空气漏斗 1 的喉部。此时空气通过截面 B 最小;发动机工作时(图 2-48(b)),在吸入气流的动压力作用下,承压片向上抬起并带动杠杆,迫使油量分配器控制柱塞 4 向上运动,此时气流通过截面 B 增大。节气门开度增加,进气量增多,承压片的抬起距离也随之增大,控制柱塞位置上升越多,分配器供入喷油器的燃油也越多。混合气调节螺钉 3 用来调节承压片和控制柱塞的相对位置,从而可以调节混合气浓度。空气计量器和燃油分配器组合在一起称为混合气调节器,如图 2-49 所示。

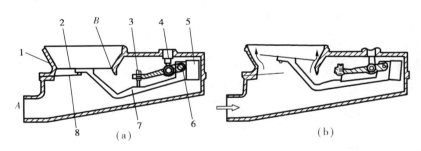

图 2-48　空气计量器示意图

（a）不工作状态;（b）工作状态

1—空气漏斗;2—承压片;3—混合气调节螺钉;4—燃油量分配器控制柱塞;
5—配重;6—轴销;7—杠杆;8—片簧;A—进气口;B—气流通过截面

②电子控制汽油喷射系统

如图 2-50 所示为日产 EGI 电子控制汽油喷射系统示意图。该系统由燃油系统、空气系统、电子控制系统 3 部分组成。燃油系统由油箱 1、燃油泵 2、蓄压器 3、燃油滤清器 4、压力调节器 5 等组成。压力调节器根据进气管真空度自动调节喷油压力控制喷油量。冷启动时由冷启动阀自动加浓。空气系统由空气滤清器 7、空气流量计量器 8、节气门 9,辅助空气阀 10、怠速调节螺钉 12 等组成。空气经翼板式空气流量器计量,怠速时空气由旁通进气道进入,辅助空气阀在暖机时开启,额外补偿的空气经旁道阀进到节气门后以实现快怠速的过渡。在电子控制系统中,电子控制器 19 接受从点火线圈 16、空气流量计量器、点火开关、节气门开关、水温传感器、进气温度等反馈的信号,将这些信号进行处理后与存储器储存的发动机各工况的理想混合气电脉冲数据对比,计算出发动机最佳的燃油喷射量后,将此信号传送给喷油器,使其适时适量的供油,以获得较好的经济性、动力性和排放性。

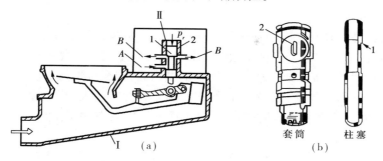

图 2-49　混合气调节器工作原理示意图

(a)剖视;(b)外形

Ⅰ—空气计量器;Ⅱ—燃油量分配器

A—进油孔;B—出油槽;1—柱塞;2—套筒

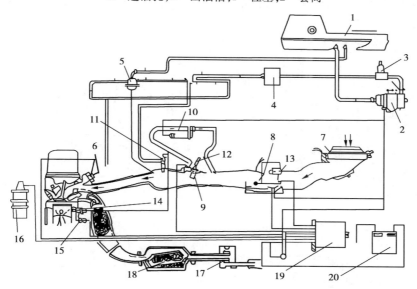

图 2-50　日产 EGI 电子控制汽油直接喷射系统

1—燃油箱;2—燃油泵;3—燃油缓冲器(蓄压器);4—燃油滤清器;5—压力调节器;

6—喷油器;7—空气滤清器;8—空气流量计量器;9—节气门;10—辅助空气阀;

11—冷启动阀;12—急速调整螺钉;13—进气温度传感器;14—热控正时开关;

15—冷却水温度传感器;16—点火线圈;17—触媒转换器;18—消声器;

19—电脑(电子控制器);20—蓄电池

### 2.5.3　柴油发动机供给系

**(1) 可燃混合气的形成与燃烧室**

1) 可燃混合气的形成

柴油可燃混合气的形成是采用高压喷射方法,即在压缩终了时柴油借助喷油泵和喷油器以 10~20 MPa 的高压喷入汽缸,直接在燃烧室中与其内的空气形成可燃混合气,并靠压缩终了时,汽缸内气体的高温、高压自行着火燃烧。其特点为:混合气形成时间很短,因此要求喷射时间短;可燃混合气形成与燃烧是重叠进行的。因为柴油黏度大、蒸发性差,不能在与空气很好的混合后均布在燃烧室中,而是先喷入汽缸内的柴油先燃烧,边燃烧边喷油。

2) 燃烧室

由于柴油机的混合气形成与燃烧是在燃烧室内进行的,因此燃烧室的结构直接影响所形成的混合气质量和燃烧的状况。按其结构形式不同,燃烧室分为两大类,直接喷射式和分隔式。

直接喷射式燃烧室是由活塞顶部汽缸盖内壁所包围的空间。燃烧室容积几乎全部在活塞顶部的凹坑内。柴油由喷油器直接喷入燃烧室内,借助喷出的油束形状和燃烧室形状的吻合,以及进气所形成涡流运动迅速形成混合气。常见的燃烧室形状有 ω 形、盆形、球形和 U 形等,如图 2-51 所示。

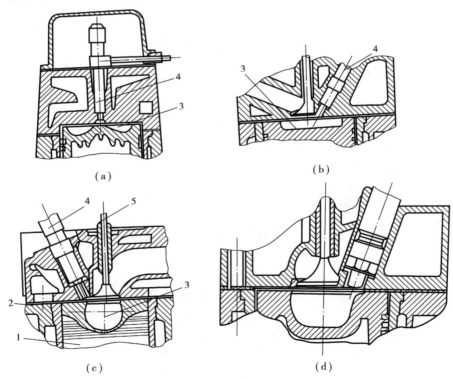

(a)　　　　　　　　　　　　　　　　(b)

(c)　　　　　　　　　　　　　　　　(d)

图 2-51　直接喷射式燃烧室

(a)ω 形燃烧室;(b)盆形燃烧室;(c)球形燃烧室;(d)U 形燃烧室

1—活塞;2—汽缸垫;3—燃烧室;4—喷油器;5—气门

ω 形燃烧室的特点是结构简单、紧凑、热效率高、冷车易启动、工作较粗暴。球形燃烧室的特点是采用两孔喷油器、切向进气道、工作柔和、动力性和经济性较好。

分隔式燃烧室如图 2-52 所示,这种燃烧室由两部分组成:主燃烧室由活塞顶和汽缸盖下平面组成;副燃烧室位于汽缸盖内,这两部分由一个或几个通道相连。按结构形式不同,分为涡流室式和预燃室式两种。

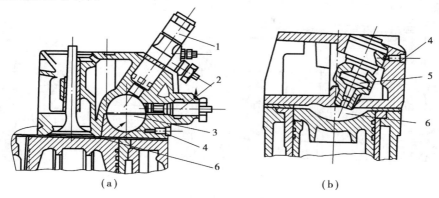

（a）                                      （b）

图 2-52  分隔式燃烧室
（a）涡流室式燃烧室;（b）预燃室式燃烧室
1—喷油器;2—电热塞;3—涡流室;4—止动螺钉;5—预燃室;6—主燃烧室

涡流室式燃烧室的特点是:副燃烧室为涡流室,在强烈的空气涡流下,燃油与空气能很好地混合,着火延迟期短,发动机工作较柔和,但结构不紧凑、热损失大。预燃室式燃烧室的特点是:副燃烧室为预燃室,两个燃烧室压力差大,柴油能更好地雾化,混合气能更好地燃烧。

**（2）柴油发动机供给系主要部件**

1）喷油泵

喷油泵的作用是,根据发动机不同工况,将一定量的燃油提高到一定压力,按一定的顺序将高压油通过喷油器喷入汽缸。要求各缸的供油顺序应与其着火顺序相同,各缸供油量相差不大于 3% ~ 4%,各缸供油提前角相差不大于 0.5° 曲轴转角。为了避免喷油器的滴漏现象,喷油泵应迅速停止供油。

汽车柴油发动机的喷油泵分柱塞式、喷油器—喷油泵式和转子分配式 3 类。柱塞式喷油泵由于性能良好,使用可靠,目前大多数车用柴油机都采用。

如图 2-53 Ⅱ 型喷喷油泵所示,柱塞式喷油泵由泵油机构（分泵）、油量调节机构、传动机构和泵体组成。

分泵（图 2-54）  分泵是带有一副柱塞偶件的泵油机构。同一个喷油泵上的各个分泵的结构和尺寸相同,其数量和汽缸数一致。分泵由柱塞偶件、柱塞弹簧、弹簧上下座、出油阀偶件及出油阀弹簧等组成。

工作原理是:柱塞由凸轮驱动,在柱塞套内作直线往复运动,此外还可绕本身轴线在一定范围内转动,当柱塞在回位弹簧作用下,移到最低位置（图 2-55（a））时,油孔 4 和 8 与柱塞顶面泵腔相通,燃油由低压油腔经该两油孔吸入充满泵腔,完成进油过程。

当柱塞自下止点上移的过程中（图 2-55（b））,起初有一部分燃油被泵回低压油腔,直到柱塞上部的圆柱面将两个油孔完全封闭为止。柱塞继续上升,油压升高,直至克服出油阀弹簧的预紧力,出油阀打开,高压燃油自泵控通过高压油管向喷油器供油。

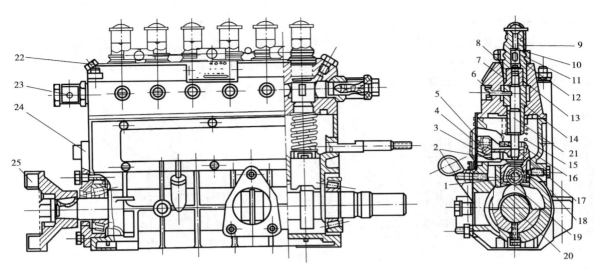

图 2-53　Ⅱ型喷油泵

1—滚轮传动部分;2—调整垫块;3—调节叉;4—供油拉杆;5—紧固螺钉;6—柱塞套定位螺钉;
7—高压密封垫圈;8—出油阀;9—出油阀压紧座;10—减压器;11—出油阀弹簧;12—低压密封垫圈;
13—出油阀座;14—柱塞套;15—柱塞弹簧;16—弹簧下座;17—调节臂;18—定位螺钉;19—凸轮;
20—凸轮轴;21—柱塞;22—放气螺钉;23—进油接头;24—端盖;25—联轴节从动盘

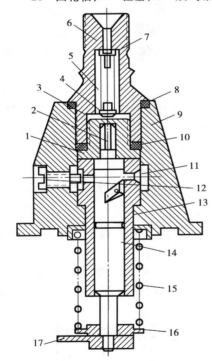

图 2-54　分泵的结构

1—出油阀座;2—切槽;3—减压带;4—出油阀;
5—出油阀弹簧;6—出油阀压紧螺母;7—减容器;
8—低压密封垫圈;9—泵体;10—高压密封垫圈;
11—低压进油室;12—柱塞套筒定位螺钉和密封垫;
13—柱塞套筒;14—柱塞;15—柱塞回位弹簧;
16—弹簧座;17—调节臂

当柱塞移到其表面斜槽与油孔接通时（图 2-55(c)），高压柱塞便通过中心的直孔，经斜槽流入低压油腔。此时出油阀在回位弹簧作用下关闭，虽然柱塞继续上行，但并不泵油。

由上述可知,柱塞的工作行程是不变的,由驱动凸轮升程决定。柱塞只有在有效行程 $h_g$（图 2-55(e)）内才泵油。有效行程的改变是靠改变柱塞斜槽与柱塞套油孔的相对位置来实现的（图 2-55(d)）,柱塞有效行程为零,喷油泵不泵油。

油量控制机构的作用是:根据发动机不同的负荷和转速的变化,相应改变喷油泵的供油量,保证各缸供油量一致和调整各缸供油的均匀性。油量控制机构分齿轮式和拨叉式两种,如图 2-56、图 2-57 所示。

传动机构　传动机构的作用是推动柱塞向上运动,保证供油正时。主要由喷油泵正时齿轮、凸轮轴、滚轮等组成,见图 2-53。

为了保证供油正时,喷油泵凸轮轴上有正时记号。

泵体　有整体式和分开式两种。图 2-53

所示Ⅱ号泵为分开式,用铝合金制成,各分泵油量调节机构和传动机构装在泵体上。上体有纵向油道与柱塞套周围的低压油腔相通,下体可储润滑油,以保证传动机构的润滑。

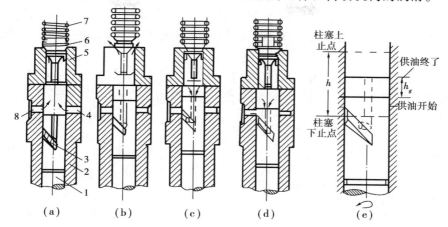

图 2-55　柱塞式喷油泵泵油原理示意图

1—柱塞;2—柱塞套;3—斜槽;4、8—油孔;5—出油阀座;6—出油阀;7—出油阀弹簧

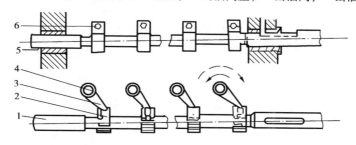

图 2-56　拨叉式油量调节机构

1—调节拉杆;2—调节叉;3—调节臂;4—柱塞;5—导向套管;6—螺钉

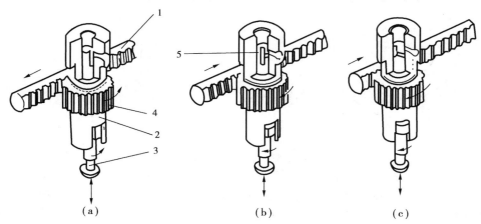

图 2-57　齿条式油量控制机构工作示意图

(a)不供油;(b)部分供油;(c)供油量最大

1—油量调节齿杆;2—控制套筒;3—柱塞;4—可调齿圈;5—柱塞套

2）喷油器

喷油器的作用是将来自喷油泵的高压燃油雾化成细小颗粒，并把它们喷入燃烧室中。喷油器应具有一定的喷射压力、射程和合适的喷射角度，并且断油迅速，不发生漏油现象。

喷油器形式有开式和闭式两种，目前广泛采用的是闭式喷油器。闭式喷油器按其结构分孔式和轴针式。

孔式喷油器 孔式喷油器喷孔直径为 0.5 ~ 0.80 mm，喷孔数目一般为 1 ~ 8 个，喷孔数目及喷孔角度视燃烧室形状而定，如图 2-58 所示。双孔喷油器适于球形燃烧室。

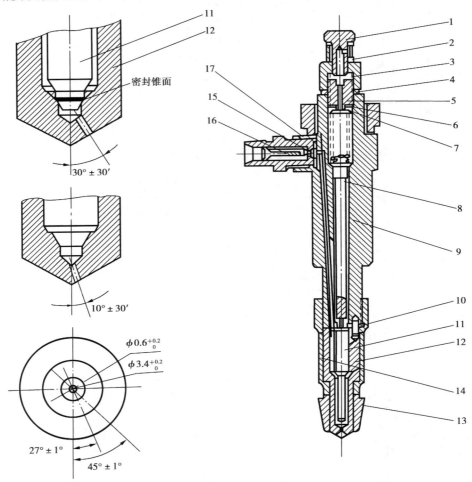

图 2-58 双孔闭式喷油器

1—回油管螺栓；2—回油管衬垫；3—调压螺钉护帽；4—调压螺钉垫圈；5—调压螺钉；
6—调压弹簧垫圈；7—调压弹簧；8—顶杆；9—喷油器体；10—定位销；11—喷油器针阀；
12—针阀体；13—喷油器锥体；14—紧固螺套；15—进油管接头；16—滤芯；17—进油管接头衬垫

双孔式喷油器工作原理是喷油泵输出的高压燃油从进油管接头 15 经过喷油器体 9 与针阀体 12 中的油孔道进入针阀中部周围的球状高压油腔，油压作用在针阀的承压锥面上，造成一个向上的轴向推力，此推力克服调压弹簧的预紧力以及针阀与针阀体间的摩擦力后，针阀上移而打开喷孔，高压柴油便从针阀体下端的两个喷孔喷出。当喷油泵停止供油时，由于油压迅速下降,针阀在调压弹簧作用下及时回位将喷孔关闭。喷射压力取决于调压弹簧的预紧力,可用调节螺钉 5 调节喷射压力。

　　轴针式喷油器　如图 2-59 所示,其工作原理与孔式相同。构造特点是:针阀下端的密封锥面以下还伸出一个轴针,其形状为倒锥形或圆柱形,伸出的轴针使喷孔成为圆环状的狭缝。

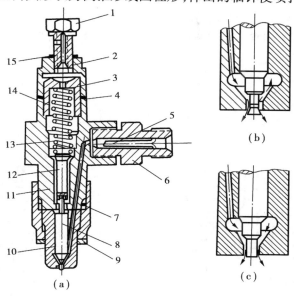

图 2-59　轴针式喷油器
1—回油管接头螺塞;2—螺压螺针护帽;3—调节螺钉;4—垫圈;5—滤芯;6—进油管接头;
7—紧固螺套;8—针阀;9、13、15—垫圈;10—针阀体;11—喷油器体;12—顶杆;14—调压弹簧

　　3)调速器

　　调速器的功用是使发动机在其转速范围内工作稳定,限制高速,稳定怠速。能够使发动机在任意转速下稳定工作的调速器,称为全速式调速器。仅限制最高转速和稳定怠速的调速器,称为两速式调速器。

　　两速式调速器,如图 2-60、图 2-61、图 2-62、图 2-63 所示。日本五十铃 TD50A-D 型自卸车柴油机所用 RAD 型两速调速器的结构示意图。调速器用螺钉与喷油泵连接,两个飞快装在喷油泵凸轮轴 5 上,当飞块向外张开时,飞块臂上的滚轮 4 推动滑套 17 沿轴向移动。导动杠杆 14 的上端铰接在调

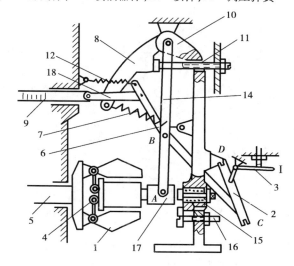

图 2-60　RAD 型两速器结构示意图
1—飞块;2—支持杠杆;3—控制杠杆;4—滚轮;5—凸轮轴;
6—浮杠杆;7—调速弹簧;8—速度调定杠杆;9—供油调节齿杆;
10—拉力杠杆;11—速度调整螺栓;12—启动弹簧;14—导动杠杆;
15—急速弹簧;16—齿杆;17—滑套;18—连杆

速器壳上，下端紧靠在滑套上，其中部与浮动杠杆6铰接。浮动杠杆上部通过连杆18与供油调节齿杆9相连，启动弹簧12装在浮动杠杆顶部，浮动杠杆下端通过销轴插在支持杠杆2的下端凹槽内。控制杠杆3的一臂与支持杠杆2相连，另一臂由驾驶员通过加速踏板与杆系操纵。速度调定杠杆8、拉力杠杆10和导动杠杆14的上端支承在调速器壳的轴销上，用速度调整螺栓11顶住速度调定杠杆，使装在拉力杠杆与速度调定杠杆之间的调速弹簧7保持拉伸状态。拉力杠杆10的中下部有一轴销插在支持杠杆2上端的凹槽内。急速弹簧15装在拉力杠杆10的下部，用于控制急速。

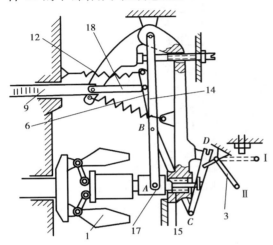

图2-61 两速调速器的急速工作示意图
（图注同图2-60）

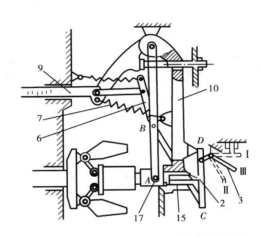

图2-62 两速调速器在正常工作转速范围内的工作示意图（图注同图2-60）

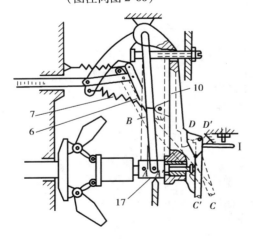

图2-63 两速调速器限制超速的工作示意图（图注同图2-60）

工作原理如下：

发动机静止时，飞块1在启动弹簧12向左的拉力作用下，处于向心极限位置。启动前，驾驶员将控制杠杆3推至全负荷供油位置I，此时杠杆2绕D点逆时针方向转动，浮动杠杆6绕B也作逆时针方向转动，为此带动供油调节齿杆9向增大供油左的方向移动。启动弹簧12的作用是对浮动杠杆6作用一个向左的拉力，使其绕C点作逆时针转动，并带动B点和A点进一步向左移动直到飞块到达向心极限位置为止，从而保证供油调节齿杆9越过全负荷位置达到最大供油位置，即启动加浓位置。

发动机启动后，喷油泵凸轮带动支承架转动，支架上的飞块随之转动，飞块在离心力作用下，向外甩出，推动滑套17右移压缩急速弹簧，直到飞块离心力与急速弹簧和启动弹簧的合力平衡为止。此时供油调节杆9便保持在某一位置上，发动机在相应的转速下稳定工作。如因某一因素使发动机转速降低时，飞块离心力随之减小，滑套在急速弹簧和启动弹簧作用下向左移，从而导动杠杆14向左偏转，带动B点左移，同时浮动杠杆6绕C点作逆时针转动，供油调节

60

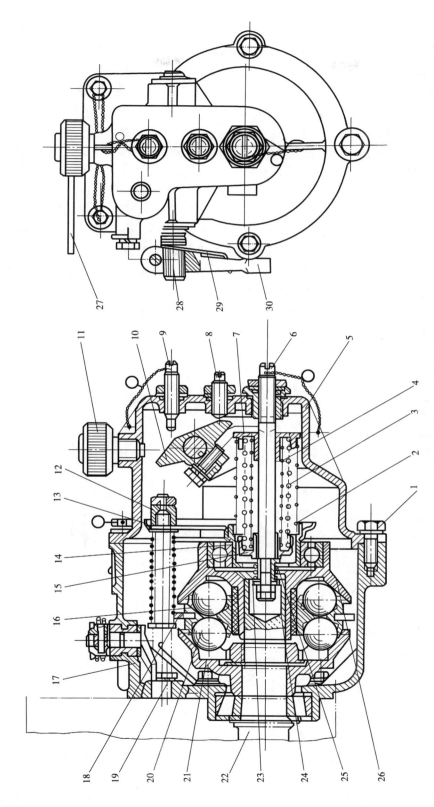

图 2-64　Ⅱ号喷油泵全速调速器

1—放油螺钉；2—启动弹簧；3—高速调速弹簧；4—低速调速弹簧；5—调速器后壳；6—调节螺柱；7—弹簧后座；8—低速限止螺钉；
9—高速限止螺钉；10—调速叉；11—加油口螺塞；12—拉杆螺母；13—拉板；14—启动弹簧前座；15—调速弹簧前座；16—飞球座；
17—飞球保持架；18—飞球；19—油量调节拉杆；20—飞球；21—驱动锥座；22—喷油泵凸轮油；23—垫圈；24—校正弹簧；
25—校正弹簧座；26—推力锥盘；27—停机手柄；28—推力锥盘；29—扭力弹簧；30—操纵臂

杆向左移动,供油量增大,发动机转速回升,保证怠速稳定。同理,当因某一因素使发动机转速升高时,供油量会自动减小,发动机转速下降,又回到稳定怠速状态。

当发动机转速超过怠速时,飞块的离心力将怠速弹簧完全压入拉力杠杆弹簧槽内,使滑套直接与拉力杠杆接触。在转速低于最大转速范围内,飞块的离心力、调速弹簧拉力不能推动拉力杠杆10,故支点 $B$ 也不会移动。即在正常工作范围内,调速器不起作用。其供油量由驾驶员改变控制杠杆的位置来控制。

全速调速器　如图 2-64 为机械离心式全速调速器,它配合 II 型喷油泵使用。全速调速器不仅能保证发动机在怠速时稳定工作和限制最高转速,而且能控制在允许转速范围内稳定工作。

工作原理如图 2-65 所示,发动机工作时驾驶员操作油门踏板,使调速叉下端向左移动,压缩调速弹簧,拉板推动供油拉杆处于某一供油位置。若柴油机发出的有效转矩与外界阻力平衡,此时转速在此条件下相对稳定,则飞球组件离心力所造成的轴向推力 $F_A$ 和调速弹簧作用力 $F_B$ 相平衡。当发动机受到的外界阻力突然减小,而驾驶员并未随之改变调速叉的位置,则发动机转速上升,于是 $F_A$ 大于 $F_B$,推力盘将推动拉板向右移动,供油量减小直到两力平衡。当外界阻力突然增大时,发动机转速突然下降,飞球组件的离心力减小,此时 $F_A$ 小于 $F_B$,调整弹簧推动拉板向左移动,增加供油量直到发动机转速不再下降 $F_A$ 与 $F_B$ 重新平衡为止。

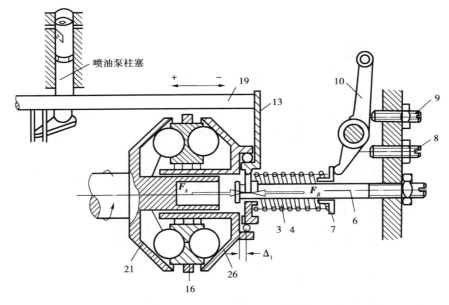

图 2-65　全速调速器的调速原理示意图（图注同图 2-64）

油量校正装置(图 2-66)　为改善柴油机的超负荷性能,有的喷油泵设有油量校正装置,其作用是在发动机超负荷时能额外地多供给柴油,提高短时的超载能力。

启动加浓装置(图 2-67)　柴油机冷启动时,汽缸内温度低,柴油蒸发条件差。为了便于启动,调速器设有启动加浓装置,启动时额外多供给油。

启动时,油门踩到底,即调速叉顺时针转到与高速限位螺钉相碰的极限位置。此时,飞球组件离心力所分解的推力 $F_A$ 为零,而调速弹簧的压缩力 $F_B$ 最大,在 $F_B$ 的作用下,压缩校正弹簧,直到校正行程达到最大为止。同时调速叉向左压缩调速弹簧,使之连同拉板和油量调节拉杆处于最左端位置,因此供油量达最大值。启动完毕后,放松油门踏板,减小调速弹簧压力,发动机进入怠速或有负荷工作状态。

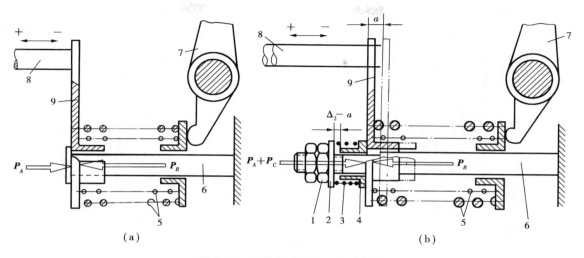

图 2-66　油量校正装置工作示意图
(a)无油量校正装置时的情况;(b)有油量校正装置时的情况

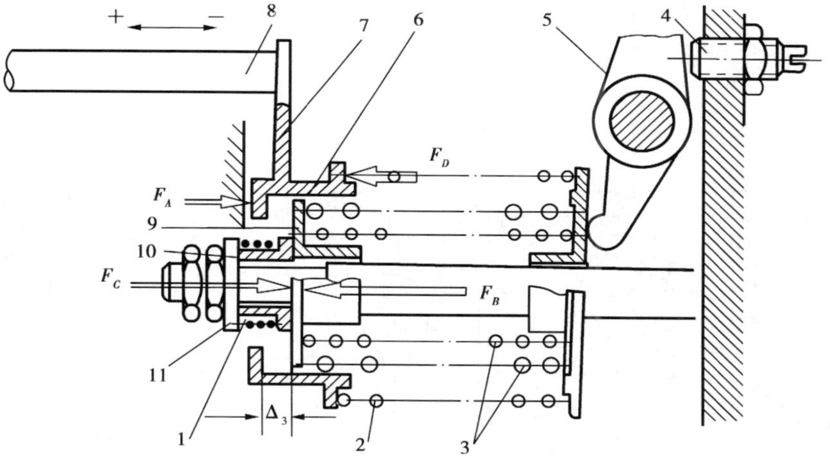

图 2-67　启动加浓装置工作原理示意图
1—校正弹簧;2—启动弹簧;3—调速弹簧;4—高速限止螺钉;5—调速叉;6—启动弹簧前座;
7—拉板;8—油量调节拉杆;9—调速弹簧前座;10—垫圈;11—校正弹簧座

**(3)柴油发动机供给系的辅助装置**

1)柴油滤清器

由于柴油机供给系中的喷油器、喷油泵精密偶件对柴油的清洁度要求很高,柴油中的杂质将导致精密偶件运动阻滞,磨损加剧,造成各缸供油不均,功率下降和燃油消耗率增加。因此,柴油必须经过过滤。柴油供给油路一般采用一级过滤或二级过滤。一级滤清器的滤芯是微孔纸芯。二级滤清采用串联形式,如图 2-68、图 2-69 所示。

2)输油泵

输油泵的形式有活塞式、膜片式等。由于活塞式输油泵使用可靠,目前应用最广。如图

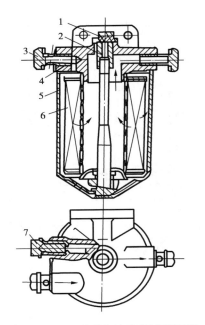

2-70为输油泵结构示意图。活塞 2 由凸轮轴 3 驱动,当凸轮不带动活塞时,活塞在弹簧作用下处于下端,此时进油阀打开油进入活塞上腔,活塞下腔的油压力升高通过出油阀压出;当凸轮驱动活塞上行时,下腔油压降低,出油阀关闭,而上腔压力升高,为下一循环储备具有一定压力的油。

3)废气涡轮增压器

利用废气驱动涡轮带动压气机,提高进气压力,增加进入汽缸的空气量,以提高柴油机的功率,工作原理如图 2-71 所示。排气管来的具有一定压力的废气,经喷嘴环提高流速后,按合适的喷射角度冲击涡轮并带动压气机转动,压气机将新鲜空气吸入并压送到进气管。废气在冲击涡轮后由另一端排到大气。

图 2-68　135 系列柴油机柴油滤清器
1—放气螺钉;2—拉杆螺母;3—油管接头;
4—盖;5—壳体;6—纸质滤芯;7—溢流阀

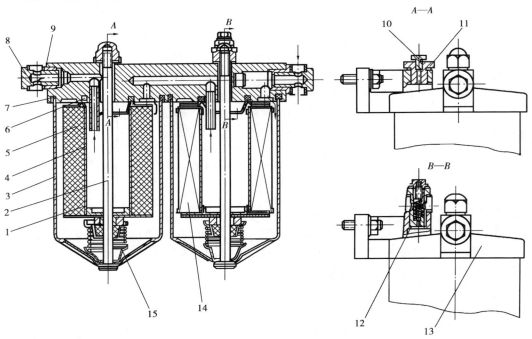

图 2-69　两级柴油滤清器
1—绸滤布;2—紧固螺杆;3—外壳;4—滤油筒;5—毛毡滤芯;6—毛毡密封圈;
7—橡胶密封圈;8—油管接头螺钉;9—油管接头衬套;10—放气螺钉;11—放气螺塞;
12—溢油阀;13—滤清器盖;14—纸滤芯;15—滤芯衬垫

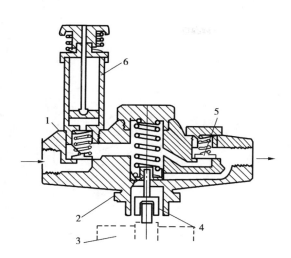

图 2-70　输油泵结构示意图
1—进油阀;2—活塞;3—凸轮轴;
4—挺杆;5—出油阀;6—手油泵

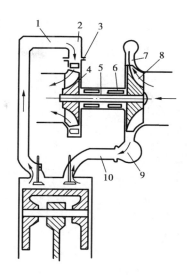

图 2-71　废气涡轮增压器工作原理
1—排气管;2—喷嘴环;3—涡轮;4—涡轮壳;
5—轮子轴;6—轴承;7—扩压器;8—压气机
叶轮;9—压气机壳;10—进气管

# 2.6　润 滑 系

### 2.6.1　概述

发动机工作时,各运动副的运动件表面产生剧烈的摩擦,导致零件表面加速磨损和发动机功率的损耗。因此,要保证发动机正常工作,必须对运动件表面进行润滑,以减小摩擦阻力。

润滑的方式根据运动件的工作条件不同,所处的位置不同,要求的润滑强度也不同,从而分为压力润滑和飞溅润滑两种。

压力润滑是润滑油以一定的压力强制输送到运动件摩擦表面形成一定厚度的油膜层,使零件表面不直接接触,以减少摩擦。通常用于负荷大,运动速度高的运动件表面,如曲轴主轴承、连杆轴承、凸轮轴轴承和气门摇臂等。

飞溅润滑是利用发动机工作时运动零件飞溅的油滴润滑摩擦表面。通常用于负荷较小的运动件表面,如汽缸壁、凸轮轴上的凸轮和气门挺杆等。

### 2.6.2　润滑系的主要部件

机油泵　车用的机油泵有齿轮泵和转子泵两种,它们均是利用容积原理进行工作的。

齿轮式机油泵工作原理如图 2-72 所示。当发动机工作时,机油泵的传动齿轮带动主动轴和主动齿轮以及相啮合的被动齿轮转动,转动时,进油腔内产生真空,吸入润滑油,通过两齿轮的空隙,将润滑油带到出油腔,润滑油在出油腔内受两轮轮齿的挤压产生压力,将润滑油压送出去。

转子式机油泵工作原理如图 2-73 所示,主动的内转子和从动的外转子装在壳体中,内外转子有一偏心距。当转子转动时,内外转子间形成 4 个油腔,油腔容积增大时,吸入润滑油,容积减少时,机油压力升高并将机油压出。

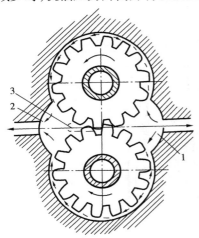

图 2-72　齿轮式机油泵工作原理
1—进油腔;2—出油腔;3—卸压槽

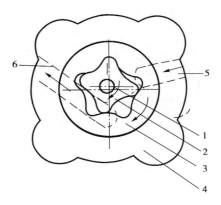

图 2-73　转子式机油泵工作原理
1—主动轴;2—内转子;3—外转子;
4—油泵壳体;5—进油孔;6—出油孔

机油滤清器　机油滤清器的作用是滤去润滑油中的杂质,提高润滑油的质量,润滑系一般装有集滤器、粗滤器和细滤器。与主油道串联的称为全流式滤清器,并联的称为分流式滤清器。

集滤器　如图 2-74 所示,它由罩、滤网、浮子和固定管、吸油管等组成。集滤器装在机油泵前,当机油泵工作时,润滑油被吸入罩和滤网间的夹缝中,较大的杂质被滤去。当滤网堵塞时,由于机油泵的吸力,将滤网吸起,滤网上的圆孔与罩分离,机油不经滤网,直接从圆孔进入吸油管供给机油泵。

粗滤器　主要过滤机油中直径

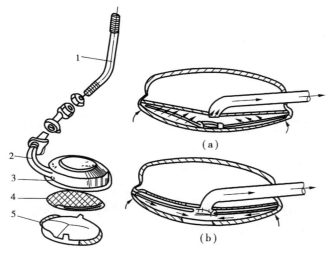

图 2-74　浮式集滤器
(a)滤网畅通;(b)滤网被淤塞
1—固定管;2—吸油管;3—浮子;4—滤网;5—罩

0.08 mm 以上的杂质,它串联于机油泵和主油道之间,常见的粗滤器有金属片缝隙式和微孔纸质滤芯滤清器。如图 2-75 所示为金属片缝隙式滤清器,手柄 8 可转动滤芯,将嵌在滤清片间的油污通过刮片 11 刮去。当滤清器阻塞时,进口的机油顶开钢球 3 直接进入主油道。纸质滤芯机油粗滤器及纸质滤芯的结构如图 2-76、图 2-77 所示。

细滤器　细滤器主要是过滤直径为 0.001 mm 以上的细微杂质。由于它通过的阻力大,一般并联于主油道,只允许少量机油通过,细滤器有过滤式和离心式滤清器两种。

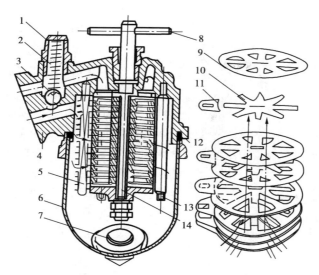

图 2-75　金属片缝隙式机油粗滤器

1—阀门盖;2—阀门弹簧;3—钢球;4—上盖;5—刮片固定杆;6—外壳;7—放油塞;
8—手柄;9—滤清片;10—隔片;11—刮片;12—衬垫;13—固定螺栓;14—滤芯轴

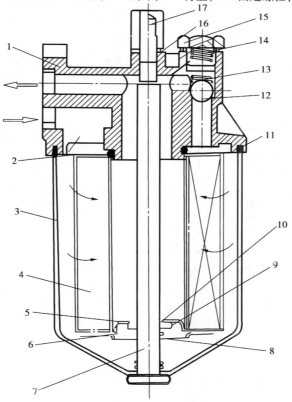

图 2-76　纸质滤芯机油粗滤器

1—上盖;2—滤芯密封圈;3—外壳;4—纸质滤芯;5—托板;6—滤芯密封圈;7—拉杆;
8—滤芯压紧弹簧;9—压紧弹簧垫圈;10—拉杆密封圈;11—外壳密封圈;12—球阀;
13—旁通阀弹簧;14—密封垫圈;15—阀座;16—密封垫圈;17—螺母

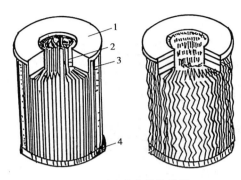

图 2-77　纸质滤芯的构造

1—上端盖；2—芯筒；

3—微孔滤纸；4—下端盖

由于过滤式细滤器存在滤清效果与通过能力之间的矛盾，现在大多采用离心式细滤器。如图 2-78 所示，它具有滤清能力强，不易堵塞，使用寿命长的特点。当发动机工作时，机油进入 B 孔，若油压低于 0.1 N/mm$^2$，进油限压阀不能开启，机油不进入滤清器而全部供入主油道，以保证发动机可靠润滑。当油压高于此值时，进油限压阀被顶开，机油从转子轴中心孔经出油孔 C 进入转子内腔，然后经油孔 D、油道 E 两喷嘴喷出。机油中的杂质被重力分离甩向转子内壁并沉淀。从喷嘴喷出的清洁润滑油再从出油口 F 流向机油盘。

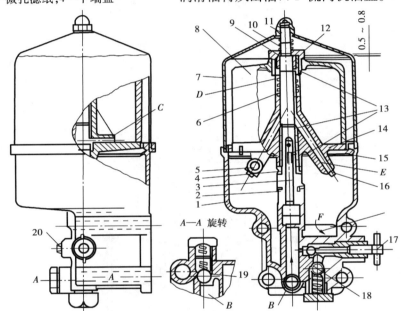

图 2-78　离心式细滤器

1—壳体；2—锁片；3—转子轴；4—止推轴承；5—喷嘴；6—转子体端套；7—滤清器盖；8—转子盖；

9—支承垫；10—弹簧；11—压紧螺套；12—压紧螺母；13—衬套；14—转子体；15—挡板；16—螺塞；

17—调整螺钉；18—旁通阀；19—进油限压阀；20—管接头；B—滤清器进油孔；C—出油孔；D—进油孔；

E—通喷嘴油道；F—滤清器出油孔

### 2.6.3　润滑系的油路

汽车发动机的润滑油路基本相似，现介绍 EQ6100Q-I 型发动机润滑油路，如图 2-79 所示。

发动机工作时，机油泵 11 经集滤器 14 从机油盘吸取机油，并以一定的压力分两路送出，大部分的机油，经机油粗滤器 9 滤去较大杂质后流入主油道 4，分别润滑曲轴主轴颈和连杆轴颈，凸轮轴轴颈等后流回机油盘；另一小部分机油经限压阀 15 流入细滤器 16，滤去较细杂质后流回机油盘。汽缸壁与活塞以及活塞销主要靠飞溅润滑。机油泵出口处设有限压阀 12，当机油泵出口油压力超过 0.6 N/mm$^2$ 时,限压阀打开,使一部分油流回机油泵进油口,以防冷车启动时机油压力过高。当机油压力低于 0.1 N/mm$^2$ 时,机油细滤器进油限压阀 15 不开启,以保证压力油全部进入主油道。EQ6100Q-I 型发动机润滑系还设有机油散热器(图中未画出)及控制阀门 17。当夏季发动机长时间大负荷高速工作时,驾驶员可将阀门 17 打开,使部分机油流入散热器进行散热。

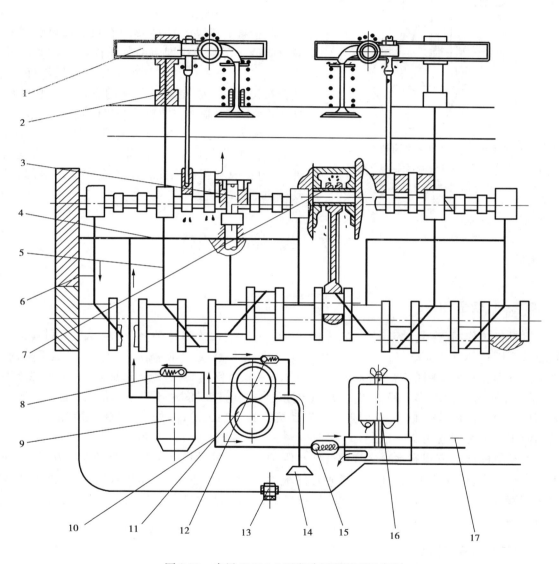

图 2-79　东风 6100Q-I 型发动机润滑系示意图

1—摇臂轴;2—上油道;3—机油泵传动轴;4—主油道;5—横向油道;6—喷油嘴;7—连杆小头油道;
8—机油粗滤器旁通阀;9—机油粗滤器;10—油管;11—机油泵;12—限压阀;13—磁性放油螺塞;
14—固定式集滤器;15—机油细滤器进油限压阀;16—机油细滤器;17—阀门(可接机油散热器)

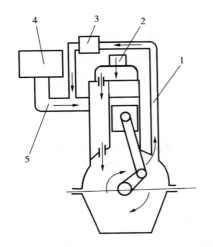

图 2-80　6100Q-I 型发动机曲轴箱通风示意图
1—抽气管;2—小空气滤清器;3—单向阀;
4—化油器;5—进气管

### 2.6.4　曲轴箱通风

　　发动机工作时,高压的混合气及废气经活塞环窜到曲轴箱,与曲轴箱内的润滑油混合使机油变质,且使曲轴箱内的压力增大,造成密封装置破坏而漏油,为此曲轴箱应通风。

　　曲轴箱的通风(见图 2-80)有自然通风和强制通风两种。自然通风即将曲轴箱内的气体直接导入大气,这种方法的缺点是车速慢时效果不好,而且会污染大气。强制通风是利用发动机工作时的进气管吸力,强制地将曲轴箱的气体吸到进气岐管中。这种方法的特点是,可大大减少大气污染。含有润滑油的蒸气吸入汽缸,能改善汽缸的润滑条件,而且回收利用窜入曲轴箱的混合气,可提高发动机燃油经济性。

# 2.7　冷　却　系

### 2.7.1　概述

　　发动机工作时,燃气的温度很高,直接与高温燃气接触的零件必须及时冷却,否则其正常间隙将会因过热膨胀而破坏;润滑油变质失效,加剧零件磨损;也使汽缸内的充气系数下降,燃烧不正常而影响发动机的动力性和经济性。但发动机不能过冷,过冷会造成空气、燃油混合困难,燃烧不充分而使功率下降,同时,过冷造成机油黏度过大、润滑不良、运动件运动阻力增大等不良后果。因此,冷却系的作用是保证发动机得到适当的冷却,处于适宜的温度范围工作,发动机工作温度通常为 90~95 ℃。

　　发动机的冷却方式有水冷却和空气冷却两种。车用发动机通常都采用水冷却方式,冷却水应使用软水,即含矿物质少的水,否则会使水套、水箱中产生水垢,冷却效果变差,甚至造成管路堵塞。在冬季时,为防止停车后冷却水冰冻,使汽缸或汽缸盖发生破裂,应在冷却水中加入防冻剂。

### 2.7.2　水冷却系统

　　水冷却具有可靠、效率高,强度容易调节等优点。水冷却系主要由散热器、水泵、水管、水套、节温器、百叶窗、水温表和风扇等组成,如图 2-81 所示。

　　发动机工作时,水泵 8 将水由散热器吸入并加压后经分水管 7 流入汽缸水套,冷却汽缸后,冷却水流入汽缸盖水套带走汽缸盖的热量,流入散热器。当发动机温度较低时,节温器副阀门开启,冷却水进行小循环:从水泵来的冷却水经分水管、水套、出水口,再返回水泵,此时主阀门关闭;当发动机温度较高时,节温器副阀门关闭,而主阀门开启,冷却水进行大循环:水泵

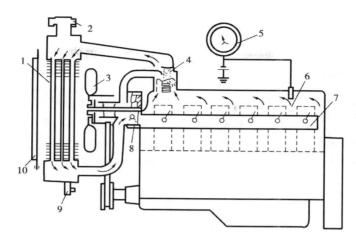

图 2-81　强制循环式水冷却系示意图

1—散热器;2—散热器盖;3—风扇;4—节温器;5—水温表;6—水套;
7—分水管;8—水泵;9—散热器放水开关;10—百叶窗

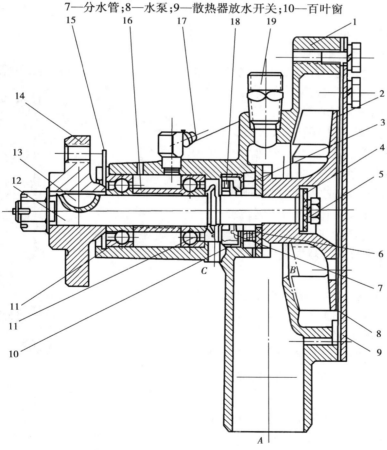

图 2-82　6100Q-I 型发动机离心式水泵

1—水泵外壳;2—叶轮;3—夹布胶木密封垫圈;4—密封垫圈;5—螺钉;6—水封皮碗;7—弹簧;8—衬垫;
9—泵盖;10—水封座圈;11—球轴承;12—水泵轴;13—半圆键;14—凸缘盘(供安装皮带轮和风扇用);
15—轴承卡环;16—隔离套管;17—油脂嘴;18—水封环;19—管接头(接汽缸盖出水管,供冷却水小循环用)

来的水经水管、水套、出水口、上水管、散热器、下水管,再回到水泵。

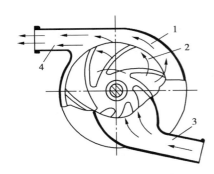

图 2-83　离心式水泵示意图

1—水泵壳体;2—叶轮;

3—进水管;4—出水管

### 2.7.3　冷却系的主要部件

#### (1)水泵

汽车上广泛使用结构简单出水量大的离心式水泵,其构造如图 2-82,6100Q-I 型发动机离心式水泵工作原理如图 2-83 所示。它由泵壳、泵轴、叶轮、水封等组成,当叶轮旋转时,由于离心力的作用,冷却水被甩到边缘,进入发动机水套。与此同时,叶轮中心的压力减小,将水从进水管吸入。

#### (2)散热器

散热器必须有足够的散热面积,并用导热性好的材料制造。

散热器构造如图 2-84 所示,主要由上水室、下水室和散热器芯组成。上水室有加水口,用散热器盖盖住,上、下水室分别有进水管和出水管。进水管和出水管分别与发动机缸盖上的出水口及水泵进水口连接。

散热器芯结构形式有几种,大多采用管片式结构,如图 2-85 所示。其结构强度和防冻性能较好。为防止生锈和提高散热性能,散热片和散热管是用黄铜或铝合金材料制成的。

散热器盖采用复合式阀门盖,如图 2-86 所示。其目的是减缓散热器内的冷却水损失和提高散热器内冷却水的沸点。当冷却水温度升高,压力达到 125 ~ 134 kPa 时,蒸汽阀被顶开,水蒸气经通气管排出;当水温下降使冷却水压力降到大气压力以下时,空气阀打开,空气从通气管进入冷却系内,以防止散热管被大气压瘪。

#### (3)风扇

风扇通常安装在发动机与散热器之间,同发电机一起由曲轴皮带轮通过三角皮带驱动。风扇叶片一般为 4 ~ 6 片,由薄钢片制成,与旋转平面成 30° ~ 40°的偏扭角,叶片旋转时产生高速引风气流,带走散热器中冷却水的热量,如图 2-87 所示。

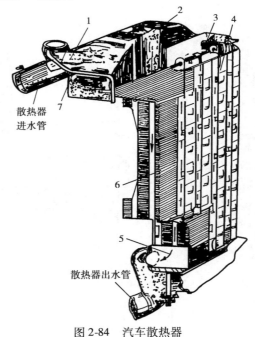

图 2-84　汽车散热器

1—加水口;2—上储水箱;3—框架;4—百叶窗;

5—下储水箱;6—散热器芯;7—蒸汽引出管

汽车发动机冷却系的冷却强度往往是根据发动机在某一常用工况下能得到可靠冷却设计的。但使用条件变化时,其发动机冷却强度也应随之改变。为保证发动机在合适的温度状况下工作,目前改变冷却系冷却强度主要是采用改变通过散热器的空气流量利用百叶窗来实现和控制风扇扇风量利用自动风扇离合器来实现的。

百叶窗　如图 2-88 所示,百叶窗安装在散热器前面。当冷却水温度过低时,由驾驶员操纵百叶窗手柄将百叶窗部分或完全关闭,以控制通过散热器的空气流量。

　　风扇离合器　常见的硅油风扇离合器如图 2-89 所示。它的主要特点是不仅能自动控制风扇的转速,而且减少发动机的功率损失,节省燃油。它由主动部分、从动部分和控制部分组成。主动板 7 铆接在主动轴 11 的端部,主动轴与水泵轴相连。从动板 8 借螺钉 1 固定于前盖 2 和壳体 9 之间,三者连成一体,靠轴承 10 支承在主动轴上。风扇 15 安装在壳体上,前盖与从动板之间的空间构

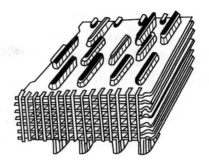

图 2-85　散热器芯子

成储油室,其中装有硅油。从动板与壳体之间的空腔组成工作腔。腔壁与主动板有一定的间隙。从动板上有一小孔 A,平时被阀片 6 关闭,高黏度的硅油不能进入工作腔,离合器处于分离状态。从动板外缘有一回油孔 B 由球阀关闭。离合器前端是双金属感温器 4,其作用是受热或受冷时,带动阀片 6 开启或关闭 A 孔。

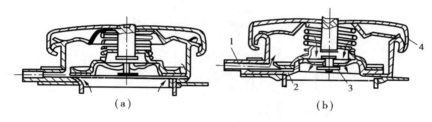

(a)　　　　　　　　　　　　　(b)

图 2-86　具有空气-蒸汽阀的散热器盖

(a)蒸汽阀开启;(b)空气阀开启

1—蒸汽排出管;2—蒸汽阀;3—空气阀;4—散热器盖

图 2-87　带有凸起的辅助叶片的导流风扇

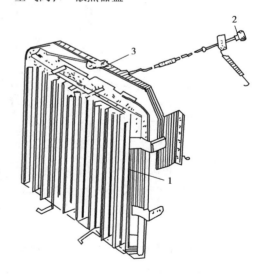

图 2-88　百叶窗及操纵机构

1—百叶窗;2—百叶窗操纵手柄;3—杠杆

　　当发动机温度升高时,双金属感温器受热变形,从而带动阀片轴 5 和阀片 6 转动,打开 A 孔,于是储油室的硅油通过 A 孔甩入工作腔。主动板与从动板、壳体间的缝隙充满黏度很大

的硅油,利用硅油的黏性,主动板便带动壳体及风扇转动。此时风扇离合器处于接合状态。随着进入工作腔的硅油不断增多,当工作腔的压力大于储油腔的压力时,回油孔 B 被打开,油液从工作腔流向储油腔,而储油腔的油又经 A 孔流入工作腔补充油液。这样实现了油液循环,其目的是防止硅油温度过高。

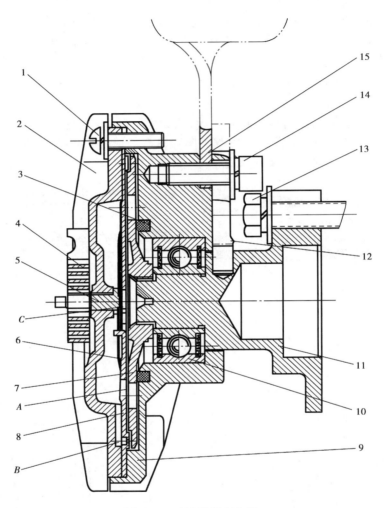

图 2-89　硅油风扇离合器

1—螺钉;2—前盖;3—密封毛毡圈;4—双金属感温器;5—阀片轴;6—阀片;7—主动板;
8—从动板;9—壳体;10—轴承;11—主动轴;12—锁止板;13—螺栓;14—圆柱头内六
角螺钉;15—风扇;A—进油孔;B—回油孔;C—漏油孔

　　当发动机温度降低时,阀片关闭 A 孔,工作腔内的油继续从回油孔甩入储油室,直至甩空为止。此时,离合器处于分离状态,风扇停止转动。

　　节温器　节温器是通过改变冷却水的循环路线来实现冷却强度的调节,安装在汽缸盖出水口处。常用有拆叠式和蜡式两种。

　　图 2-90 为折叠式节温器。具有弹性的拆叠式密闭筒内装有易于挥发的乙醚。当水温高于 343 K 时,乙醚挥发,筒内压力升高,折叠筒便胀开而使上阀门 5 开启、侧阀门 2 关闭,冷却

74

水经散热器进行大循环;当水温低于 343 K 时于上阀门关闭而侧阀门开启,冷却水实现小循环。

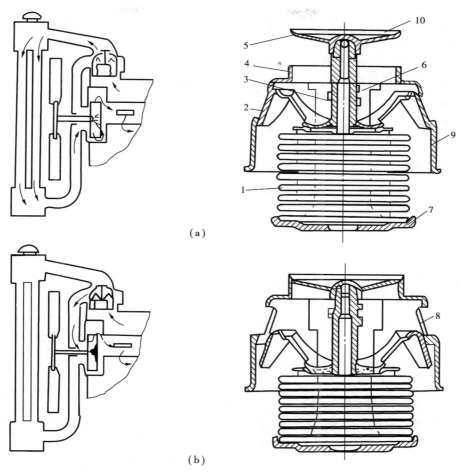

图 2-90　折叠式双阀节温器

(a)大循环(节温器上阀门开启,侧阀门关闭);(b)小循环(节温器上阀门关闭,侧阀门开启)

1—拆叠式圆筒;2—侧阀门;3—杆;4—阀座;5—上阀门;

6—导向支架;7—支架;8—旁通孔;9—外壳;10—通气孔

图 2-91 为蜡式节温器,其传感介质为石蜡,装在橡胶套 3 和节温外壳 4 之间腔体内。在常温时,蜡呈固态,弹簧 1 将阀门 5 压在阀座上(图 2-91(a)),当温度升高时,蜡逐渐液化,体积膨胀,迫使橡胶套收缩,对反推杆锥状端头产生推力,由于反推杆是固定不动的,因而使橡胶套、节温器外壳向下移动,阀门开启。当水温达 343 K 时,阀门全开,冷却水进行大循环(图 2-91(b));水温低于 343 K 时,阀门关闭,冷却水进行小循环。

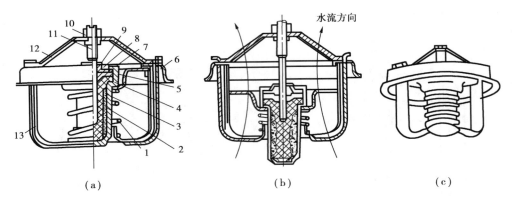

图 2-91　蜡式节温器

(a)关闭位置;(b)开启位置;(c)外形

1—弹簧;2—蜡;3—橡胶套;4—节温器外壳;5—阀门;6—阀座;7—隔圈;
8—密封圈;9—节温器盖;10—螺母;11—反推杆;12—上支架;13—下支架

# 2.8　点　火　系

## 2.8.1　概述

对于汽油发动机,汽缸内压缩后的混合气是用电火花点燃的,为此汽油机应配备点火系统。

点火系的作用是按发动机各缸的点火做功顺序,准时地给火花塞提供能量足够的高压电流,使火花塞两极间产生强烈的火花,点燃被压缩的混合气,从而使发动机做功。点火系按产生高电压的方法不同,分蓄电池点火系和磁电机点火系两种。

蓄电池点火系是由蓄电池或发电机供给 6～24 V 的低压电流,通过点火线圈和断电器将低压电流转变为高压电流,再通过分电器分配给各缸火花塞,使其产生电火花实现对混合气的点火。蓄电池点火系在汽车发动机上广泛应用。

磁电机点火系是由磁电机本身产生高压电流,而不设低压电源。磁电机点火系在发动机中转速和高转速范围内,能产生高电压,因而工作可靠,但发动机低转速时,产生的高电压数值较低,这对发动机启动很不利。因此磁电机点火系多用于高转速满负荷下工作的竞赛发动机和某些不带蓄电池的摩托车发动机上。

## 2.8.2　蓄电池点火系工作原理

蓄电池点火系的组成如图 2-92 所示。包括低压电路和高压电路两部分。低压电路包括:蓄电池 10、发电机(未画出)、电流表 9、点火开关 1、断电器 4、容电器 5 以及点火线圈 2 内部的附加电阻 11 的初级绕组(粗线所示)。高压电路包括:点火线圈中的次级绕组(细线所示)分电器 3、高压导线 7、火花塞 6 等。

蓄电池点火系工作原理如图 2-93 所示:

发动机旋转时带动断电器凸轮 10 转动,凸轮轴的转速与配气凸轮轴的转速相同,即曲轴每转两圈凸轮轴转动一圈（四冲程发动机）。凸轮的棱数等于汽缸数,以保证曲轴每转动 2 圈各缸均点火一次。断电器凸轮的转动使触点不断闭合与张开。

当断电器闭合时(图 2-93(a)):初级电流接通,电流由蓄电池正极经点火开关 6、初线绕组 5、活动触点臂 7、固定触点 8、搭铁流回蓄电池。这时初级绕组四周产生很强的磁场。

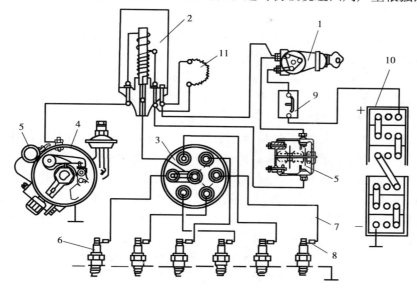

图 2-92　蓄电池点火系的组成和线路
1—点火开关;2—点火线圈;3—分电器;4—断电器;5—容电器;6—火花塞;7—高压导线;
8—阻尼电阻;9—电流表;10—蓄电池;11—附加电阻

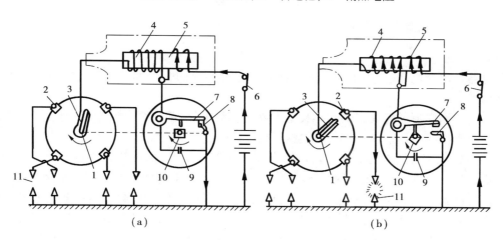

（a）　　　　　　　　　　　　　　（b）

图 2-93　蓄电池点火系工作示意图
(a)触点闭合;(b)触点分开

1—中心触点;2—侧电极;3—分电头;4—次级绕组;5—初级绕组;6—点火开关;
7—活动触点臂;8—固定触点;9—容电器;10—凸轮;11—火花塞

当断电器断开时(图 2-93(b)):初级电流电路断开,初级电流迅速衰减为零,铁芯中的磁通随之减少,并在次级绕组 4 上感应出很高的电压,该电压足以击穿火花塞两极间隙而产生火花点燃混合气。当断电器断开的瞬间,分电器的分电头恰好与相应做功缸的侧电极对准接通。次级电路为,感应的高压电流由次级绕组4经高压导线、分电头、侧电极、火花塞、发动机机体、蓄电池1、点火开关6、初级绕组5至次级绕组4构成回路。

### 2.8.3 点火提前

点火时刻对发动机的工作影响很大。由火花点火到混合气大部分燃烧完而使汽缸内的压力达到最大值,需要一定时间,虽然这段时间很短,但发动机转速很高,在这短时间内曲轴转过的角度相当大。若恰好在活塞达到上止点时点火,则混合气一边燃烧,活塞一边下移,汽缸容积增大,这将导致燃烧压力降低,发动机功率也随之减少。因此应当在活塞到达上止点前点火,使气体能在做功行程中得到比较完全的膨胀,热能得到最有效的利用。

若点火提前角过大(点火时间过早),则活塞还在向上止点移动过程中,气体压力已达很大值,这时气体压力作用力方向与活塞的运动方向相反,将使发动机功率减小。

最佳的点火提前角(点火时间),应当使气体压力在活塞位置相当于曲轴转到上止点后$10°\sim15°$时达到最高值,这样才能将燃气的热能得到最有效的利用。最佳的点火提前角的影响因素很多,其中主要的是发动机转速和负荷的变化。当发动机转速一定时,随着负荷的加大(节气门开度加大),进入汽缸的混合气增多,混合气燃烧速度增大,点火提前角应适当减小。反之,则应加大。此外,最佳点火提前角与汽油的质量、混合气浓度和发动机结构等有关。

在点火系中,一般设有两套自动调节点火提前角的装置。一套随发动机转速的变化而自动改变点火提前角——离心式点火提前调节装置;另一套则主要按发动机负荷不同而自动调节点火提前角——真空式点火提前调节装置。另外设有一套手动调节装置——辛烷值校正器。

### 2.8.4 蓄电池点火系主要部件

**(1)分电器**

分电器是由断电器、分电器和点火提前装置组合而成的一个部件。图2-94为FD25型分电器结构图。

**断电器**　断电器的作用是周期地接通和断开初级电路,使初级电流产生变化,以便在点火线圈中感应出次级电压。图2-95为断电器的示意图。

主要部分是一对钨质的触点。固定触点固定于托板3上,托板套在销钉5上并用螺钉2固定于定盘7。活动触点固定在触点臂4的一端。触点臂4的中部有一固定的木质顶块,由片簧6使活动触点与固定触点保持接触。凸轮的棱数等于汽缸的缸数。活动触点通过导线与点火线圈的初级绕组连接。固定触点则通过托板、定盘、外壳与发动机机体连接实现搭铁。

断电器凸轮在发动机曲轴的带动下转动,每当一个凸棱顶起使触点分开的瞬间,次级电路产生高电压,此时分电器即将次级电路接通,使相应的汽缸点火。

**分电器**　分电器的作用是将点火线圈产生的高压电,按照发动机的工作次序分配到各缸的火花塞上。它由分电器盖和分电头组成(图2-94)。分电器盖有一深凹的中央接线插孔2和数目与汽缸数相同的若干侧插孔4。由点火线圈的高压接线头引出的高压导线插入中央插孔,中央插孔的下端装有炭制成的中心触头1,与分电头上的铜片接触。由侧插孔引出的高压线按发动机工作次序分别与各缸火花塞相连,即发动机工作时,分电头随着断电器凸轮同步运转。分电头上的铜片的外端周而复始地依次与各侧电极接通,从而将电压分配到相应的火花塞上。

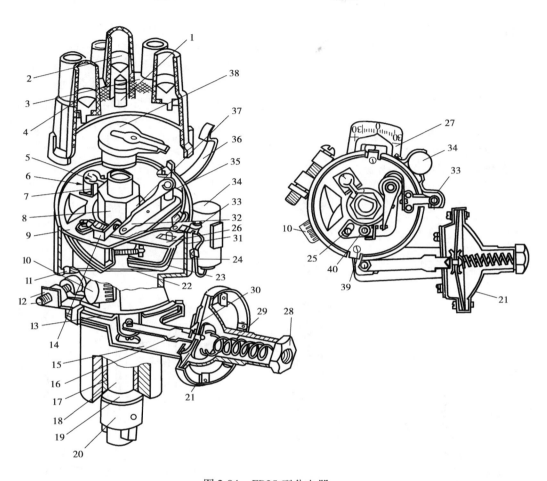

图 2-94　FD25 型分电器

1—分电装置中心触头;2—中央插孔;3—分电器盖;4—旁插孔;5—油毡;6—油毡夹;7—油毡支架;
8—凸轮;9—断电器固定盘;10—油嘴;11—通气孔;12—随动板紧固螺钉和螺母;13—随动板;
14—固定触点及托板;15—真空式点火提前调节装置支架;16—真空式点火提前调节装置拉杆;
17—分电器轴衬套;18—分电器轴;19—调整垫片;20—联轴节;21—真空式点火提前调节装置体;
22—离心式点火提前调节装置托板;23—离心式点火提前调节装置弹簧;24—离心重块;25—偏心螺钉;
26—拨板;27—辛烷值校正器刻度板(固定板);28—接头螺母;29—弹簧;30—膜片;31—分电器体;
32—活动触点臂;33—低压线接线柱;34—容电器;35—活动触点臂弹簧;36—分电器盖固定夹;
37—顶块;38—分电头;39—固定盘固定螺钉;40—固定触点支架固定螺钉

离心式点火提前调节装置　其构造与原理见图 2-96 和图 2-97,它是随发动机转速的变化而改变凸轮 10 和轴 3 的相对位置关系的方式来实现调节点火提前角的。由配气凸轮轴带动的轴 3 上固定着托板 4。两个重块 1 和 7 松套在托板上的两个轴销 5 上,两重块的小端借弹簧 2 和 8 与托板相连。当托板随轴 3 转动时,重块的离心力能使重块克服弹簧拉力而绕轴销转动一个角度,并使重块小端向外甩出一定距离。与断电器凸轮制成一体的套管松套在轴 3 的

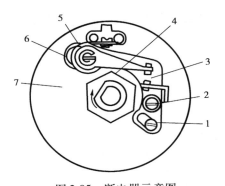

图 2-95　断电器示意图

1—螺钉;2—固定螺钉;3—托板;
4—活动触点臂;5—销钉;6—片簧;7—固定盘

上部,套管下端固定有带孔的拨板 9,其两个长方形孔分别套在两个重块的销钉 6 上。凸轮与轴不是刚性地连接,而是由轴 3 依次通过托板和重块带动的。

当发动机不工作时,弹簧 2 和 8 将两重块的小端向内拉拢到图 2-96 虚线位置。当曲轴的转速达到 400 r/min 后,重块离心力克服弹簧拉力向外甩出,此时两个重块上的销钉推动拨板连同凸轮相对于轴超前一个角度,点火提前角加大。曲轴转速升高到 1 500 r/min 时,销钉 6 顶靠在拨板长方孔的外边缘上,限制了重块继续向外甩,点火提前角也就不再继续增加。

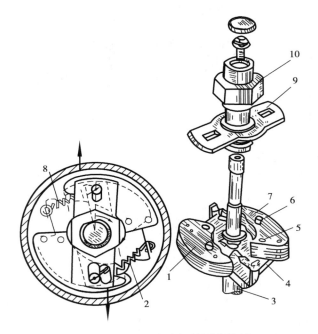

图 2-96　离心式点火提前调节装置

1,7—重块;2,8—弹簧;3—轴;4—托板;5—轴销;
6—销钉;9—带孔拨板;10—凸轮

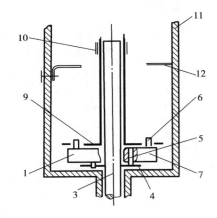

图 2-97　离心式点火提前调节装置
主要零件装配关系

1~10 同图 2-96;11—分电器外壳;12—固定盘

真空式点火提前调节装置　它是随发动机负荷不同(节气门开度不同)通过改变触点与凸轮的相位位置关系的方法,自动调节点火提前角。其工作原理见图 2-98。

整个调节装置位于分电器外壳的侧面(图 2-94)。调节装置外壳 5 的内腔由膜片 4 分隔成两个气室:左气室通大气,右气室为真空室,借真空连接管 8 与发动机进气管连通。拉杆 3 一端固定于膜片中央,另端松套在随动板凸缘 2 的销钉上。随动板固定于分电器外壳 1 上。而安装断电器触点的固定盘则用螺钉与分电器外壳连接。

发动机全负荷工作时,节气门全开,如图 2-98(a)所示,节气门的真空度不大,此时真空式调节装置不工作,弹簧 6 通过膜片和拉杆使触点固定盘处于点火提前角调节量为零的位置。

当节气门开度减小,发动机部分负荷工作时,节气门后的真空度增大并从通过真空连接管传到调节装置真空室,克服弹簧的预紧力,将膜片的中心连同拉杆向右吸过一段距离(图 2-98 (b))。同时,随动板、外壳、固定盘连同触点相对于凸轮退后一个角度,从而实现点火提前。当发动机转速一定时,节气门的真空度只取决于节气门开度。节气门开度愈小,点火提前角愈大。

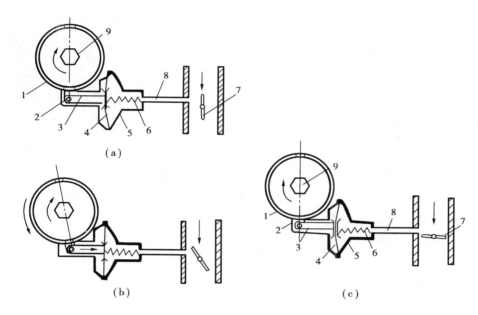

图 2-98　真空式点火提前调节装置工作原理图
(a)节气门全开;(b)节气门部分开启;(c)节气门全闭
1—分电器外壳;2—随动板凸缘;3—拉杆;4—膜片;5—调节装置外壳;
6—弹簧;7—节气门;8—真空连接管;9—断电器凸轮

当发动机怠速时,节气门接近全闭,如图 2-98(c)所示。此时通气孔处在节气门前方,该处真空度为零,真空式调节装置和弹簧立即将触点固定盘推回点火提前角调节量为零的位置。

辛烷值校正器　当发动机使用不同辛烷值的汽油时,用此装置改变初始点火时间。辛烷值校正器是由带指示箭头的真空式点火提前调节装置的支架和带刻度的固定板组成。调节时,松开固定螺钉,转动支架即可。

**(2)点火线圈**

点火线圈的作用是将电源的低电压转变为点火所需的高电压,如图 2-99 所示。

点火线圈实际上是一个变压器,由初级绕组 4、次级绕组 3 和铁芯 2 等组成。点火线圈的中心有由若干层涂有绝缘漆的硅钢片叠成的铁芯。其上面绕有次级绕组和初级绕组。次级绕组是直径 0.06 ~0.1 mm的漆包线,匝数为 1 100 ~23 000 匝,初级绕组是直径 0.5 ~1.0 mm的漆包线,匝数为 240 ~370 匝。

**(3)火花塞**

火花塞的作用是将点火线圈或磁电机所产生的脉冲高压电引进燃烧室,并在其两个电极间产生电火花点燃混合气。

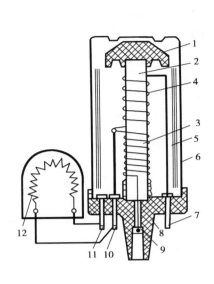

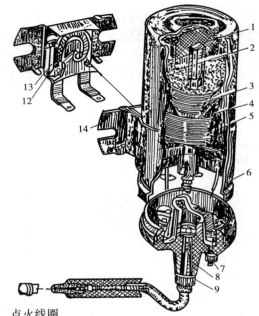

图 2-99　点火线圈

1—绝缘座；2—铁芯；3—次级绕组；4—初级绕组；5—导磁钢套；6—外壳；7—接线柱（接断电器）；
8—胶木盖；9—高压接线头；10—接线柱（接附加电阻及其短路开关）；11—接线柱（接电源，并接附
加电阻及其短路开关）；12—附加电阻；13—附加电阻底板；14—托架

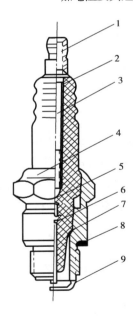

图 2-100　火花塞

1—接线螺母；2—绝缘体；3—接线螺杆；
4—壳体；5—密封剂；6—中心电极；
7—紫铜垫圈；8—密封垫圈；9—侧电极

火花塞构造如图 2-100 所示，火花塞的侧电极 9 焊在金属壳体 4 底端，借此直接搭铁。刚玉陶瓷的绝缘体 2 固定在壳体内并加以密封，中心电极 6 装入绝缘体的中心孔内，用密封剂 5 密封，高压电线接头套在接线螺母 1 上端，电极材料为镍锰合金丝制成。

紫铜垫圈以下的绝缘体为火花塞绝缘体裙部，它与燃气接触吸收大量的热。吸入的热量通过紫铜垫圈传给壳体，散入大气和传给机体。火花塞裙部的温度应保持在 770～870 K 以上，才能保证发动机正常工作。若温度低于此值，落在裙部的油粒并不能立即燃烧掉，而形成积炭，导致火花塞不能发生火花或火花减弱。但绝缘体裙部温度也不能超过 1 070～1 170 K，否则，混合气与炽热的绝缘体接触时，可能在火花塞点火前自行着火。

火花塞电极间的跳火间隙对火花塞的工作影响很大。间隙过小，火花则弱，并且还易积炭而产生漏电；间隙过大，所需的击穿电压增高，发动机不易启动。合适的火花塞间隙一般为 0.6～0.8 mm。

# 2.9　启 动 系

### 2.9.1　概述

要将发动机由静止状态转到工作状态,必须先用外力转动发动机曲轴,使汽缸吸入(或形成)可燃混合气并燃烧膨胀,才能自动进行工作循环。在外力作用下开始转动曲轴到发动机怠速运转的全过程,即为发动机启动。

汽车发动机常用的启动方法有电动机启动和手摇启动两种。电动机启动装置以电动机作为机械动力,当电动机轴上的齿轮与发动机飞轮的齿圈啮合,动力就传到飞轮和曲轴,使之旋转。电动机的电能由蓄电池提供。汽车发动机大多采用这种方法启动。

手摇启动是将启动手摇柄端头的横销嵌入发动机曲轴前端的启动爪内,以人力转动曲轴,目前仅作为中小型功率的汽油机后备启动装置。

### 2.9.2　启动机

汽车发动机普遍采用的是串激式直流电动机作为启动机。其特点是低速时输出扭矩大,随着转速升高,其扭矩逐渐减小。这一特性非常适合发动机启动的要求。

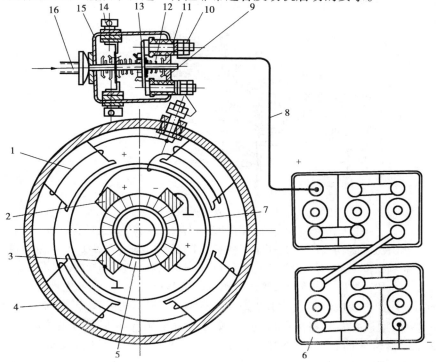

图 2-101　启动机示意图
1—激磁绕组;2—正极电刷;3—负极电刷;4—壳体;5—整流子;6—蓄电池;7—电枢;8—导线;
9—启动机开关滑轴;10—电源接线柱;11—绝缘体;12—接触盘回拉弹簧;13—启动机开关接触盘;
14—点火线圈附加电阻接线柱;15—启动机开关外壳;16—启动机开关推杆

汽油机用启动机的功率一般在 1.5 kW 以下,电压为 12 V。柴油机用启动机功率较大(可达 5 kW 或更大),其电压为 24 V。

如图 2-101 所示为串激式直接电动机示意图。

当启动机开关推杆 16 顶开滑轴 9,接触盘 12 与两接线柱接触时,启动电路并接通。电流由蓄电池正极经接线柱 10、接触盘 13、电动机接线柱、激磁绕组 1、电枢绕组 7 搭铁回蓄电池,当电流通过激磁绕组和电枢绕组时,在相互磁场作用下使电枢旋转,将电能转变为机械能。

**(1)启动机操纵机构**

启动机操纵方式有直接操纵式和电磁操纵式两种。

直接操纵机构　图 2-102 为 6100-I 发动机采用的直接操纵式。

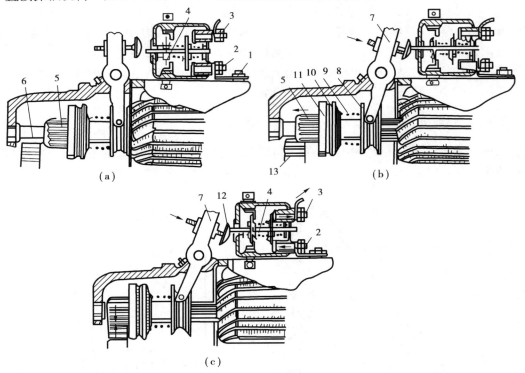

图 2-102　直接操纵机构

(a)未压下驱动杠杆;(b)压下驱动杠杆过程中;(c)完全啮合启动

1—电动机激磁绕组接线柱;2—启动开关接电动机的接线柱;3—启动开关接蓄电池的
接线柱;4—启动开关滑轴;5—启动齿轮;6—电枢轴;7—驱动杠杆;8—滑套;
9—弹簧;10—花键套筒;11—离合机构;12—螺钉;13—飞轮齿圈

启动时,踩下启动踏板(或转动启动手柄),使驱动杠杆 7 顺时针压下,杠杆下端的拨叉便推动滑套 8 左移,通过弹簧 9 将离合机构 11 及启动齿轮 5 推向左端与飞轮齿圈 13 啮合。同时,螺钉 12 推动滑轴 4 向右滑动,使接线柱 2 和 3 接通。于是启动机开始转动,并通过齿轮 5 带动飞轮齿圈 13 使曲轴旋转。启动机开关应在齿轮 6 移向齿圈并使啮合长度达到一定数值时方能接通,否则轮齿可能损坏。开关接通时,齿轮轴向位置由驱动杆中部的螺钉调整。

松开启动踏板(或启动手柄)时,绕在驱动杠杆转动轴销上的回位弹簧便将驱动杠杆推回原位。

电磁操纵机构　图 2-103 为电磁操纵机构原理图。

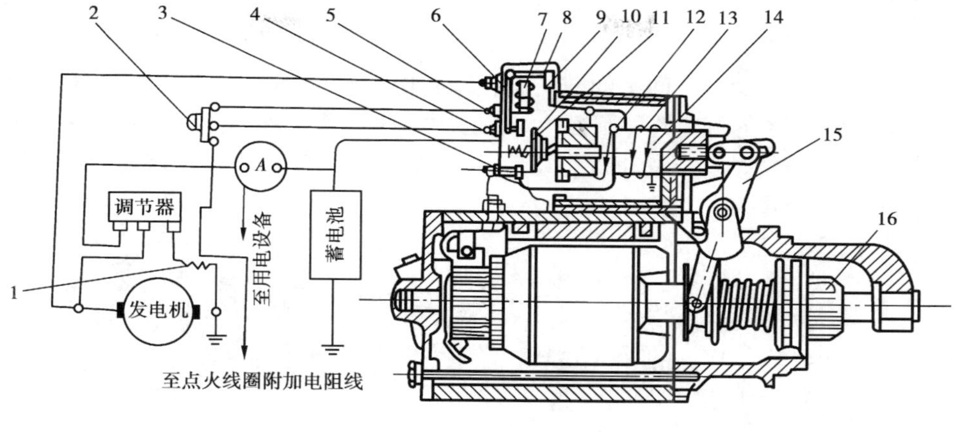

图 2-103　电磁操纵机构工作原理

1—激磁绕组;2—开关;3,4,5,6—接线柱;7—吸铁线圈;8—活动触点;9—固定触点;10—铜片;
11—回位弹簧;12—吸引线圈(粗线圈);13—保持线圈(细线圈);14—活动铁芯;15—拨叉;16—启动齿轮

启动时,用电路开关钥匙 2 接通电路,电流由蓄电池正极经接线柱 4、开关 2、接线柱 5、吸铁线圈 7、接线柱 6、发电机并搭铁流回蓄电池。电流通过线圈 7 时,铁芯磁化产生磁力,吸下活动触点 8 使触点闭合,接通两条电路:一路由接线柱 6 来的蓄电池电流经触点 8、保持线圈 13 通过搭铁回蓄电池;另一路经触点 8、吸引线圈 12、接线柱 3 到电动机经搭铁回蓄电池。两个线圈 12,13 所产生的强力磁场吸引铁芯 14 左移,并带动拨叉 15 转动,使启动齿轮 16 与飞转齿圈啮合。铁芯 14 继续左移时,推动铜片左移,接通接线柱 3,4,启动机便开始工作,带动曲轴转动。

启动后,应及时松开开关 2,使之回到断开位置。在回位弹簧作用下,铁芯右移到原位,启动机电路断开,停止工作。同时齿轮驱动拨叉也在其回位弹簧作用下,将齿轮退出啮合。

**(2)离合机构**

启动机应该只在启动时才与发动机曲轴相联系,而发动机启动后,应立即与曲轴分离。否则,随着发动机转速的升高,将使启动机大大超速,产生很大的离心力,而使启动机损坏。

因此,启动机离合机构的作用是:在发动机启动时,应保证启动机的动力传给曲轴;在启动后,切断动力传动路线,使发动机不能反过来驱动启动机。

常用的离合机构有自由轮式、弹簧式和摩擦片式 3 种。这里只介绍前两种离合机机构。

自由轮离合机构　结构如图 2-104 所示。它由外座圈 2、开有楔形缺口的内座圈 3、滚子 4 以及连同弹簧一起装在内座圈 3 的孔中的柱塞 5 所组成。

启动时,启动机电枢轴带动花键套筒 6 转动(图 2-102(a)),滚柱 4 借摩擦力及弹簧推力的作用而楔紧在内外座圈之间的楔形槽的窄端。于是启动机轴上的转矩通过楔紧的滚柱传动外座圈,使固定在外座圈上的齿轮 1 得以驱动飞轮齿圈而使曲轴旋转。当启动后(图 2-102(b)),发动机转速升高,启动齿轮反被飞轮齿圈所驱动。这时外座圈的速度大于内座圈,滚柱在外座圈的摩擦力作用下,克服弹簧阻力而向楔形槽中宽的一端滚动,内外座圈脱离联系而自由地相对滑动。这样,发动机飞轮就不能带动电枢从而防止了启动机超速的危险。

弹簧离合机构　结构如图 2-105 所示。该机构套装在启动机电枢轴上,驱动齿轮 2 的右端活套在花键套筒 7 左端的外圆面上,两个扇形块 4 装入齿轮 2 右端的相应缺口中并伸入花键套筒 7 左端的环槽内。这样,齿轮和花键套筒可以一起作轴向移动,两者又可相对滑转。离合弹簧 5 在自由状态下的内径小于齿轮 2 和套筒 7 相应外圆面的外径,在安装状态下,紧套在外圆面上。弹簧 5 与护套 6 之间有间隙,在启动时,电枢轴带动花键套筒旋转,有使弹簧 5 收缩的趋势,弹簧更紧箍在相应的外圆面上,于是,电枢轴转矩通过扇形块、弹簧传给驱动齿轮 2,从而带动飞轮齿圈转动。当发动机启动后,齿轮 2 有比套筒 7 快转的趋势,此时弹簧脱开,齿轮 2 在套筒 7 上滑转。

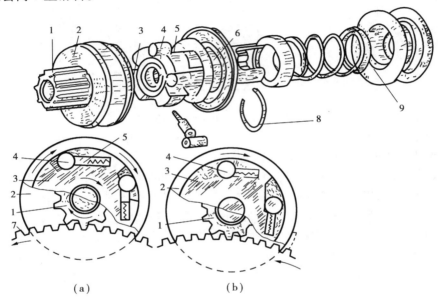

图 2-104 自由轮式离合机构

1—启动齿轮;2—外座圈;3—内座圈;4—滚柱;5—柱塞;6—花键套筒;7—飞轮齿圈;8—锁环;9—滑套

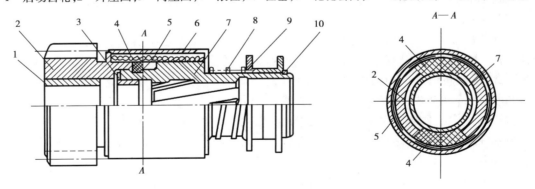

图 2-105 弹簧式离合机构

1—衬套;2—启动齿轮;3—限位套;4—扇形块;5—离合弹簧;
6—护套;7—花键套筒;8—弹簧;9—滑套;10—卡环

# 2.10　汽车电源

### 2.10.1　概述

汽车电源主要由蓄电池、发电机和调节器组成。

在发动机启动或低速运转时,发电机不能发电或发出的电压很低。此时,点火系及其他用电设备所需电能完全由蓄电池供给。在发动机正常工作时,发电机对点火系及其他用电设备供电,同时还对蓄电池充电。

### 2.10.2　蓄电池

蓄电池的种类很多。目前大多数汽车采用的铅蓄电池。其特点是内阻小,电压稳定,可以短时间内供给强大的电流。这对于启动电机是十分重要的。

如图 2-106 所示为蓄电池构造。蓄电池都是由 3 个、6 个、12 个或更多单格电池串联组成的(每单格电池端电压为 2 V),从而得到所需的电压(6 ~ 24 V 或更高)。每一个单格电池中有好几个正极板 11 和负极板 7。所有正极板(或负极板)的尾部用铅焊在一个共同的耳上,耳上有接线柱。每块正极板插于两块负极板之间。在相邻两片正负极板之间,夹入一片多孔性木料或塑料隔板 8,以防短路。

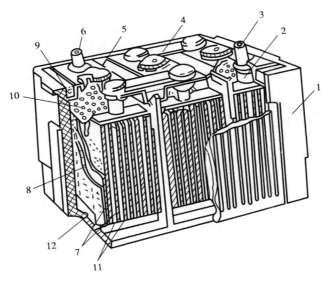

图 2-106　蓄电池的构造

1—蓄电池外壳;2—电极衬套;3—正极接线柱;4—连接条;5—加液孔螺塞;
6—负极接线柱;7—负极板;8—隔板;9—封料;10—护板;11—正极板;12—肋条

极板是由铅合金铸成的栅格内涂敷工作物质而制成的。正极板上的活性物质是二氧化铅,呈深棕色,负极板上的活性物质是海绵状纯铅,呈青灰色。蓄电池的充放电就是依靠极板活性物质和电解液中硫酸的化学反应来实现的。

87

硬橡胶制的外壳分成3格、6格、12格(或更多),每一格中装入一个单格电池,用盖密封,并用特殊胶质封填所有接缝。单格电池用连接片串联,并在两端的正负极销上分别焊接正、负极接线柱3和6。盖上有加液口,并用螺塞5封闭,螺塞5上有透气孔,使电池内部的 $H_2$ 和 $O_2$ 排出,以免发生事故。

在正负极板间充有电解液。电解液是用专用硫酸和蒸馏水按一定的比例配制而成。电解液的纯度、比重对蓄电池的性能和使用寿命影响很大,电解液的比重一般为 1.24 ~ 1.30。

### 2.10.3 发电机

汽车上使用的电源,除蓄电池外,便是发电机。在发动机正常工作时,汽车的用电设备主要是靠发电机供电,而且当蓄电池存电不足时,发电机还将向蓄电池充电。

汽车上用的发电机有并激直流发电机(见图2-107)和硅整流交流发电机(见图2-108)两种。

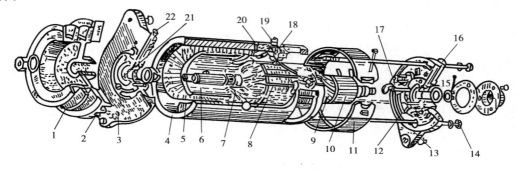

图 2-107　1101-B 型并激直流发电机

1—皮带盘;2—通风叶片;3—发电机前盖;4—发电机外壳;5—激磁绕组;6—磁极;7—电枢轴;
8—电枢铁芯;9—电枢绕组;10—整流子;11—护圈;12—负电刷;13—发电机后盖;14—固定螺丝;
15—轴承;16—油嘴;17—正电刷;18—电枢接线柱;19—磁场接线柱;20—搭铁接线柱;21—轴承;22—油嘴

目前硅整流交流发电机已取代直流发电机而到广泛的应用。

交流发电机与直流发电相比有以下优点:

①质量相同时发电能力强1倍以上。

②转速范围大。直流发电机转速只能到达 7 000 r/min 左右,而硅整流交流发电机转速则可高达 10 000 ~ 12 000 r/min,能满足高速发动机的需要。同时在发动机低转速时也能充电。

③结构简单,维修方便,工作可靠,寿命为直流发电机的5倍。

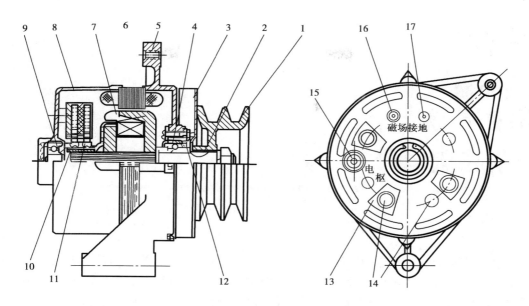

图 2-108　JF13 型硅整流交流发电机

1—皮带轮;2—半圆键;3—风扇;4—前轴承;5—前盖;6—定子电枢的环状铁芯;

7—转子激磁绕组;8—后盖;9—后轴承;10—电刷;11—滑环;12—挡尘圈;

13—整流元件板;14—硅二极管;15—电枢接线柱;16—磁场接线柱;17—搭铁接线柱

# 第**3**章
# 汽车底盘构造

一般汽车底盘由传动系、行驶系、转向系和制动系等组成,它的功用是适应汽车行驶时行驶速度与所需的牵引力随道路及交通条件的变化、承受外界对汽车的各种作用力(包括重力)以及相应的地面反力、改变汽车行驶方向和保持直线行驶、需要时使行驶的汽车减速,在需要停车时,能使汽车在驾驶员离车情况下在原地(包括斜坡上)停住不动。汽车底盘的技术状态直接影响汽车的使用。

## 3.1　汽车传动系

### 3.1.1　传动系概述

**(1)传动系的功用**

传动系是发动机和汽车驱动车轮之间的动力传动装置,即通过离合器、变速箱、传动轴、主减速器、差速器和半轴将发动机产生的动力传给驱动车轮。因此汽车传动系的主要功用是:

①减速和变速。即在发动机功率不变的情况下,通过传动系使驱动轮的转速降低为发动机转速的若干分之一,相应地驱动轮所得到的转矩则增大为发动机转矩的若干倍。起到减速增矩的作用。另一方面,活塞式内燃机转速高、转矩小、有利转速范围窄,而汽车的使用条件,诸如汽车的实际装载质量、道路坡度、路面状况,以及道路宽度和曲率、交通情况所允许的最高车速等,都在很大范围内不断变化,为使汽车发动机能保持在有利的转速范围内工作,而汽车牵引力和速度又能在足够大的范围内变化,传动系还应起变速作用。

②实现汽车倒向行驶。汽车在进入车库或在窄路上掉头等情况时,需要倒向行驶。然而,内燃机不能反转,故传动系必须保证在发动机转向不变的情况下,能使驱动轮反向旋转。通常在变速器中设置倒挡。

③必要时中断动力传递。内燃机只能在无负荷情况下启动,而且启动后的转速必须保持在最低稳定转速以上,否则即可能熄火。所以在汽车起步时,通过传动系中设置的离合器使发动机与传动系之间的传动路线切断,待发动机进入正常急速运转后,再逐渐使之平顺结合并逐渐地增加所传递的转矩,同时还可保证汽车行驶时换挡、制动顺利。此外在变速器中设置空

挡,即使离合器处于接合状态,也可使汽车在发动机不停止运转的情况下,使汽车暂时停驻,或在汽车获得相当高的车速后,停止对汽车供给动力,使之靠自身惯性进行长距离滑行。

④保证汽车正常转向。当汽车需转向行驶时,左右车轮在同一时间内滚过的距离不同,若两侧车轮仅用一根刚性轴驱动,则二者的角速度必然相同,因而在汽车转向时必然产生车轮相对于地面滑动的现象,引起转向困难,增加动力消耗,加速传动系内某些零件和轮胎的磨损。因此在传动系中设置差速器,使汽车转向时,外轮转得快些,内轮转得慢些,以实现纯滚动。

**(2) 传动系的组成及布置形式**

传动系的组成及其在汽车上的布置形式,取决于发动机的形式和性能、汽车总体结构形式、汽车行驶系及传动系本身的结构形式等许多因素。图 3-1 为最常见的普通双轴载货汽车传动系的组成及布置形式,为前置后驱动形式。即发动机纵向安置在汽车前部、后轮驱动,传动系由离合器 1、变速器 2、万向节 3、传动轴 8、驱动桥 4 等部分组成,发动机发出的动力依次经过离合器、变速器,由万向节和传动轴组成的万向传动装置,以及安装在驱动桥中的主减速器 7、差速器 5 和半轴 6 传到驱动轮。

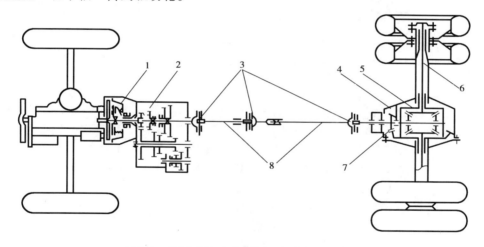

图 3-1 机械式传动系一般组成及布置示意图

1—离合器;2—变速器;3—万向节;4—驱动桥;5—差速器;6—半轴;7—主减速器;8—传动轴

**(3) 传动系的类型**

按照汽车传动系的结构和传动介质不同,汽车传动系分为机械式、液力机械式、静液式(容积液压式)、电力式等类型。

1) 机械式传动系

结构简单,传动效率高,工作可靠,成本较低,应用广泛。其组成和工作原理如图 3-1 所示,这是一种 4×2 传动系(其中 4 表示总车轮数、2 表示驱动轮数)。除此之外,还有 4×4 汽车传动系,如图 3-2 所示,即全车四轮均为驱动轮,在这种传动系中,变速器和前、后桥之间装有分动器,将发动机经变速器传出的动力,分配给前、后桥,这种传动系主要用于越野汽车。发动机前置的还有一种传动形式是前轮驱动,图 3-3 是一种发动机前置前轮驱动,而且采用独立悬架的轿车传动系示意图,在图示布置方案中,发动机 1、离合器 2 和变速器 3 都布置在前桥(驱动桥)的前方,而且它们与主减速器 5、差速器 6 一同固定在车架或车身底架上,在变速器和驱动桥之间便无需设置万向节和传动轴,使车身底板高度可以降低,有助于提高变速行驶时的稳定性,整个传动系都集中在汽车前部,因而其操纵机构比较简单。这种传动系形式已在微型车和轻型轿车上广泛应用,在中、高级轿车上应用的也日益增多,但货车不采用此方案,以免上坡时不能获得足够的牵引力。

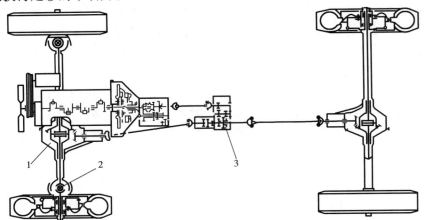

图 3-2　4×4 汽车传动系示意图

1—前驱动桥;2—万向节;3—分动器

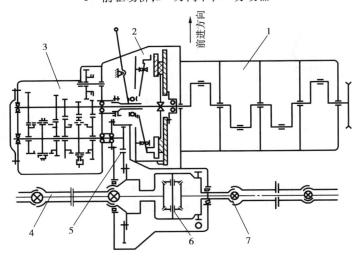

图 3-3　发动机前置、前桥驱动的传动系示意图

1—发动机;2—离合器;3—变速器;4—半轴;5—主减速器;6—差速器;7—万向节

在机械式传动系中,还有一种典型布置形式是发动机后置、后轮驱动,其示意图如图 3-4 所示。这种布置形式,可使汽车总重量较合理地分配在前后轴上,前轴不易过载。有些车辆发动机采用横置形式,可使汽车的后悬大大缩短。它的不足之处是,当发动机发生故障时,驾驶员不易检查;此外,发动机冷却条件较差,发动机、离合器和变速器的操纵机构都较复杂。

2)液力机械式传动系

组合运用液力传动和机械传动,这里液力传动单指动液传动,动液传动装置有液力偶合器和液力变矩器两种。前者只能传递转矩,不能改变转矩大小,而液力变矩器除具有液力偶合器的全部功能外,还能实现无级变速,故目前应用得比液力偶合器广泛得多。但液力变矩器的输出转矩与输入转矩的比值变化范围还不足以满足使用要求,故一般在其后再串联一个有级式机械变速器而组成液力机械变速器(参见图 3-5)以取代机械式传动系中的离合器和变速器。

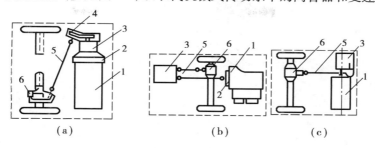

图 3-4　发动机后置、后轮驱动的传动系示意图
(a)大型客车;(b)、(c)轿车

1—发动机;2—离合器;3—变速器;4—角传动装置;5—万向传动装置;6—后驱动桥

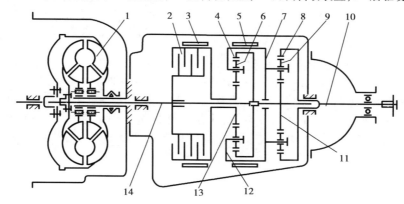

图 3-5　红旗 CA770 型轿车液力机械传动示意图
1—液力变矩器;2—直接挡离合器;3—低速挡制动器;4—前排齿圈;5—倒挡制动器;
6—前排行星轮;7—后排行星架;8—后排齿圈;9—后排行星轮;10—变速器第二轴;
11—后排中心轮;12—前排行星架;14—变速器第一轴

图 3-5 为红旗 CA770 型轿车变速传动部分示意图。液力机械传动系其他组成部件及布置方案均与机械传动系相同。液力机械传动系能根据道路阻力的变化,自动地在若干个车速范围内分别实现无级变速,而且其中的有级式机械变速器还可以实现自动或半自动操纵,可简化驾驶员操作,但结构复杂、造价高、机械效率低,目前除高级轿车和部分重型汽车以外,中级以下轿车和一般货车较少采用。

3)静液式传动系

又称容积式液压传动系(图 3-6),主要由发动机驱动的油泵 7,液压马达 2 和控制装置 6 等组成。图示方案是液压马达将动力传给主减速器,经差速器和半轴传给驱动轮;另一种方案是每一个驱动轮上都直接安装一个液压马达直接驱动。

静液式传动系可以在不中断传动的情况下实现无级变速,但存在着机械效率低、造价高、使用寿命和可靠性不够理想等缺点。仅在某些军用车辆上开始采用。

4)电力式传动系

如图 3-7 所示,电力式传动系在组成和布置上与静液传动系有些类似。

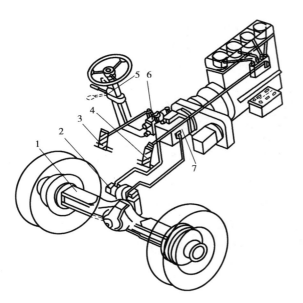
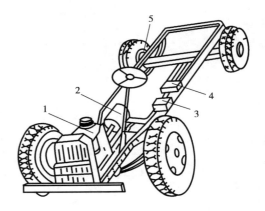

图 3-6　静液式传动系示意图　　　　　　图 3-7　电力传动系示意图
1—驱动桥;2—液压马达;3—制动踏板;4—加速踏板;　　　1—发动机;2—发电机;3—可控硅整流器;
5—变速操纵杆;6—液压自动控制装置;7—油泵　　　　　　　　4—逆变装置;5—电动轮

其主动部件是由发动机驱动的发电机,从动部件则是牵引电动机。其性能与静液传动系相近,而且传动效率更高,但电机质量比油泵和液压马达大得多,故目前还只限于在超重型汽车上应用。

### 3.1.2　离合器

**(1)离合器的功用**

离合器通常装在发动机的飞轮上,后面装变速器,它由驾驶员通过脚踏板来操纵。其主要功用有三:

①保证汽车平稳起步。汽车起步前,踏下离合器踏板,切断发动机与变速器的动力传递,驾驶员再启动发动机,待发动机达到正常的急速运转时(约300～500 r/min),将变速器挂入一挡,然后使离合器逐渐接合,与此同时,逐渐加大油门,使发动机的转矩由小到大地通过离合器传递给传动系其他装置,最终传递给驱动车轮,直至达到能完全克服行驶阻力,使汽车由静止缓慢地加速前进,实现平稳起步。

②保证传动系换挡时工作平顺。换挡前,通过离合器切断发动机与变速器间的动力传递,便于使原用挡位的啮合副脱开;挂挡时,通过离合器,可较容易地使得待啮合的齿轮副圆周速度趋向相等(同步),从而实现顺利换挡并减小其冲击。

③防止传动系过载。在紧急制动时,可以同时使离合器处于分离状态免除发动机反作用于传动系的惯性力矩;即使在不分离的情况下,也可依靠离合器主动部分和从动部分可能产生的相对运动来限制所传递的转矩,从而防止传动系过载。

**(2)离合器的形式**

离合器的结构形式有多种,如按传递转矩方式的不同来区分,有3种形式:

①摩擦式　借助离合器主动元件和从动元件接触面之间的摩擦作用来传递转矩。这是目

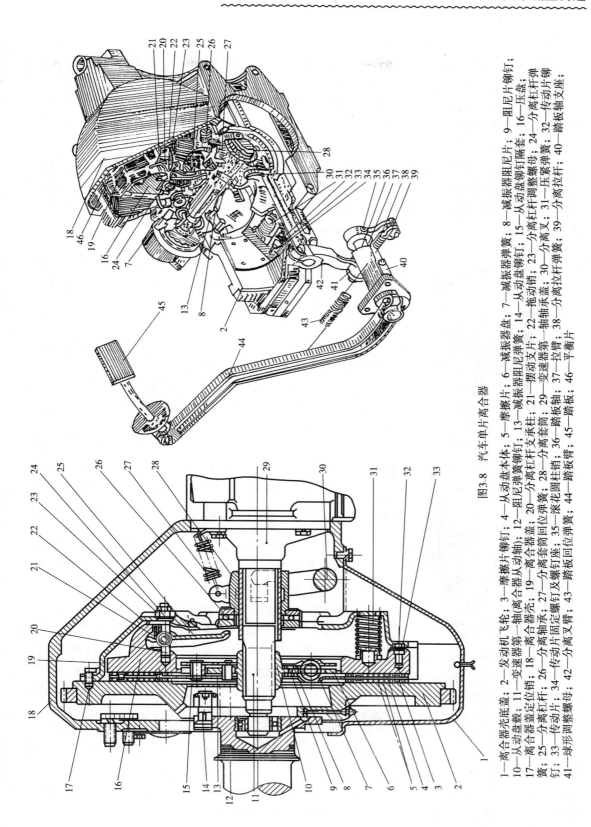

图3-8 汽车单片离合器

1—离合器壳底盖；2—发动机飞轮；3—摩擦片铆钉；4—从动盘本体；5—摩擦片；6—减振器盘；7—减振器弹簧；8—减振器阻尼片；9—阻尼片铆钉；10—从动盘毂；11—从动盘第一轴（离合器从动轴）；12—阻尼弹簧铆钉；13—减振器阻尼弹簧；14—从动盘销；15—从动盘铆钉；16—压盘；17—离合器盖定位销；18—离合器盖；19—离合器盖；20—摆动支柱；21—摆动支承柱；22—拖动螺母；23—分离杆调整螺母；24—分离杠杆弹簧；25—分离轴套筒；26—分离套筒盖；27—分离轴套筒；28—分离套筒回位弹簧；29—分离器第一轴轴承座；30—分离叉；31—压簧；32—传动片铆钉；33—传动片固定螺钉及螺母；34—传动杠杆；35—滚花圆柱销；36—踏板圆柱销；37—拉臂；38—分离拉杆弹簧；39—分离拉杆；40—踏板轴支座；41—球形调整螺母；42—球形调整螺钉；43—踏板回位弹簧；44—踏板叉臂；45—踏板；46—平衡片；

前汽车上应用最广泛的一种离合器。

②液力式　借助离合器主动元件和从动元件之间的液体介质来传递转矩。这种形式常用于高级小轿车、大型公共汽车和重型汽车。

③电磁式　借助离合器的主动元件和从动元件之间的电磁力作用来传递转矩。

**（3）摩擦式离合器**

1）摩擦式离合器的组成

摩擦离合器由于较好地满足了使用要求，而且结构简单，维修方便，所以为大多数汽车所采用。

摩擦式离合器通常由主动部分、从动部分、压紧装置、分离机构和操纵机构5部分组成。主、从动部分和压紧机构是保证离合器处于接合状态并能传递动力的基本结构，而离合器的分离机构和操纵机构主要是使离合器分离的装置。

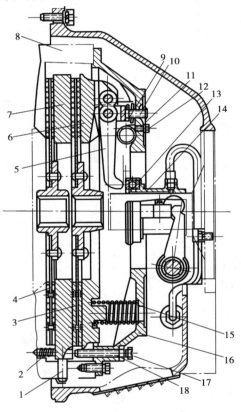

图 3-9　汽车双片离合器

1—定位块；2—分离弹簧；3,4—从动盘；
5—分离杠杆；6—压盘；7—中间压盘；
8—飞轮；9—支承销；10—调整螺母；
11—压片；12—锁紧螺钉；13—分离轴承；
14—分离套筒；15—压紧弹簧；16—离合器盖；
17—限位螺钉；18—锁紧螺母

2）摩擦离合器的分类

摩擦式离合器按摩擦面的数目（或从动盘数目）、压紧弹簧的形式及其安装位置不同，有不同的分类方式和总体构造。

①按从动盘数分类

单片离合器（图 3-8）　结构简单，分离彻底，散热良好，尺寸紧凑，调整方便，从动部分转动惯量小。广泛地应用于轿车和中、小型货车上。近年来由于摩擦材质的改善，在重型汽车上的应用也日渐增多。

双片离合器（图 3-9）　与单片离合器相比，传递转矩的能力较大，接合较平顺；在传递相同转矩的情况下，径向尺寸较小、踏板力较小。但存在分离彻底性较差，中间压盘通风散热不良等问题，一般应用在传递转矩较大并且径向尺寸受到限制的场合。

多片离合器　一般采用多个从动盘，接合平顺柔和。多采用湿式，在国外某些重型牵引车和自卸汽车上开始采用，并有不断增加的趋势。

②按压紧弹簧的形式和布置分类

离合器压紧弹簧有圆柱弹簧、矩形断面圆锥弹簧和膜片弹簧等形式。压紧弹簧可周置、中央布置，也可以斜置。

周置弹簧离合器（图 3-8、图 3-9）　压盘的压紧元件采用圆柱弹簧，对称布置在压盘的圆周上。此种形式结构简单，制造方便，在汽车上一直广泛应用。重型汽车弹簧数目较多，常将弹簧布置在两个同心圆上。但现代高速轿车发动机最高转速高达 5 000 ~ 7 000 r/min 或更高，在此高速下，周置弹簧将受离心力作用而严重鼓出（弯曲），致使压紧力显著降低，弹簧座严重磨损，甚至出现弹簧断裂。

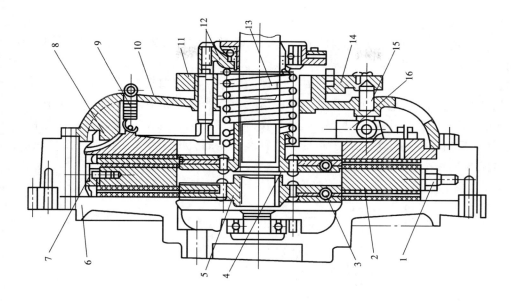

图3-10　汽车中央弹簧离合器

1—传动销；2—中间主动盘；3—扭转减振器；4、5—从动盘；6—飞轮；7—分离摆杆；8—压盘；9—分离弹簧；
10—离合器盖；11—调整环；12—分离套筒；13—压紧弹簧；14—平衡盘；15—支承销；16—压紧杠杆

中央弹簧离合器(图3-10)　采用一个或轴线重合的内外两个压紧弹簧,且位于离合器的中央。它的弹簧压紧力通过杠杆放大而作用于压盘上,有利于减轻踏板力。此外,弹簧不直接与压盘接触,无受热退火之患;压紧力调整容易。此类离合器多用于重型汽车上。

斜置弹簧离合器(图3-11)　是重型汽车上出现的新结构。周向布置的若干个压紧弹簧安装在离合器盖与传力盘之间,各个弹簧的轴线相对于离合器轴线成一夹角,弹簧压力斜向作用在传力套上,并通过压杆作用在压盘上。压紧弹簧倾斜安装的目的是对摩擦片磨损起补偿作用,使摩擦面磨损后压盘的压紧力几乎不变。这种离合器的突出优点是工作性能十分稳定,彻底分离所需踏板力较小。

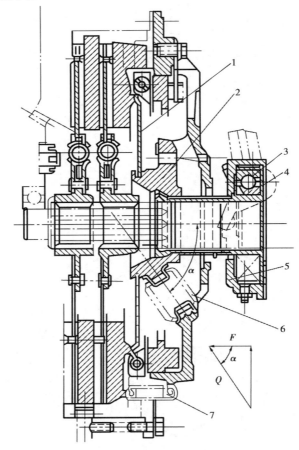

图 3-11　斜置弹簧离合器

1—压紧杠杆;2—传力盘;3—分离轴承;4—分离叉;5—分离套筒;6—压紧弹簧;7—分离弹簧

膜片弹簧离合器(图3-12(a))　膜片弹簧离合器的压紧元件、分离机构集中于一个元件——膜片弹簧(图3-12(b))上,所以结构简单、轻巧。此外,膜片弹簧具有非线性特性,摩擦片磨损不致引起压紧力显著变化;接合时踏板力变化小而且轻便;高速旋转时压紧力变化小,散热通风好,易于平衡,压盘压力分布均匀。但膜片弹簧制造工艺较复杂,对材质和尺寸精度要求高。近年来由于工艺技术水平的提高,膜片弹簧制造已不困难,且适于大量生产,使离合器的制造成本得以下降,它广泛用于轿车(几乎100%)、轻型和中型货车及客车上,并逐步扩展到某些重型汽车上。

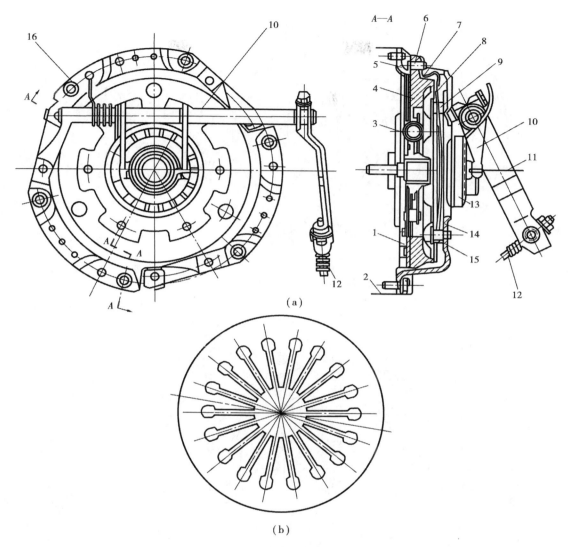

图 3-12　汽车膜片弹簧离合器

（a）膜片弹簧离合器；（b）膜片弹簧

1—从动盘；2—飞轮；3—扭转减振器；4—压盘；5—压盘传动片；6—传动片固定铆钉；
7—分离钩；8—膜片弹簧；9—膜片弹簧固定铆钉；10—分离叉；11—分离叉臂；12—操纵绳索组件；
13—分离轴承；14—离合器盖；15—膜片弹簧支承圈；16—分离叉回位弹簧

③按从动盘形式分类

在汽车传动系中，为了避免共振，缓和传动系所受的冲击载荷，一般都装设了扭转减振器。有些汽车将扭转减振器制成单独的部件，但更多的是将扭转减振器附装在离合器从动盘中。

不带扭转减振器的从动盘（图 3-9）　多用在双片离合器中，其结构比较简单，主要由从动盘本体、从动盘毂、摩擦片 3 种零件铆接而成。

带扭转减振器的从动盘（图 3-13）　其本体的外缘部分（即装摩擦片的部分）结构原理与上述相同，只是在中心部分附装有扭转减振器，用以在从动盘本体与从动盘毂之间传递转矩。

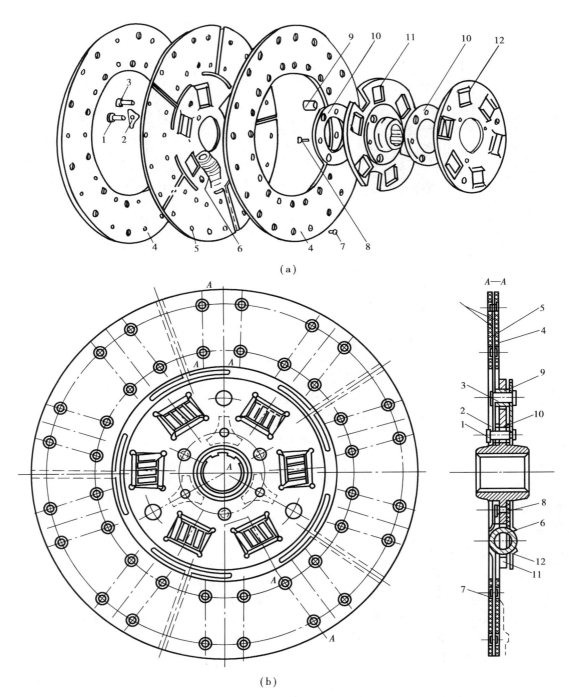

（a）

（b）

图 3-13　汽车离合器从动盘

（a）零件分解图；（b）装配图

1—阻尼弹簧铆钉；2—减振器阻尼弹簧；3—从动盘铆钉；4—摩擦片；5—从动盘本体；

6—减振器弹簧；7—摩擦片铆钉；8—阻尼片铆钉；9—从动盘铆钉隔套（起减振器限位销作用）；

10—减振器阻尼片；11—从动盘毂；12—减振器盘

**（4）离合器的操纵机构**

　　离合器操纵机构是驾驶员借以使离合器分离,而后又使之柔和接合的一套机构。它起始于离合器踏板,终止于离合器壳内的分离轴承。汽车行驶时,离合器的使用很频繁,为减轻驾驶员的操作劳动强度,要求离合器操纵机构操纵轻便,同时应具有踏板行程限位器和踏板行程调整机构。

　　离合器操纵机构主要有以下几类:

　　机械式操纵机构有杆系传动和绳索传动两种形式。杆系传动机构(参见图3-8)结构简单、工作可靠、广泛应用于各型汽车上,但机械效率低,质量大,车架和驾驶室的变形可影响其正常工作,在某些情况下(如远距离操纵等)杆系布置比较困难,不能采用适宜驾驶员操作的吊挂踏板。绳索传动(图3-14)可消除上述缺点,但寿命较短,机械效率仍不高,此种形式多用于轻型轿车中。

　　液压式操纵机构由主缸、工作缸、管路系统等部分组成(图3-15)。与制动系的液压操纵机构相似。该机构传动效率高、质量小、布置方便,便于采用吊挂踏板,从而使驾驶室易于密封,不

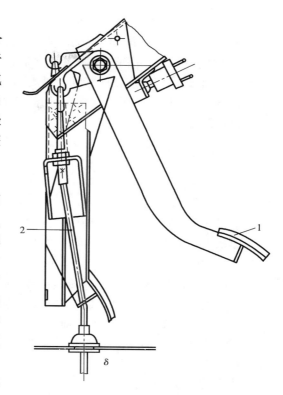

图 3-14　汽车离合器的绳索式操纵机构
1—离合器踏板组件;2—操纵索组件

会因驾驶室和车架的变形以及发动机的振动而产生运动干涉,可使离合器结合较柔和,此机构不仅广泛应用于中、小型车辆上,并且在重型汽车上的应用也日渐增多。

　　气压式操纵机构由操纵阀、工作缸和管路系统等部分组成(图3-16),压缩空气压力作为操

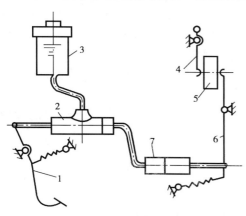

图 3-15　离合器液压式操纵机构示意图
1—踏板;2—主缸;3—储液室;4—分离杠杆;
5—分离轴承;6—分离叉;7—工作缸

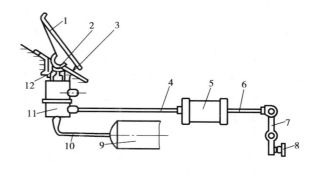

图 3-16　气压式操纵机构
1—离合器踏板;2—滚轮;3—踏板支承;4,10—管路;
5—工作缸;6—推杆;7—分离拨叉;8—分离轴承;
9—储气筒;11—操纵阀;12—操纵阀杯形支座

纵离合器的主要能源,驾驶员肌体则作为辅助的和后备的操纵能源,具有操纵轻便的突出优点。操纵阀设计时必须保持随动作用,即输送给工作缸的气压与离合器踏板行程和踏板力成比例。

助力式操纵机构　在中型和重型货车上,离合器压紧弹簧的压紧力很大,为了既减小所需踏板力,又不致因传动装置的传动比过大而加大踏板行程,现代汽车上在机械和液压式操纵机构中采用了各种助力装置。通常,所用的助力装置有气压式和弹簧式两种。前者主要由随动控制阀和助力缸组成。

### 3.1.3　变速器与分动器

**(1)概述**

1)变速器的功用

前已述及,汽车上广泛采用活塞式内燃机,其转矩和转速变化范围较小,而复杂的使用条件则要求汽车的牵引力和车速能在相当大的范围内变化。为解决这一矛盾,在传动系中设置了变速器,其功用主要是:

①改变传动比,扩大驱动轮转矩和转速的变化范围,以适应经常变化的行驶条件,如起步、加速和上坡等,同时使发动机在有利的(功率较高而耗油率较低)工况下工作;

②在发动机旋转方向不变的前提,使汽车能倒向行驶;

③利用空挡,切断发动机与传动系的动力传递,使汽车停车、滑行和起步,并便于变速换挡或进行动力输出;

④为需要动力输出的专用车辆提供功率输出。

2)分动器的功用

经常在无路或坏路条件下工作的越野汽车,需要利用汽车的总重,使每一个承受负荷车轮都产生牵引力。因此必须多轴驱动,分动器的功用便是将变速器传出的转矩分配给所有的驱动车轮。

3)变速器的分类

按传动比变化方式,汽车变速器可分为有级式、无级式和综合式3种。

有级式变速器采用齿轮传动,具有若干个定值的传动比,每一个传动比称为一个挡位。具有结构简单、易于制造、工作可靠、传动效率高等优点,应用广泛。目前轿车和中、轻型货车上采用的有级变速器有3~5个挡位(指前进挡位数),在重型货车上挡位更多。

无级式变速器的传动比在一定范围内连续变化。目前常见的有电力式和液力式两种。皮带式的无级变速器在微型车上的采用也越来越广泛。

综合式变速器的传动比可在最大值与最小值之间的几个间断的范围内作无级变化,如液力机械式变速器。

4)普通变速器的组成

变速器由变速传动机构和操纵机构组成。需要时,还可以加装动力输出器。

**(2)变速器的变速传动机构**

图3-17为五挡变速器变速传动示意图,图3-18为东风 EQ1090 型汽车五挡变速器结构图。

从图3-17、图3-18可以看出,变速箱内有4根平行的轴:第一轴(动力输入轴)1、中间轴15、第二轴(动力输出轴)14和倒挡轴16。第一轴前端支撑于曲轴后端的中心孔内,另一端支撑于变速箱壳体上；第二轴前端用滚针轴承支承在第一轴斜齿轮的中心孔内，另一端则用球轴承支承在动力输出轴的轴承盖座孔内，一般与万向传动装置相联；中间轴上的传动齿轮与中间轴一起旋转。齿轮6,7和11空套在第二轴上，齿轮12与第二轴用花键连接，可沿花键部分轴向移动。

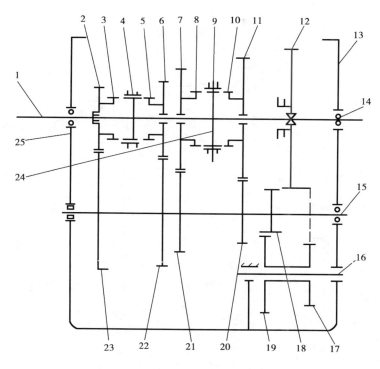

图 3-17　五挡变速器变速传动示意图

1—第一轴；2—第一轴常啮合传动齿轮；3—第一轴齿轮接合齿圈；4、9—接合套；5—四挡齿轮接合齿圈；
6—第二轴四挡齿轮；7—第二轴三挡齿轮；8—三挡齿轮接合齿圈；10—二挡齿轮接合齿圈；
11—第二轴二挡齿轮；12—第二轴一、倒挡滑动齿轮；13—变速器壳体；14—第二轴；15—中间轴；
16—倒挡轴；17、19—倒挡中间齿轮；18—中间轴一、倒挡齿轮；20—中间轴二挡齿轮；
21—中间轴三挡齿轮；22—中间轴四挡齿轮；23—中间轴常啮合传动齿轮；24、25—花键毂

变速器各个工作挡位的接入（挂挡）和脱开（摘挡）方式有3种：利用滑移齿轮（一、倒挡）、利用接合套或同步器（二、三、四、五挡）。

除上述中间轴式的变速器外，发动机前置前轮驱动的轿车，若变速器传动比小，则常采用两轴式变速器（参见图 3-3），其输出轴与主减速器主动齿轮做成一体。这种变速器结构简单、中间挡的传动效率较高、噪声小。

（3）同步器

汽车在换挡过程中，要顺利地挂挡，必须使待啮合的一对齿轮轮齿的圆周速度相等，或者使接合套上的内、外花键齿圈的圆周速度相等，以免产生冲击、噪声、影响其工作寿命，甚至折断。同步器便是在接合套的基础上发展起来的。它的作用是使接合套与待接合的齿圈两者之间能迅速同步，并阻止在同步之前进行啮合，防止产生接合齿之间的冲击，并使操纵轻便。

近代的汽车变速器，除轿车的倒挡和货车的一挡、倒挡以外，其他挡位多数都装用同步器。

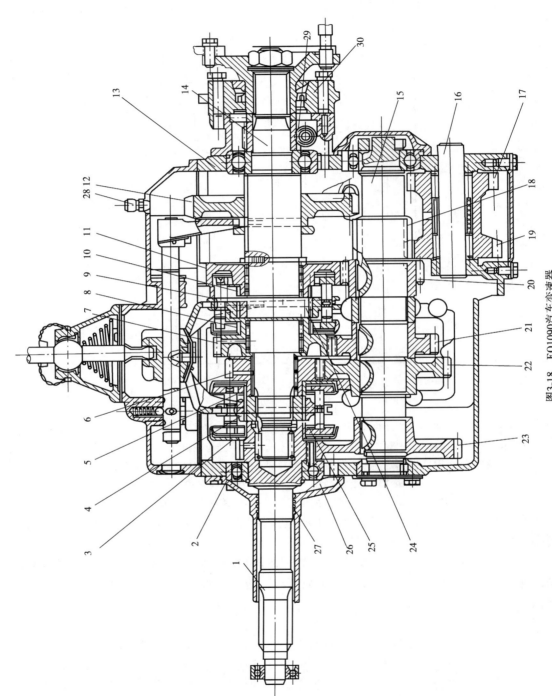

图3-18　EQ1090汽车变速器

图注1~25同图3-17；26—第一轴轴承盖；27—轴承盖回油螺纹；28—通气塞；29—车速里程表传动齿轮；30—中央制动器底座

目前采用的同步器,通常都是依靠摩擦元件的摩擦作用来使需接合两齿圈迅速达到并保持同步的摩擦式同步器,但因其锁止元件的不同,工作原理也不同。按工作原理不同,同步器可分为常压式、惯性式和自动增力式 3 类。目前使用较多的是惯性同步器。

惯性同步器根据其锁止机构的不同,主要有锁销式(图 3-19)和锁环式(图 3-20)两类。

图 3-19 所示锁销式同步器的摩擦元件是同步环 2 和齿轮 3 上的凸出部分,其内圈和外圈设计有相互接触的锥形摩擦面,锁止元件是在滑动齿套 1 的圆盘部分中做出的锥形肩角和装在孔眼中的锁销。锁销式同步器的优点是零件数量少,并且摩擦锥面平均半径较大,使其转矩容量得到提高,但轴向尺寸较大,故多用于中、重型货车变速器。

图 3-20 所示的锁环式同步器的锁止面在同步锥环和啮合套的倒锥面上,省去了同步锥环的接合齿,且轴向尺寸较小,但因结构布置上的限制,转矩容量不大。

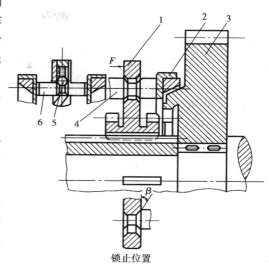

图 3-19 锁销式惯性同步器
1—滑动齿套;2—同步环;3—齿轮;
4—锁销;5—钢球;6—销

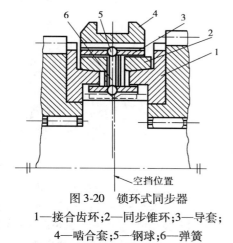

图 3-20 锁环式同步器
1—接合齿环;2—同步锥环;3—导套;
4—啮合套;5—钢球;6—弹簧

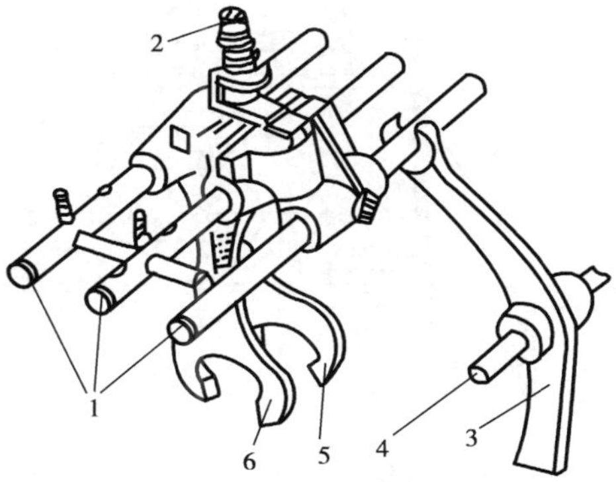

图 3-21 四挡变速箱操纵机构示意图
1—拨叉轴;2—变速杆;3—倒挡拨叉;4—倒挡拨叉
导向杆;5——一、二挡拨叉;6—三、四挡拨叉

**(4) 变速器的操纵机构**

变速器操纵机构应保证驾驶员能准确可靠地使变速器挂入所需要的任一挡位工作,并可随时使之退到空挡。有级齿轮变速器一般都采用机械式操纵机构,按操纵机构与变速器相互位置的不同,通常可分为直接拨动式(图 3-21)和远距离操纵式(图 3-22)两种。

为保证变速器在任何情况下都能准确、安全、可靠地工作,其操纵机构应满足以下一些要求:

① 操纵机构中应设有自锁装置,以防止自动脱挡,保证轮齿以全齿宽啮合(图 3-23)。

② 操纵机构中应设有互锁装置,以防止同时挂入两个挡位(图 3-23)。

③ 操纵机构中应设有倒挡锁。倒挡锁的作用是使驾驶员必须对变速杆施加更大的力(图

3-24)或采用与挂前进挡不同的操作方法(图3-25)方能挂入倒挡。

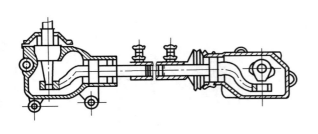

图 3-22　变速器远距离操纵机构

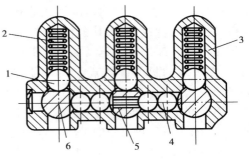

图 3-23　东风 EQ1090 型汽车变速器自锁和互锁装置
1—自锁钢球;2—自锁弹簧;3—变速器盖(前端);
4—互锁钢球;5—互锁销;6—拨叉轴

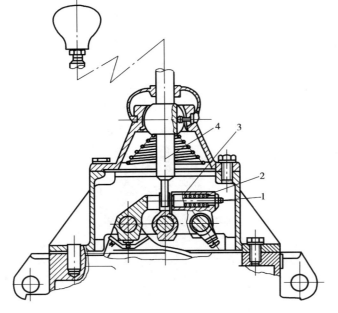

图 3-24　EQ1090 型汽车变速器倒挡锁装置
1—倒挡锁销;2—倒挡锁弹簧;
3—倒挡拨块;4—变速杆

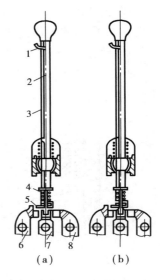

（a）　　　（b）

图 3-25　变速器倒挡锁装置
1—手柄;2—变速杆;3—拉杆;4—弹簧;
5—倒挡锁片;6—倒挡拨块;7—三、四
挡拨叉;8——一、二挡拨叉

## (5)分动器

对于多桥驱动的汽车,通常需要装分动器。它的作用是将变速器传来的转矩分配到各个驱动桥。

分动器的基本结构也是一个齿轮传动系统。其输入轴直接或通过万向传动装置与变速器第二轴相连,而其输出轴则有若干个,分别经万向传动装置与各驱动桥相连。目前绝大多数越野汽车都采用两挡分动器,使之兼起副变速器的作用,以增加传动系的最大传动比及挡数。

分动器的操纵机构必须保证:非先接上前桥,不得挂入低速挡;非先退出低速挡,不得摘下前桥。

### 3.1.4　万向传动装置

**（1）概述**

万向传动装置一般由万向节和传动轴组成,有时还加装中间支承。汽车上任何一对轴线相交且相对位置经常变化的转轴之间的动力传递,均须通过万向传动装置。图 3-26 为万向传动装置在汽车上的布置情况。图中可见,发动机前置后轮驱动的汽车(图 3-26(g)),变速器支承在车架上,而驱动桥通过悬架与车架相连。当汽车行驶时,由于悬架系统的振动,变速器输出轴与驱动桥输入轴轴线的相对位置经常发生变化,这两轴之间必须用万向传动装置来传递动力。除此之外,万向传动装置有时还用来联接变速器与分动器(图 3-26(b))、发动机与变速器(图 3-26(c))、转向驱动桥(图 3-26(d)、(e))、转向轴与转向器(图 3-26(f))等,在变速器与驱动桥距离较远时,就将传动轴分为中间传动轴和主传动轴两段,并在中间传动轴后端设置中间支承,以提高传动轴的刚性(图3-26(a))。

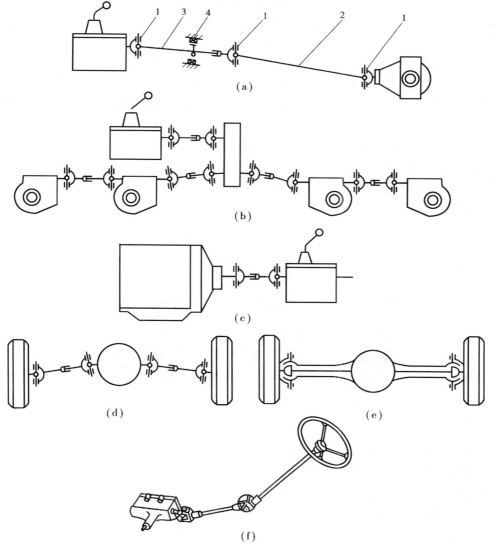

（a）

（b）

（c）

（d）　　　　　　　　　　（e）

（f）

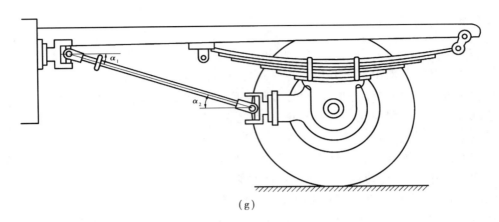

（g）

图 3-26　万向传动装置在汽车上的布置情况

1—万向节;2—主传动轴;3—中间传动轴;4—中间支承

由此可见,万向传动装置的作用,就是使汽车各联接处能适应距离和轴向夹角的变化而安全地工作。

**（2）万向节**

万向节按其在扭转方向上是否有明显的弹性可分为刚性万向节和挠性万向节。在前者中,动力是靠零件的铰链式联接传递的,而在后者中则靠弹性零件传递,且有缓冲减振作用。刚性万向节又可分为不等速万向节(常用为十字轴式)、准等速万向节(双联式、三销轴式等)和等速万向节(球叉式、球笼式等)。

1）十字轴刚性万向节

图 3-27 为刚性万向节。它是目前汽车传动系中应用最广的一种万向节,它允许相邻两轴的最大夹角为 15°~20°。

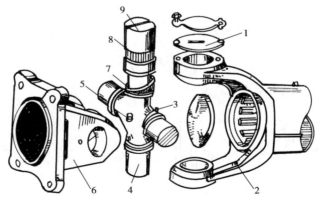

图 3-27　刚性万向节

1—轴承盖;2,6—万向节叉;3—油嘴;4—十字轴;5—安全阀;7—油封;8—滚针;9—套筒

单个十字轴万向节,当主动叉等速旋转时,从动叉是不等速的。为避免这一缺点,实现等速万向传动,通常采用双万向节传动,但必须满足两个条件:

①第一万向节两轴间夹角 $\alpha_1$ 和第二万向节两轴间夹角 $\alpha_2$ 相等;

②第一万向节的从动叉与第二万向节的主动叉处于同一平面内。

图 3-28 即为双万向节等速传动布置的示意图。

应指出的是上述两条件中,条件②可以通过传动轴与万向节叉的正确装配来保证,但在汽车行驶过程中,$\alpha_1$ 与 $\alpha_2$ 不可能经常保持相等,因此这种等速传动只能是近似的。

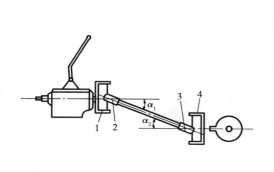

图 3-28　双万向节等速传动布置图
1,3—主动叉;2,4—从动叉

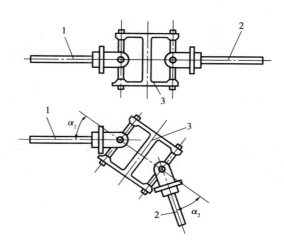

图 3-29　双联式万向节示意图
1,2—轴;3—双联叉

2)准等速万向节

准等速万向节是根据上述双万向节实现等速传动的原理而设计成的。常见的有双联式和三销轴式万向节。

双联式万向节(图 3-29)实际上是一套传动轴长度减缩至最小的双万向节等速传动装置。双联叉 3 相当于两个在同一平面上的万向节叉,同时双联式万向节的结构中装有分度机构,以期双联叉的对称线在一定的容差范围内平分所连两轴的夹角。它具有结构简单、制造方便、工作可靠、允许的轴间夹角较大等优点,在转向驱动桥中的应用逐渐增多。

三销轴式万向节是由双联式万向节演变而来的准等速万向节,图 3-30 为某型汽车转向驱动桥中的三销轴式万向节。它的特点是:允许相邻两轴有较大的夹角,最大可达 45°。在转向驱动桥中采用这种万向节可使汽车获得较小的转弯半径,提高汽车的机动性。但所占的空间较大。

3)等速万向节

等速万向节的基本原理是从结构上保证万向节在工作过程中,其传力点永远位于两轴交角的平分面上,如图 3-31 所示。目前采用较广泛的球叉式万向节和球笼式万向节均根据这一原理制成。

球叉式等速万向节(图 3-32),其特点是结构简单,两轴允许的最大夹角为 32°～33°,工作时只有两个钢球传力,钢球对滚道的单位压力较大,易磨损,一般用在转向驱动桥中。

球笼式万向节(图 3-33),其特点是万向节可在两轴最大夹角为 42°的情况下传递转矩,传动效率高,使用寿命长。工作时,无论传动方向如何,6 个钢球全部受力,与球叉式万向节相比,在外廓尺寸相等的条件下,承载能力较强,结构紧凑,拆装方便,广泛应用于各种转向驱动桥和独立悬架的驱动桥上。

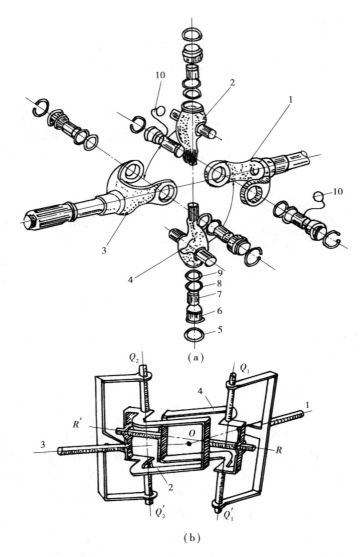

图 3-30 三销轴式准等角速万向节

(a)零件形状；(b)装配示意图

1—主动偏心轴叉；2,4—三销轴；3—从动偏心轴叉；5—卡环；

6—轴承座；7—衬套；8—毛毡圈；9—密封罩；10—推力垫片

4）挠性万向节

挠性万向节是依靠弹性件的弹性变形来适应变交角两轴间的传动。弹性件可以是橡胶盘、橡胶金属套筒、六角形橡胶圈或其他结构形式。一般用于两轴间夹角不大（3°～5°）和微量轴向位移的万向传动场合，即常用来连接固定安装在车架上的两个部件（如发动机与变速器或变速器与分动器）之间，以消除制造安装误差或车架变形对传动的影响。此外，它还具有结构简单、使用中无需润滑、能缓和冲击、削弱传动系中的扭转振动、防止传动系中产生共振等优点。

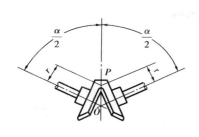

图 3-31 等速万向节的工作原理

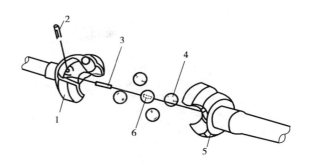

图 3-32 球叉式万向节
1—从动叉;2—锁止销;3—定位销;
4—传动钢球;5—主动叉;6—中心钢球

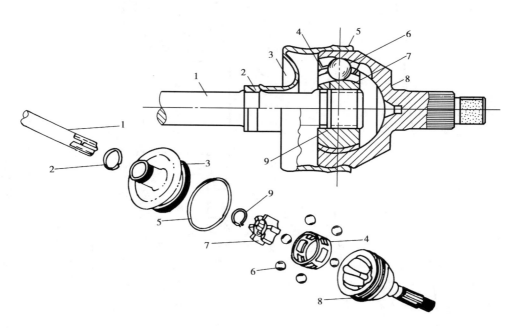

图 3-33 球笼式等角速万向节
1—主动轴;2,5—钢带箍;3—外罩;4—保持架(球笼);6—钢球;
7—星形套(内滚道);8—球形壳(外滚道);9—卡环

**(3)传动轴和中间支承**

1)传动轴总成

传动轴是万向传动装置的重要组成部分,它的作用是传递转矩和连接两传动件。传动轴有空心和实心两种。现代汽车广泛采用空心轴,它可省材料、减轻重量,并有较大的刚度和较高的临界转速。

汽车上的传动轴通常使用的有两种:无缝钢管或由厚薄均匀的钢板(一般厚度1.5~3.0 mm)卷焊成的圆形钢管。

111

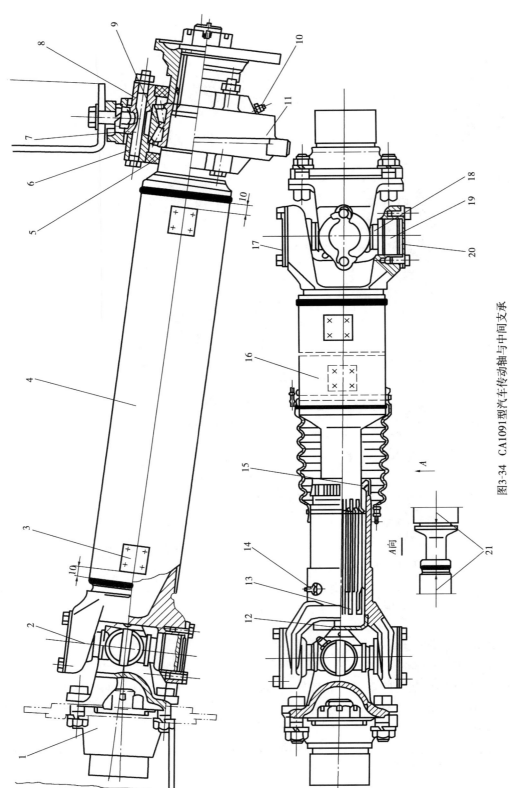

图3-34 CA1091型汽车传动轴与中间支承

1—凸缘叉；2—万向节十字轴；3—平衡片；4—中间传动轴；5—油封；6—中间支承前盖；7—橡胶垫环；8—中间支承后盖；9—动油嘴；10—注油嘴；11—支架；12—堵盖；13—万向节滑动叉；14—注油嘴；15—油封；16—主传动轴；17—锁片；18—滚针轴承油封；19—万向节滚针轴承；20—滚针轴承盖；21—装配位置记号

为适应传动轴在工作时长度方向的变化,避免运动干涉,传动轴中设有由滑动叉和花键轴组成的伸缩花键联接。为减轻磨损,还装有用以加注润滑脂的油嘴、油封、堵盖和防尘套。

传动轴总成在装配完成后,必须进行动平衡试验。

图 3-34 为 CA1091 型汽车的传动轴与中间支承。

2)中间支承

传动轴过长时,在高速运转下易产生共振。为提高传动轴的临界转速,减小万向节夹角,以及为满足布置上的要求,常将传动轴分段,此时有必要设置中间支承,中间支承通常安装在车架的横梁上。中间支承有多种形式,常见的有:

①图 3-34 所示的中间支承采用双列圆锥滚子轴承,可承受较大的轴向力,且便于调整,使用寿命较长。

②图 3-35 所示的中间支承采用蜂窝软垫式,结构简单,效果好,应用广泛。

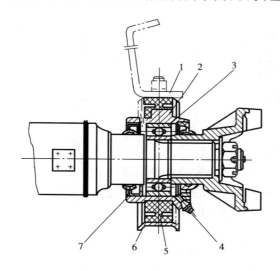

图 3-35　东风 EQ1090 型汽车传动轴中间支承
1—车架横梁;2—轴承座;3—轴承;4—注油嘴;5—蜂窝形橡胶垫;6—U 形支架;7—油封

③图 3-36 所示的中间支承采用摆动式,当发动机轴向窜动时,中间支承可绕支承轴摆动,改善其受力情况。

### 3.1.5　驱动桥

**(1)概述**

1)驱动桥的组成

驱动桥一般由主减速器、差速器、半轴和桥壳等组成。

2)驱动桥的功用

驱动桥的主要功用是将万向装置传来的发动机动力,经减速增矩并改变转矩的传递方向后,传到左右两驱动轮,使汽车左右轮以相同的转速直线行驶或以不同的转速转弯行驶,其中:

主减速器——降低转速,增加转矩,并改变转矩的传递方向;

差速器——在传递转矩的同时可使汽车两侧驱动车轮以不同的转速旋转;

半轴——将转矩由差速器传递到驱动车轮;

桥壳——用以支承汽车的部分质量,并承受由驱动车轮传来的路面反力和力矩,并经悬架传给车架,同时也是主减速器、差速器等的外壳。

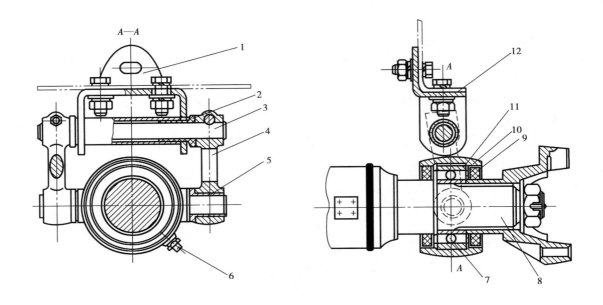

图 3-36　摆动式中间支承

1—支架;2—橡胶衬套;3—支承轴;4—摆臂;5—橡胶衬套;6—注油嘴;

7—轴承;8—中间传动轴;9—油封;10—支承座;11—卡环;12—车架横梁

3）驱动桥的类型

驱动桥的类型有断开式与非断开式两种。

非断开式驱动桥（图 3-37）　整个驱动桥通过弹性悬架与车架连接,半轴套管与主减速器壳刚性连成一体。两侧的半轴和驱动轮不能在横向平面内作相对运动。

断开式驱动桥（图 3-38）　主减速器固定在车架上,而驱动桥制成分断式并用铰链连接,

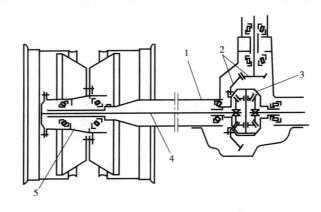

图 3-37　非断开式驱动桥示意图

1—驱动桥壳;2—主减速器;3—差速器;4—半轴;5—轮毂

两侧的驱动桥分别用弹性悬架和车架相连接,两侧车轮可彼此独立地相对于车架上、下跳动。采用断开式驱动桥相应地要采用独立悬架结构。

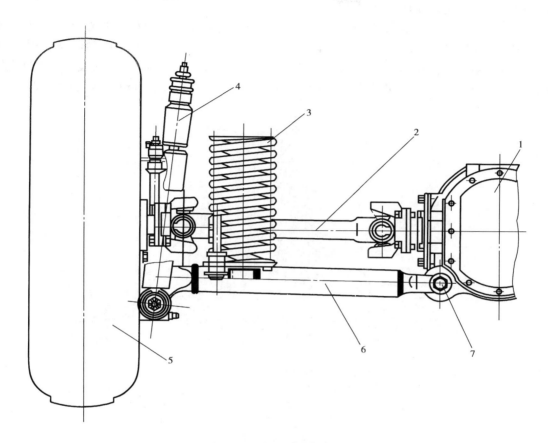

图 3-38　断开式驱动桥

1—主减速器;2—半轴;3—弹性元件;4—减振器;5—车轮;6—摆臂;7—摆臂轴

**(2)主减速器**

1)主减速器的功用及形式

前已述及,主减速器的功用是减速增矩,并改变转矩的传递方向。其结构形式有:

①按减速齿轮副的级数可分为单级主减速器和双级主减速器;

②按主减速器所处的位置可分为中央主减速器和轮边主减速器;

③按主减速器速比的变化可分为单速主减速器和双速主减速器;

④按齿轮副的结构形式可分为圆柱齿轮式、圆锥齿轮式和准双曲面齿轮式。

采用何种形式的主减速器,同传动系的布置、驱动桥的数目、减速比的大小和离地间隙的大小等因素有关。一般小客车和轻型载重车,主减速比在 3.5～6.0 的范围内;中型或重型汽车的主减速比一般为 7～15。

2）单级主减速器

单级主减速器的特点是结构简单,体积较小,传动效率较高。目前,轿车和一般轻、中型货车采用单级主减速器,即可满足汽车动力性要求。

图 3-39 为 EQ1090 型汽车单级主减速器。它由一对双曲线齿轮和支承装置组成,其传动比为 6.33(38/6)。主动锥齿轮轴以跨置式支承在主减速器壳上,轴承座和主减速器壳之间的垫片可调整主、从齿轮的啮合印迹位置。从动锥齿轮固定在差速器壳上,通过设在差速器壳轴承两端的两个调整螺母,可以调整从动齿轮的位置,从而调整主、从动齿轮的啮合间隙。

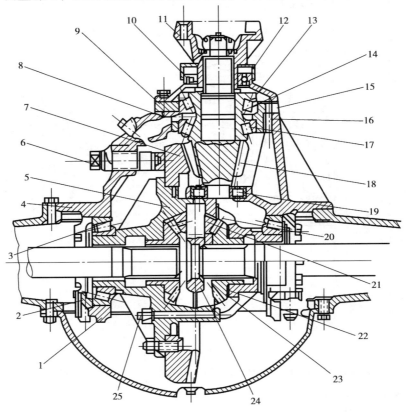

图 3-39　东风 EQ1090 型汽车单级主减速器

1—差速器轴承盖;2—轴承调整螺母;3,13,17—圆锥滚子轴承;4—主减速器壳;5—差速器壳;
6—支承螺柱;7—从动锥齿轮;8—进油道;9,14—调整垫片;10—防尘罩;11—叉形凸缘;12—油封;
15—轴承座;16—回油道;18—主动锥齿轮;19—圆柱滚子轴承;20—行星齿轮垫片;21—行星齿轮;
22—半轴齿轮垫片;23—半轴齿轮;24—行星齿轮轴(十字轴);25—螺栓

3）双级主减速器

现代汽车的双级主减速器,第一级常采用螺旋锥齿轮,第二级为斜齿圆柱齿轮。常见于中型和重型载重车上,图 3-40 为 CA1091 型汽车双级主减速器。其总传动比为 7.63,主动锥齿轮轴悬置式支承在轴承座的两个圆锥滚子轴承上。可借改变调整垫片的厚度来调整这两个轴承的预紧度。轴承座与减速壳之间的调整垫片,用以调整锥齿轮的啮合印迹位置。从动锥齿轮铆接在中间轴上,中间轴与第二级主动齿轮制成一体,也可通过调整垫片调整锥齿轮的啮合间隙及轴承预紧度。

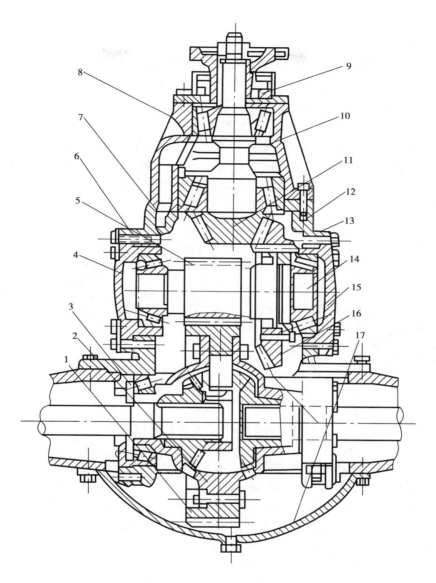

图 3-40　CA1091 型汽车双级主减速器

1—第二级从动齿轮;2—差速器壳;3—调整螺母;4,15—轴承盖;5—第二级主动齿轮;
6,7,8,13—调整垫片;9—第一级主动齿轮轴;10—轴承座;11—第一级主动齿轮;
12—主减速器壳;14—中间轴;16—第一级从动齿轮;17—后盖

**(3)差速器**

1)差速器的作用

当汽车转弯或在凹凸不平的道路上行驶时,左右驱动轮所受的阻力和所走过的距离是不相等的。如果两驱动轮用一根轴刚性连接,即两轮只能以同一转速转动,那么必然会引起车轮在地面滑移或滑转,造成汽车动力消耗和燃料消耗增大,轮胎磨损加速以及汽车转向操纵困难等现象。为了克服上述现象,汽车必须安装差速器。

差速器的作用是:当汽车在转弯或在凹凸不平的道路上行驶时,能使左右两驱动车轮以不同的转速旋转,产生差速作用。

2)差速器的类型

差速器按其工作特性,可分为普通齿轮式差速器和防滑差速器两大类。普通齿轮式差速器机构内部摩擦很小,通过两半轴输出的转矩之比基本上是定值。它按两侧传递转矩是否相等可分为对称式和不对称式两种。

对称式锥齿轮差速器结构简单、工作可靠,在汽车上应用广泛,图3-41 所示为对称式锥齿轮差速器零件分解图,它由差速器壳、垫片、半轴齿轮、行星齿轮、十字轴等零件组成,差速器壳分为两半,用螺栓连接,十字轴上装着4 个行星轮,半轴齿轮装在两侧,与行星齿轮啮合,半轴齿轮通过花键与半轴相连。动力由主减速器从动齿轮经差速器壳、十字轴、行星齿轮、半轴轮、半轴传给驱动车轮。

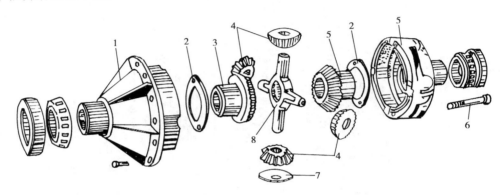

图 3-41　对称式锥齿轮差速器零件分解图

1,5—差速器壳;2—半轴齿轮推力垫片;3—半轴齿轮;4—行星齿轮;
6—螺栓;7—行星齿轮球面垫片;8—行星齿轮轴(十字轴)

采用上述差速器,将使汽车通过坏路的行驶能力受到限制。为此可采用防滑差速器,将输入转矩更多地甚至全部分配到附着条件较好、滑转程度小(角速度较低)的驱动轮,以产生足够的牵引力而使汽车继续行驶。防滑差速器常见的形式有强制锁止式差速器、高摩擦自锁差速器(包括摩擦片式、滑块凸轮式等)以及自由轮式差速器。

强制锁止式差速器是在对称式锥齿轮差速器上设置差速锁。差速锁由接合器及其操纵装置组成,需要时它将左右半轴锁联成一体一同旋转,差速器不起差速作用,这种差速锁结构简单,易于制造,但操纵不便,一般要在停车时进行。而且如果过早接上或过晚摘下差速锁,亦即在好路段上左、右车轮仍刚性联接,则将产生前已述及的无差速器情况下出现的一系列问题。因此有些越野汽车采用了在行驶过程中能根据路面情况自动改变驱动轮间转矩分配的高摩擦自锁式差速器,在中、重型汽车上常采用牙嵌式自由轮差速器。在这里不一一详述。

**(4) 半轴和桥壳**

1)半轴

半轴是连接驱动车轮与差速器的传动零件,将转矩和转速由差速器传递给驱动车轮。它一般用40Cr、40CrMo 或 40MnB 等材料经调质或高频淬火处理制成实心轴。

半轴的结构形式一般有4 种,其结构如图3-42 所示。半轴内端与差速器半轴齿轮的联接多为花键联接,但也有半轴内端与半轴齿轮制成一体的。半轴外端对于载重汽车,多为凸缘盘联接(图 3-42(a));对于小客车和微型汽车,一般为花键联接(图 3-42(b)、(c)),有些重型载重汽车的半轴两端均制成花键(图 3-42(d)),另用一只带花键毂的凸缘盘与轮毂联接。

现代汽车常用的半轴,根据支承形式的不同可分为全浮式、半浮式和 3/4 浮式 3 种(图 3-43)。

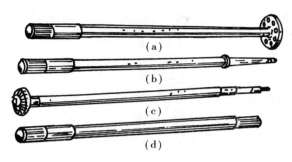

(a)

(b)

(c)

(d)

图 3-42　半轴的各种结构形式

①半浮式半轴(图 3-43(a))　桥壳通过一个轴承直接支承在半轴上,半轴在工作时,既要承受垂直力、侧向力和纵向力,又要传递转矩,还要承受弯矩。这种半轴结构简单,重量较轻,但受力复杂,不易拆装。多用于轿车、微型汽车和轻型汽车上。

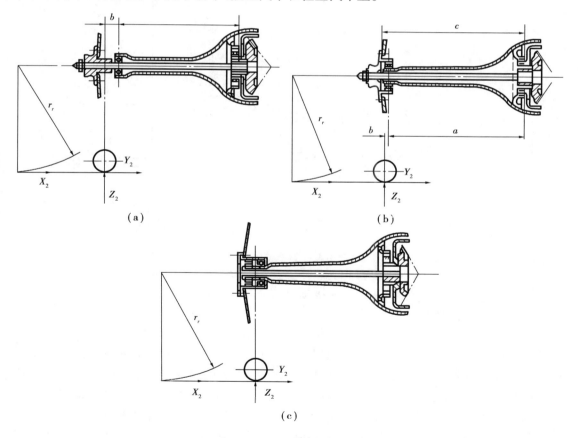

(a)

(b)

(c)

图 3-43　半轴的各种支承形式

②3/4 浮式半轴(图 3-43(b)) 半轴外端轴承装在后轴壳端外圆上,轮毂装在此轴承上,其受力情况与半浮式半轴相似,特点也基本一样,只是车轮中心线和轴承中心之间的距离更短些。

③全浮式半轴(图 3-43(c)) 桥壳用两个轴承直接支承在驱动轮轮毂上。车轮的中心线通过两轴承的中间,半轴仅传递转矩,其他力和力矩由桥壳承受。这种半轴便于保修,广泛用于各类载重汽车上。

2)桥壳

桥壳既是驱动桥的基础件,又是行驶系的组成部分。它的功用是:支承并保护主减速器、差速器和半轴等机件;使左、右驱动轮的轴向相对位置固定;同从动桥一起支承车架及其上的各总成质量;汽车行驶时,承受由车轮传来的路面反作用力和力矩,并经悬架传给车架。

驱动桥壳应有足够的强度和刚度,质量小,并便于主减速器的拆装和调整。

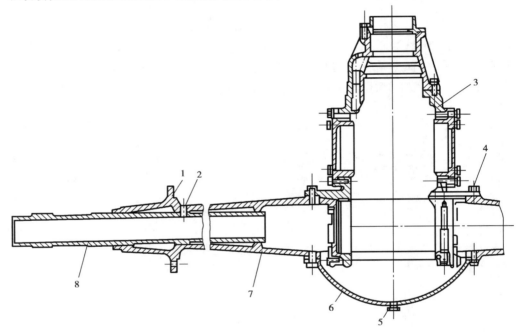

图 3-44 铸造整体式桥壳
1—凸缘盘;2—止动螺钉;3—主减速器壳;4—固定螺钉;
5—螺塞;6—后盖;7—桥壳;8—半轴套管

驱动桥壳可分为整体式和分段式两类。

图 3-44 所示为铸造整体式桥壳,其特点是桥壳具有较大的刚度和强度,且便于主减速器的装配、调整和维修。整体式桥壳常为整体铸造、中段铸造压入钢管和钢板冲压焊接 3 种。整体铸造的特点是强度大、刚度高,但铸造质量不易保证,适用于重型汽车。中段铸造压入钢管的特点是重量较轻、适宜于批量生产,但刚度较差。钢板冲压焊接式桥壳的特点是:工艺简单、成本低、材料利用率高,并适宜大批量生产,故广泛应用于中、轻型轿车和货车上。

图 3-45 所示为分段式桥壳,两段桥壳用螺栓连成一体,分段式桥壳在装配、调整等方面不便,目前已很少使用。

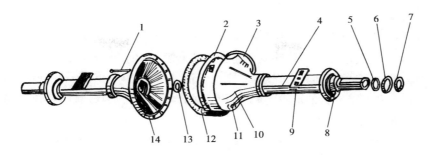

图 3-45　分段式桥壳
1—螺栓;2—注油孔;3—主减速器壳颈部;4—半轴套管;5—调整螺母;6—止动垫片;7—锁紧螺母;
8—凸缘盘;9—钢板弹簧座;10—主减速器壳;11—放油孔;12—垫片;13—油封;14—盖

# 3.2　汽车行驶系

### 3.2.1　行驶系概述

汽车行驶系的基本组成和结构形式,在很大程度上取决于汽车经常行驶的路段的路面性质。其结构形式一般有轮式、半履带式、全履带式、车轮-履带式等几种。

轮式行驶系一般由车架、车桥、车轮和悬架组成(图 3-46)。其主要作用在于:

①接受传动系传来的转矩,并通过驱动轮与路面的附着作用,产生路面对汽车的牵引力;

②传递并承受路面作用于车轮上的各向反力及其所形成的力矩;

③尽可能缓和不平路面对车身造成的冲击,减少车身振动,即保证汽车的行驶平顺性;

④应与汽车转向系很好地配合,保证汽车的操纵稳定性。

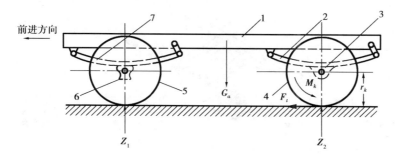

图 3-46　行驶系的组成及部分受力情况
1—车架;2—后悬架;3—驱动桥;4,5—车轮;6—从动桥;7—前悬架

### 3.2.2　车架

**(1)车架的作用**

车架俗称大梁,是汽车的基础件。其上安装着发动机、变速箱、传动轴、前后桥和车身等总成和部件。车架的作用是支承、联接汽车的各总成,使各总成保持相对正确的位置,并且承受

车内外的各种载荷。

当汽车行驶时,车架有可能产生扭转变形以及纵向平面内的弯曲变形;当一边车轮遇到障碍时,还可能使整个车架变成菱形。这些变形将会改变安装在车架的各部件之间的相对位置,而影响其正常工作。因此,要求车架具有强度高、刚度合适、结构简单和重量轻的特点。同时,应尽可能降低汽车的重心和获得较大的前轮转向角,以保证汽车行驶时的稳定性和转向灵活性。

**(2)车架的类型和构造**

车架的结构形式应满足汽车总布置的要求。目前汽车车架的结构形式主要有两种:边梁式车架和中梁式车架(或称脊骨式车架)。

1)边梁式车架

边梁式车架是由两根纵梁和若干根横梁通过铆接或焊接而连接成的坚固的刚性构架。

纵梁用低合金钢板冲压而成,一般为16Mn,其断面形状根据不同需要有较多变化,如槽形断面、"Z"字形断面、箱形断面或"工"字形断面。纵梁可以在水平面内或纵向平面内做成弯曲的,以及等断面或非等断面的。

横梁不仅用来保证车架的扭转刚度和承受纵向载荷,而且还用以支承汽车上主要部件。通常货车有5~6根横梁。

边梁式车架的结构特点是便于安装车身(包括驾驶室、车厢及一些特种装备等)和布置其他总成,有利于改装变型车和发展多品种汽车。因此被广泛应用于货车和大多数的特种汽车上。

图3-47为东风EQ1090型汽车车架,属边梁式车架,它由两根纵梁和8根横梁铆接而成。

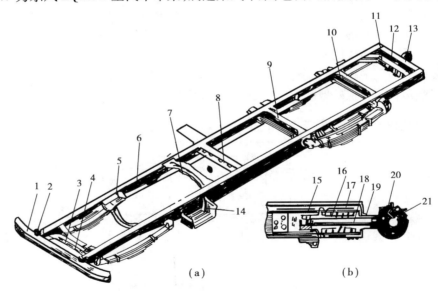

图3-47  东风EQ1090型汽车车架

(a)车架;(b)拖钩

1—保险杠;2—挂钩;3—前横梁;4—发动机的悬置横梁;5—发动机后悬置右(左)支架和横梁;6—纵梁;
7—驾驶室后悬置横梁;8—第四横梁;9—后钢板弹簧前支架横梁;10—后钢板弹簧后支架横梁;
11—角撑横梁组件;12—后横梁;13—拖钩部件;14—蓄电池托架;15—螺母;16,18—衬套;
17—弹簧;19—拖钩;20—锁块;21—锁扣

纵梁 6 为槽形不等高断面梁,中部断面的高度最大,由此向前、后端断面高度逐渐减小。这主要是由于纵梁中部受到的弯矩最大,采用这种纵梁,一方面使车架的应力分布较为均匀,另一方面又减轻了车架的质量。在左右纵梁上各有 100 多个装置用孔,用以安装转向器、钢板弹簧、汽油箱、储气罐、蓄电池等支架。

横梁一般也用钢板冲压成槽形,为增强车架的抗扭强度,有时采用管形或箱开断面的横梁。图 3-47 中,前横梁 3 上装置冷却水散热器;前横梁 4 作成下凹形,作为发动机的前悬置支座,以使发动机的位置尽可能低些,改善驾驶员的视野;在横梁 7 的上面装置驾驶室的后悬置,在它下面装置传动轴中间轴承支架。由于传动轴安装位置的需要,横梁 7 做成拱形,其余横梁都做成简单的直槽形。后横梁 12 上装有拖带挂车用的拖钩部件 13,它用角撑加强,以承受拖钩传来的很大的作用力。

2)中梁式车架

图 3-48 所示为中梁式车架。中梁是管式的(有做成箱形的),传动轴装在管内,主减速器通常固定在中梁的尾端,而形成断开式驱动桥,中梁的前端做成伸出的支架,以固定发动机。它适用于独立悬架的货车和轿车。

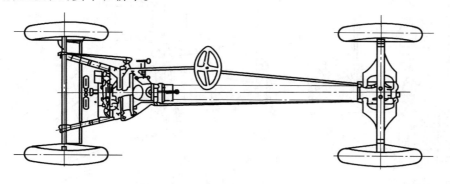

图 3-48　具有中梁式车架的汽车发动机及底盘示意图

中梁式车架的特点是:能使车轮有较大的运动空间,便于采用独立悬架;与同吨位货车相比,其车架较轻,减小了整车质量;重心较低,行驶的稳定性好,车架的强度和刚度较大(尤其是扭转刚度大);中梁还能起封闭传动轴的防尘套作用;但这种车架的制造工艺复杂,精度要求高,保养和修理不便。

顺便指出,部分轿车和大型客车取消了车架,而以车身兼代车架的作用,即将所有部件固定在车身上,所有的力也由车身来承受,即所谓的承载式车身。

### 3.2.3　车桥

车桥通过悬架和车架(或承载式车身)相连,两端安装汽车车轮,用以在车架(或承载式车身)与车轮之间传递各向作用力并承受这些力所引起的弯矩和转矩。

根据悬架结构形式不同,车桥可分为断开式和非断开式两种。断开式车桥与独立悬架配合使用;非断开式车桥与非独立悬架配合使用。

根据车桥上车轮作用的不同,车桥又可分为转向桥、驱动桥、转向驱动桥和支持桥 4 种类型。其中转向桥和支持桥都属于从动桥。一般汽车的前桥多为转向桥,后桥或中、后桥多为驱动桥。越野汽车或某些轿车的前桥则为转向驱动桥。有些单桥驱动的三轴汽车的中桥或后桥是支持桥。非动力挂车的车桥都是支持桥。

驱动桥已在传动系中作过介绍。支持桥除不能转向外,其他功能和结构与转向桥基本相同。此处重点介绍转向桥和转向驱动桥。

**（1）转向桥**

1）转向桥的功能

①利用铰链装置使车轮可以偏转一定角度以实现汽车的转向;

②除承受汽车的部分质量(垂直载荷)外,还要承受来自地面的各种反作用力,以及这些力所造成的力矩。

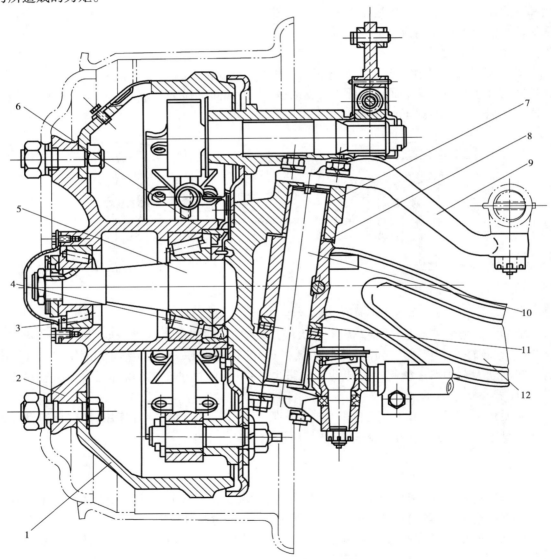

图 3-49　EQ1090 型汽车转向桥(前桥)

1—制动鼓;2—轮毂;3,4—轮毂轴承;5—转向节;6—油封;7—衬套;
8—调整垫片;9—转向节臂;10—主销;11—滚子推力轴承;12—前梁(工字梁)

2）转向桥的组成及构造

各型车的转向桥构造基本相同,都是由前轴、转向节、主销、轮毂等部分组成。

图 3-49 为 EQ1090 型汽车转向桥。其前轴 12 系锻造而成,断面呈工字形,以提高抗弯刚度。在接近两端处略成方形,以提高抗扭强度。另外,前轴的中部有两处较宽,用以支承钢板弹簧。中部向下弯曲,使发动机位置得以降低,以降低汽车重心,扩展驾驶员视野,并减小传动轴与变速器输出轴之间所夹的锐角。前轴两端各有一个加粗部分,呈拳形,其中有通孔,通过主销使之与转向节连接,用带螺纹的楔形销将主销固定在拳部孔内,使之不能转动。

转向节与前轴用主销连接后,转向节一般可绕主销偏转一定的角度而使车轮转动。转向节销孔内压入了青铜衬套,以减轻转向节销孔的磨损。在转向节下主销孔的上平面与前轴连接处装设滚子推力轴承的目的在于使转向节转动时轻便灵活。在转向节上耳与拳部之间装有调整垫片,以调整其间的间隙,一般左、右转向节下耳上各有一个带键槽的锥孔,分别用以安装左、右梯形臂。

车轮轮毂通过两个圆锥滚子轴承支承的转向节的轴颈上。轴承的松紧度可通过调整螺母(装于轴承外端)加以调整。轮毂内侧装有油封。

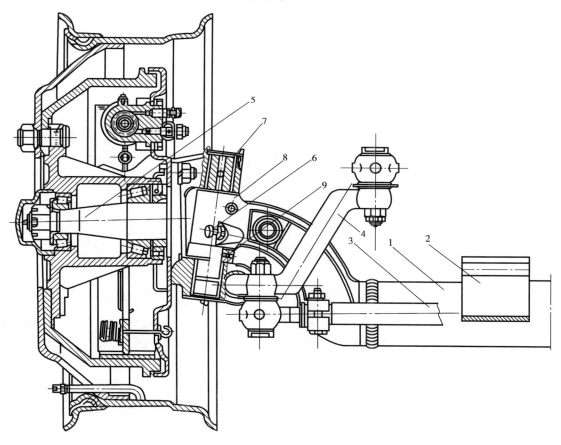

图 3-50　某型汽车转向桥(前桥)

1—前梁;2—钢板弹簧座;3—转向横拉杆;4—转向节臂;5—转向节;
6—车轮转角限位螺钉;7—主销;8—前梁拳形部分;9—推力轴承

3）前轴和主销的结构

①前轴　前轴由横断面形状区分有工字形和管形两种。如图3-50所示的管形转向桥的主要部分是由一段无缝钢管在两端分别焊上拳状的主销销孔座和钢板弹簧座而形成的,其余部分与一般工字形转向桥基本相同。

②主销　主销与转向节上主销孔是动配合,以便车轮转向,常见的主销形式有实心圆柱形、空心圆柱形、圆锥形和阶梯形4种。

**（2）转向轮定位**

为了使汽车具有稳定的直线行驶能力和转向轮自动回正作用,并具有转向轻便性,减少汽车在行驶过程中轮胎和转向机件的磨损,转向车轮、转向节和前轴三者之间的安装必须具有一定的相对位置。这种具有一定的相对位置反映在主销和前轮的相对安装关系上,称为前轮定位。

前轮定位包括:主销后倾、主销内倾、前轮外倾和前轮前束。

1）主销后倾

主销装在前轴上后,其上端略向后倾斜,这种现象称为主销后倾。在纵向垂直平面内,主销轴线与垂线之间夹角 $\gamma$ 叫主销后倾角（图3-51）。主销后倾的目的是提高汽车直线行驶的稳定性,即当转向轮在行驶中遇到障碍物发生偏向时,车轮能自动回正。

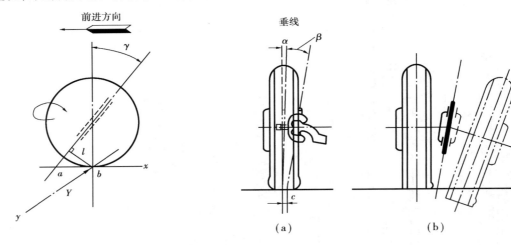

图3-51　主销后倾角作用示意图　　　　图3-52　主销内倾角作用示意图

由图3-51可见,主销具有后倾角时,主销轴线与路面的交点 $a$ 位于车轮与路面接触点 $b$ 的前面,当汽车直线行驶时,若转向轮偶然遇到外力发生偏转（图中轮向轮上箭头方向为向右偏转）,将使汽车行驶方向偏离,而在 $b$ 点有地面对车轮作用一个侧向反力 $Y$,此力构成一个绕主销的作用力矩 $Yl$,其作用方向正好与车轮偏转方向相反,使车轮恢复到原来位置,这种回正作用保证了汽车稳定的直线行驶。故此力矩称为稳定力矩。但此力矩亦不宜过大,否则在转向时为了克服此稳定力矩,驾驶员须在转向盘上施加较大的力（即所谓转向盘沉重）。

主销后倾是由前轴钢板托座的倾斜来实现的。$\gamma$ 角一般不超过 $2° \sim 3°$,现代高速汽车由于轮胎弹性增加,轮胎气压较低,行驶时轮胎与地面的接触面中心相应后移,引起稳定力矩增加,因此 $\gamma$ 角可以减少到接近于零甚至为负值（如红旗轿车）。

2）主销内倾

主销上端安装在前轴上后，其上端略为向内倾斜，称为主销内倾。在横向平面内，主销上部向内倾斜的角度 $\beta$ 称为主销内倾角（图 3-52），主销内倾的目的是使转向轻便，并使车轮有自动回正作用。

主销内倾后，主销的轴线与地面交线的距离 $c$ 减小，从而可减少转向时驾驶员加在转向盘上的力，使转向操纵轻便，同时也可减少从转向轮传到转向盘上的冲击力；与此同时，当车轮转向或偏转时，车轮有向下陷入地平面的倾向，但事实上这是不可能的，而只能使转向车轮连同整个汽车前部向上抬起一个相应的高度，在汽车重力作用下，迫使车轮回正。

主销内倾角是在前梁设计中保证的，将前梁两端的主销孔轴线上端向内倾斜就形成了内倾角 $\beta$，通常主销内倾角为 $5° \sim 8°$，距离 $c$ 一般为 $40 \sim 60$ mm。

3）前轮外倾

前轮安装时，略向外倾斜一个角度 $\alpha$，称为前轮外倾角（图 3-52）。前轮外倾角的作用是防止车轮内倾，同时亦与拱形路面相适应。

由于主销与衬套之间及轮毂轴承松紧等原因，均存在一定间隙。如空车时，车轮正好垂直于路面，满载时，车桥则因受载变形而可能出现车轮内倾，加速轮胎磨损。另一方面，车轮内倾使轮毂压向外端，加重了外轴承和轮毂紧固螺母的负荷，降低它们的使用寿命。

前轮的外倾角是在转向节设计时确定的。设计时使转向节轴颈的轴线与水平面成一角度，该角度即为前轮外倾角 $\alpha$。其值一般为 $1°$ 左右，但在赛车上为 $3°$。

4）前轮前束

安装好两个前轮后，在通过车轮轴线而与地面平行的平面内，前端略向内束，使两个车轮的后端距离 $A$ 大于前端距离 $B$，其差值 $A - B$ 即为前轮前束，如图 3-53 所示。

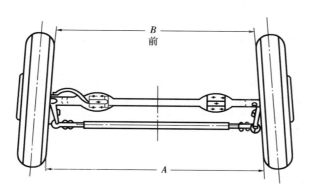

图 3-53　车轮前束

前束的作用是为了消除汽车在行驶中因前轮外倾而使前轮前端向外张开的不利影响。

前轮有了外倾后，在滚动时有使车轮向外滚开的趋势。但由于转向横拉杆和车桥的约束，车轮不能向外滚，使车轮将在地面上出现边滚边滑的现象，从而加剧轮胎的磨损，前轮外倾和前轮前束的共同作用，使车轮在每一瞬时滚动方向接近于向着正前方，从而在很大程度上减轻和消除了由于车轮外倾而产生的不良后果。

车轮前束可通过改变横拉杆的长度来调整。调整时，可根据厂家规定的测量位置，使两轮前后距离差 $(A - B)$ 符合所规定的前束值。一般前束值都小于 $8 \sim 12$ mm。

**(3)转向驱动桥**

能实现车轮转向和驱动两种功能的车桥称为转向驱动桥。如图3-54所示,它具有一般驱动桥所具有的主减速器、差速器及半轴;也具有一般转向桥所具有的转向节、主销和轮毂等。但由于功能的需要,与转向轮相连的半轴不能不分成两段(内半轴和外半轴),其间用万向节(一般多用等角速万向节)连接。同时,主销也因此分成上、下两段,分别固定在万向节的球形座上。转向节轴颈部分做成中空的,以便半轴穿过其中。

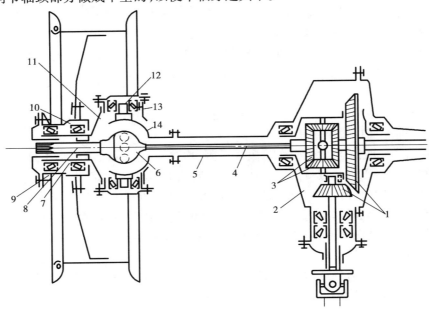

图3-54 转向驱动桥示意图

1—主减速器;2—主减速器壳;3—差速器;4—内半轴;5—半轴套管;6—万向节;7—转向节轴颈;
8—外半轴;9—轮毂;10—轮毂轴承;11—转向节壳体;12—主销;13—主销轴承;14—球形支座

转向驱动桥广泛应用于全轮驱动的越野车、发动机前置前轮驱动的汽车上。

图3-55所示为某越野汽车转向驱动桥结构。

### 3.2.4 车轮与轮胎

**(1)车轮**

汽车的车轮由轮毂、轮辋以及它们之间的连接部分所组成。轮辋用来安装轮胎,与轮胎共同承受作用在车轮上的负荷,并散发高速行驶时轮胎上产生的热量及保证车轮具有合适的断面宽度和横向刚度。轮毂与转向节或半轴连接。

1)按照车轮连接部分的构造,车轮可分为两种形式:辐板式和辐条式。

①辐板式车轮(图3-56) 这种车轮中用以连接轮毂和轮辋的是钢质的圆盘,大多是冲压制成的,少数是和轮毂铸成一体,后者主要用于重型汽车。图3-56中,辐板4的孔3可作为安装时的把手处,同时借以减轻质量,有利于制动鼓的散热,以及在对轮胎充气时便于接近气门嘴。6个孔5加工成锥形,以便于在用螺柱把辐板固定在轮毂上时对正中心。轮辋1焊在辐板上。轮辋上的长孔2为气门嘴伸出口。货车后桥一般采用双式车轮。

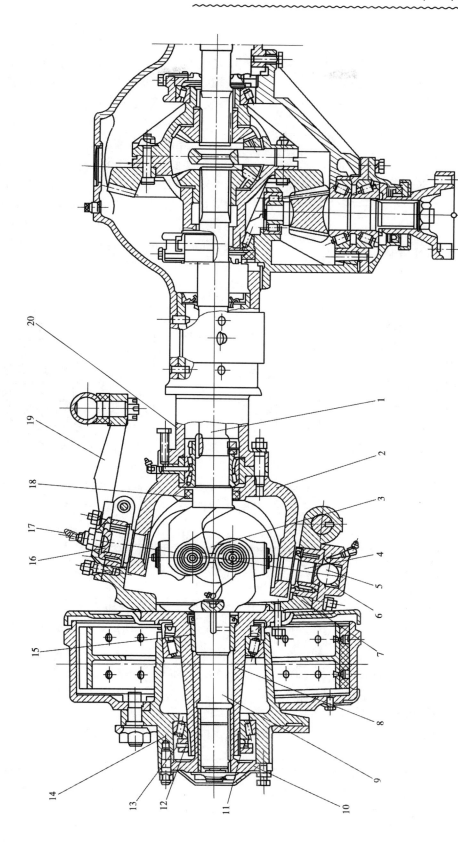

图 3-55　某越野汽车转向驱动桥

1—内半轴；2—转向节支座；3—三销式等角速万向节；4—主销；5—钢球；6—下轴承盖；7—转向节外壳；8—转向节轴颈；9—外半轴；10—凸缘盘；11—锁紧螺母；12—锁止垫圈；13—调整螺母；14—轮毂；15—青铜衬套；16—球碗；17—止推螺钉；18—油封；19—转向节臂；20—半轴套臂

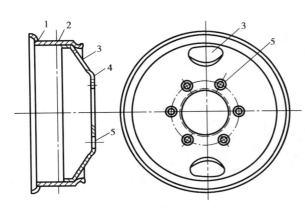

图3-56 货车辐板式车轮
1—轮辋;2,3,5—孔;4—辐板

②平底轮辋有多种结构形式,主要是便于装卸尺寸较大,胎圈较硬的轮胎,图(3-58(b))是我国货车常用的一种形式,挡圈1是整体的,而用一个开口锁圈2来防止挡圈脱出。

③对开式轮辋 这种轮辋由内、外两部分组成(图3-58(c)),其内、外轮辋的宽度可以相等,也可以不相等,两者用螺栓连成一体。主要用于部分越野车及部分农业机械和工程机械上。

②辐条式车轮(图3-57) 这种车轮的辐条是钢丝辐条或者是和轮毂铸成一体的铸造辐条。钢丝辐条价格昂贵,维修安装不方便,仅用于赛车或某些高级轿车上。

2)按照轮辋的结构形式,主要有深槽轮辋、平底轮辋、对开轮辋。

①深槽轮辋(图3-58(a)) 主要用于轿车及轻型越野车。它有带肩的凸缘,用以安放外胎的胎圈,其肩部通常略向中间倾斜,其倾斜角一般是5°±1°。为便利外胎的拆装,断面的中部制成深凹槽。深槽轮辋的结构简单、刚度大、质量较小,对于小尺寸弹性较大的轮胎最适宜。

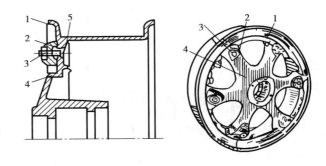

图3-57 辐条式车轮
1—轮辋;2—衬块;3—螺栓;4—辐条;5—配合锥面

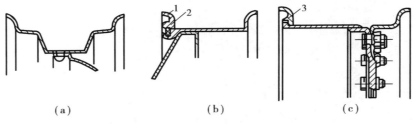

(a)         (b)         (c)

图3-58 轮辋断面图
(a)深槽轮辋;(b)平底轮辋;(c)对开式轮辋
1,3—挡圈;2—锁圈

3)国产轮辋规格的表示方法

轮辋规格用轮辋断面宽度和名义直径以及轮缘的形状尺寸(用拉丁字母作代号)来表示。尺寸均以 in(英寸,1 in = 2.54 cm)为单位。举例如下:

6.00T-20 最前面的数字表示轮辋断面宽度为 6.00 in,T 表示轮缘形状尺寸,最后的数字表示轮辋的名义直径为 20 in。直径数字前面的符号"-"表示该轮辋为两件或两件以上组成的;若此处的符号是"×",则表示该轮辋为一件式(如深槽轮辋)。

**（2）轮胎**

1）轮胎的作用与分类

轮胎安装在轮辋上，直接与路面接触，它的作用是：支承汽车自重和负荷，传递驱动力和制动力，和汽车悬架共同来缓和汽车行驶时所受到的冲击，并衰减由此而产生的振动，以保证汽车有良好的乘坐舒适性和行驶平顺性；同时还应保证车轮与路面有良好的附着，以提高汽车的牵引性、制动性和通过性。

汽车轮胎按胎体结构不同可分为充气轮胎和实心轮胎。实心轮胎目前仅应用在沥青混凝土路面的干线道路上行驶的低速汽车或重型挂车上，现代汽车绝大多数采用充气轮胎。

充气轮胎根据胎内工作压力大小可分为高压胎、低压胎和超低压胎 3 种。过去一般气压在 $0.5 \sim 0.7$ N/mm$^2$ 者为高压胎；$0.15 \sim 0.45$ N/mm$^2$ 者为低压胎；$0.15$ N/mm$^2$ 以下者为超低压胎。目前，由于制造轮胎材料不断发展，轮胎负荷能力也大幅度提高，相应的气压也提高了。单从气压方面来看，有些轮胎的气压已大于低压胎气压范围，但仍具有低压胎的良好缓冲性能，故仍将其归于低压胎类。

根据轮胎胎面花纹的不同，充气轮胎可分为普通花纹轮胎、越野花纹轮胎和混合花纹轮胎 3 种（图 3-59）。

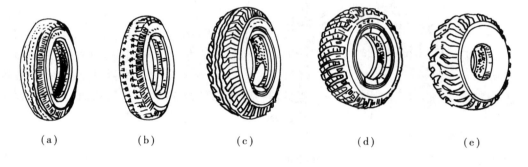

|（a）|（b）|（c）|（d）|（e）|

图 3-59　轮胎花纹
（a）、（b）普通花纹；（c）混合花纹；（d）、（e）越野花纹

普通花纹适于较好路面，其中的纵向花纹（图 3-59（a）），轿车、货车均可选用；横向花纹（图 3-59（b））仅用于货车。越野花纹的凹部深而粗，越野能力较强，适用于矿山、建筑工地以及其他一些松软路面上使用的越野汽车轮胎。混合花纹介于普通花纹与越野花纹之间，适用于城市、乡村之间的路面上行驶的汽车轮胎。

根据轮胎胎体中帘线排列方向的不同，充气轮胎还可分为普通斜线胎、带束斜交胎和子午线胎（图 3-60）。

子午线轮胎与普通斜线胎相比，弹性大、耐磨性好（可使轮胎使用寿命提高 30% ~ 50%），滚动阻力小（可降低汽车油耗量 8% 左右），附着性能好，缓冲性能好、承载能力大、不易穿刺。缺点是：帘线的内摩擦较小，缺乏自身衰减振动的能力，因此，减振器需要加强。此外胎侧较薄，易受损伤，制造技术要求高、成本高。优、缺点相比，优点显著，是现代汽车的主要发展方向。带束斜交胎是介于上述两者之间的一种折中结构方案，其使用寿命和滚动阻力也介于上述两种轮胎之间，但总的说来，带束斜交胎远不如子午线胎那样能够显著改善轮胎的使用性能。目前国内没有生产这种轮胎，国外生产带束斜交胎的厂家也很少。

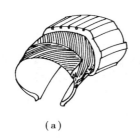 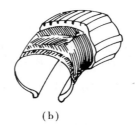 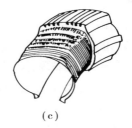

(a)　　　　　　　(b)　　　　　　　(c)

图 3-60　3 种轮胎构造的比较

(a)普通斜线胎;(b)带束斜交胎;(c)子午线胎

图 3-61　充气轮胎的组成

1—外胎;2—内胎;3—垫带

2)充气轮胎的构造

①有内胎的充气轮胎　这类轮胎由外胎、内胎和垫带等组成(图 3-61)。内胎中充满着压缩空气;垫带放在内胎与轮辋之间,防止内胎被轮辋及外胎的胎圈擦伤,兼起防尘、防水作用;外胎是用耐磨橡胶制成的强度较高又富有弹性的外壳,它直接接触路面,保护内胎,使其不受伤害。外胎通常由帘布层、胎面、缓冲层和胎圈等组成(图 3-62)。其中帘布层是外胎的骨架,主要作用是支承负荷,其材料有棉线、人造丝、尼龙、钢丝等。胎面是外胎的外表层,与路面直接接触,包括胎冠、胎肩及胎侧 3 部分。缓冲层位于胎面与帘布层之间,质软而有弹性,起加强胎面与帘布层之间结合的作用。胎圈一般由钢丝圈、帘布层包边和胎圈布组成,它是帘布层的根基,具有较大的强度和刚度。

②无内胎充气轮胎　其外形与普通轮胎相似(图 3-63),但它无内胎和垫带,空气直接充入外胎中,其密封性由外胎和轮辋保证。其优点是当穿孔漏气缓慢时,胎压不会急剧下降,仍能继续行驶;行驶时轮胎升温不高,有利于高速行驶;结构简单,重量小和维修方便。缺点是途中修理较困难。无内胎轮胎一般配用深槽式轮辋,目前在轿车上应用较多。

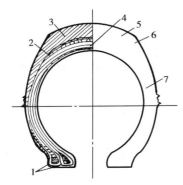

图 3-62　外胎的构造

1—胎圈;2—缓冲层;3—胎面;4—帘布层;
5—胎冠;6—胎肩;7—胎侧

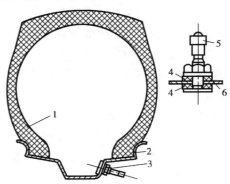

图 3-63　无内胎轮胎

1—气密层;2—胎圈橡胶密封层;3—气门嘴
4—橡胶密封垫;5—气门嘴帽;6—轮辋

3）轮胎的规格

轮胎规格的表示方法基本上有公制和英制两个系统,目前大多数国家包括我国均采用英制。

高压胎一般用 $D \times B$ 表示,$D$ 为轮胎名义直径,$B$ 为轮胎断面宽度,"×"表示高压胎,单位均为英寸,例如 $34 \times 7$ 表示轮胎外径 $D$ 为 34 in,断面宽度 $B$ 为 7 in。由于断面宽度 $B$ 约等于断面高度 $H$,故安装外胎的轮辋直径 $d = D - 2H = D - 2B$。

汽车上常用的是低压胎,其尺寸标记用 $B$-$d$ 表示,例如标记为 7.50-16 即表示断面宽度 $B$ 为 7.5 in,而轮辋直径 $d$ 为 16 in,如果是子午线胎则用 7.5R16 标记。

### 3.2.5　悬架

**(1)悬架概述**

悬架是现代汽车上的重要总成之一,它把车架(或车身)与车桥(或车轮)弹性地连接起来。其主要任务是传递作用在车轮和车架(或车身)之间的一切力和力矩,并且缓和由不平路面传给车架(或车身)的冲击载荷,衰减由此引起的承载系统的振动,以保证汽车平顺地行驶。

尽管现代汽车的悬架有各种不同的结构形式,但一般都由弹性元件、减振器和导向机构 3 部分组成,它们分别起缓冲、减振和导向的作用,三者的共同任务则是传力。

汽车的悬架可分为非独立悬架和独立悬架两类(图 3-64)。

非独立悬架(图 3-64(a))的结构特点是用一根整体式车桥连接两侧的车轮,车轮连同车桥一起通过弹性悬架悬挂在车架(或车身)下面。

独立悬架(图 3-64(b))的车桥做成断开式的,每一侧的车轮单独地通过弹性悬架悬挂在车架(或车身)的下面。

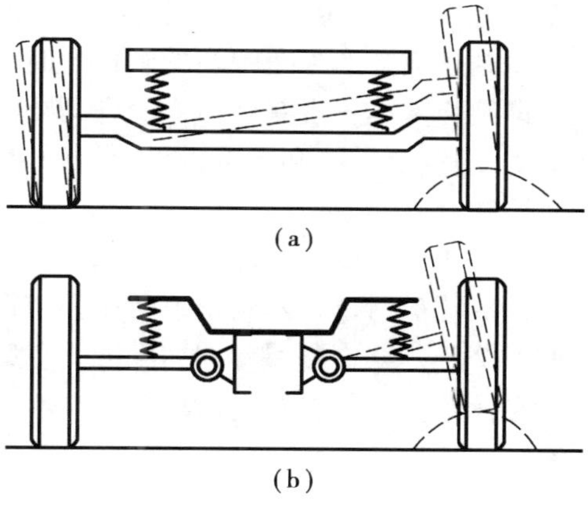

**(2)弹性元件**

现代汽车悬架所采用的弹性元件有:钢板弹簧、螺旋弹簧、扭杆弹簧、橡胶弹簧、空气弹簧和油气弹簧等。

图 3-64　非独立悬架与独立悬架示意图
(a)非独立悬架;(b)独立悬架

1）钢板弹簧

钢板弹簧应用得最广泛。一般由若干片长度不等,曲率半径不同,宽度一致,厚度相等(或不等)的弹簧钢板叠成,在整体上近似于等强度的弹性梁。

图 3-65 所示的钢板弹簧结构,中心螺栓 4 用以连接各弹簧片,以保证装配时各片的相对位置的准确。也有些汽车的钢板弹簧在弹簧片的中部压有凹坑,以用作定位而不用中心螺栓,以避免在中心孔处造成应力集中。

位于最上面的一片弹簧称主片,一般两端做成卷耳,内装青铜或塑料、橡胶、粉末冶金制成的衬套,用销子与车架上的固定支架或吊耳作铰链连接。第二片前端也常弯成卷耳包在主片外面。

近来出现了片数很少的钢板弹簧,如单片和二至三片的少片钢板弹簧,这种弹簧片的截面沿长度方向变化,有的是片宽、片厚均变的,有的则是等宽而厚度变化的。具有质量小,片间摩擦小,可改善汽车行驶平顺性等优点。

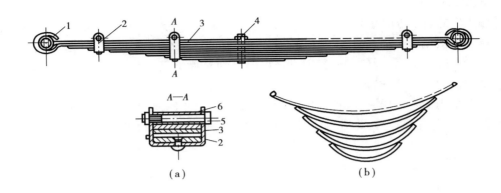

图 3-65　钢板弹簧
(a)装配后的钢板弹簧;(b)自由状态的钢板弹簧
1—卷耳;2—弹簧夹;3—钢板弹簧;4—中心螺栓;5—螺栓;6—套管

2)螺旋弹簧

螺旋弹簧广泛应用于独立悬架,特别是应用于前轮独立悬架中。它与钢板弹簧相比,具有无需润滑,不带泥污,纵向尺寸小,弹簧质量小等优点。当制成等螺距的圆柱形时,其刚度不变。而制成圆锥形或变螺距的圆柱形时,其刚度则是可变的。

螺旋弹簧本身没有减振作用,因此在螺旋弹簧悬架中心须另装减振器。此外螺旋弹簧只能承受垂直载荷,故必须装设导向机构以传递垂直力以外的各种力和力矩。

3)扭杆弹簧

如图 3-66 所示,扭杆弹簧 1 由弹簧钢制成,其断面通常为圆形,少数为矩形或管形,两端形状做成花键、方形、六角形或带平面的圆柱形,一端固定在车架上,另一端固定在与车轮相连的摆臂 2 上。当车轮跳动时,用扭杆弹簧 1 的扭转弹性变形保证车轮与车架的弹性联系。

在汽车上,左右扭杆弹簧不能互换。

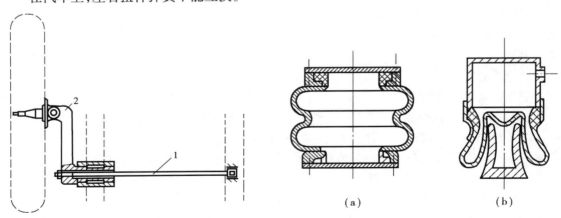

图 3-66　扭杆弹簧
1—杆;2—摆臂

图 3-67　空气弹簧
(a)囊式空气弹簧;(b)膜式空气弹簧

4)气体弹簧

气体弹簧是在一个密封的容器中充入压缩气体(气压 0.5 ~ 1 N/mm$^2$),利用气体的可压缩性实现其弹簧作用的。气体弹簧的刚度是可变的,它分为两类:空气弹簧和油气弹簧。

图 3-67 为两种常见的空气弹簧,它能使汽车在空载及满载情况下均有良好的行驶平顺性,此外还具有寿命长,质量轻,弹性元件价格便宜等优点;但空气弹簧只能承受重直载荷,无阻尼作用且容易漏气,横向尺寸较大,需要一套复杂的连接杆系和气源,给使用带来一定的限制。

油气弹簧实质上是以惰性气体作为弹性介质,以油液为传力介质,因此可以把它看成是气体弹簧和相当于液力减振器的液压缸的组合。

5)橡胶弹簧

橡胶弹簧利用橡胶本身的弹性来起弹性元件的作用。它可以承受压缩载荷(图 3-68(a))与扭转载荷(图 3-68(b))。与金属弹簧相比,它单位质量的储能量多,隔音性好,它多用作悬架的副簧和缓冲块。

**(3)减振器**

为加速车架与车身振动的衰减,改善汽车的行驶平顺性,大多数汽车的悬架系统内都安装了减振器。减振器与弹性元件是并联安装的(图 3-69)。

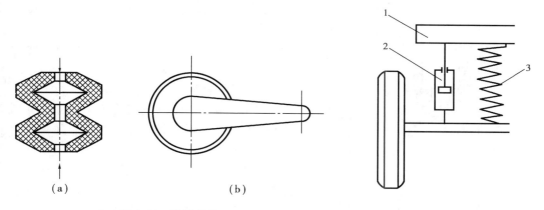

图 3-68 橡胶弹簧
(a)受压缩载荷;(b)受扭转载荷

图 3-69 减振器和弹性元件的安装示意图
1—车架;2—减振器;3—弹性元件

汽车上广泛采用液力减振器。减振器的一端与车架相连,另一端与车桥相连。当车架与车桥作往复相对运动时,减振器的活塞便在缸筒内作往复移动,使缸筒内的油液反复地从一个内腔通过一些窄小的孔隙和阀门流入另一个内腔,靠油液流动对振动的阻尼力,使振动得到迅速衰减。

目前汽车上广泛采用在压缩行程和伸张行程均起作用的双向筒式减振器(图 3-70)。

压缩行程时,减振器受压缩,活塞 3 下移,活塞下腔容积减小,油压升高,油液经流通阀 8 流到活塞上腔,由于活塞杆占去上腔的一部分容积,上腔内增加的容积小于下腔减小的容积,故还有一部分油液推开压缩阀 6,流回储油缸 5,这些阀对油液的节流便造成对悬架压缩运动的阻尼力。

伸张行程时,减振器受拉伸,活塞 3 上移,活塞上腔油压升高,流通阀 8 关闭,上腔内的油液便推开伸张阀 4 流入下腔,同样,由于活塞杆的存在,自上腔流来的油液还不足以充满下腔所增加的容积,下腔内产生一定的真空度,这时储油缸中的油液便推开补偿阀 7 流入下腔进行补充。这些阀的节流作用即造成对悬架伸张运动的阻尼力。

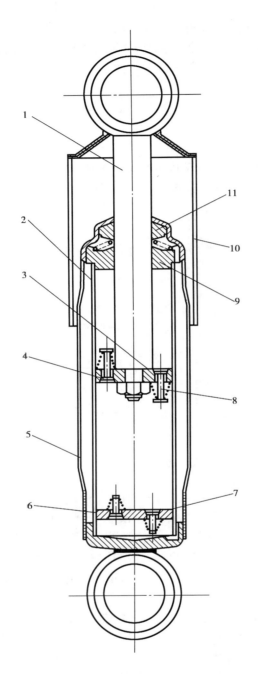

图 3-70 双向作用筒式减振器示意图
1—活塞杆;2—工作缸筒;3—活塞;4—伸张阀;
5—储油缸筒;6—压缩阀;7—补偿阀;8—流通阀;
9—导向座;10—防尘罩;11—油封

**(4)钢板弹簧非独立悬架**

钢板弹簧在非独立悬架中通常是纵向安置的。一般用 U 形螺栓将钢板弹簧中部刚性地与车桥固定,钢板弹簧与车架的连接方式有多种,目前应用最广泛的是将钢板弹簧前端卷耳用销子与车架上支架铰接,起传力和导向作用,而钢板弹簧后端卷耳则用销子与车架上的摆动吊耳连接,形成摆动式铰接支点。这就保证弹簧变形时卷耳中心线间的距离有改变的可能(图3-71)。

为加速振动的衰减,改善乘坐舒适性,在货车的前悬架中一般都装有减振器,而货车的后悬架则不一定装减振器,由于载货汽车悬架所承受的载荷范围很大,一般在后悬架中装设副簧(副钢板弹簧或橡胶副簧),以使悬架刚度可随载荷发生一定的变化。

钢板弹簧非独立悬架广泛用于各种货车上。

**(5)独立悬架**

独立悬架在现代汽车上被广泛采用,特别是轿车的转向轮普遍地采用。它与非独立悬架相比,有如下特点:

1)在悬架弹性元件一定的变形范围内,两侧车轮可以单独运动而互不影响。可减少车架和车身在不平道路上行驶时的振动。

2)减轻了汽车上非弹簧承载部分的质量(非簧载质量),从而减小了悬架所受到的冲击载荷,可提高汽车的平均行驶速度。

3)由于采用断开式车轿,可降低发动机位置,并使汽车重心下降,有利于提高汽车行驶的稳定性。同时,由于转向轮上下空间较大,可将悬架刚度设计得较小,改善行驶平顺性。

4)独立悬架结构复杂,制造成本高,保养维修不便。

独立悬架的结构类型很多,主要地可按车轮运动形式分为横臂式(图3-72(a))、纵臂式(图3-72(b))、烛式(图3-72(c))和麦弗逊式(图3-72(d))4 种。

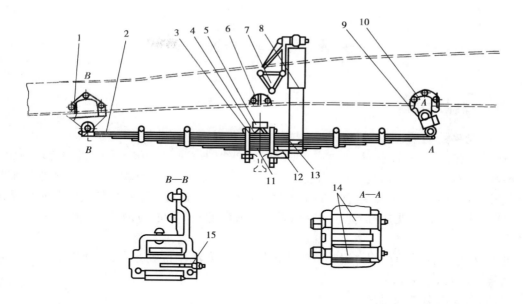

图 3-71 解放 CA1091 汽车前悬架

1—钢板弹簧前支架;2—钢板弹簧;3—U 形螺栓;4—钢板弹簧盖板;5—缓冲块;6—限位块;
7—减振器上支架;8—减振器;9—钢板弹簧吊耳;10—钢板弹簧吊耳支架;11—钢板弹簧
中心螺栓;12—减振器下支架;13—减振器连接销;14—钢板弹簧吊耳销;15—钢板弹簧销

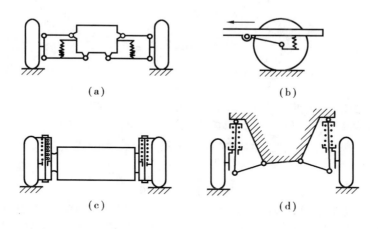

图 3-72 几种基本类型的独立悬架示意图

# 3.3 汽车转向系

## 3.3.1 转向系概述

### (1)转向系的功用

汽车行驶时,需经常改变行驶方向,这一改变是驾驶员通过一套专设的机构使转向轮(一般是前轮)相对于汽车纵轴线偏转一定角度实现的。在汽车直线行驶时,路面侧向干扰力往往会使转向轮自动偏转而改变行驶方向,此时,驾驶员也可通过这套机构使转向轮向相反方向偏转,恢复到原来的行驶方向上,这一套用以改变或恢复汽车行驶方向的专设机构称为汽车转向系。

可见,汽车转向系的功用是遵从驾驶员的操纵,改变汽车行驶方向,并和汽车行驶系共同保证汽车机动灵活、稳定安全地行驶。

### (2)转向系的分类及组成

转向系可按转向能源的不同分为机械转向系和动力转向系两大类。

机械转向系以驾驶员施加于转向盘上的体力作为转向能源,其中所有传力件都是机械的。通常由转向操纵机构、转向器和转向传动机构3大部分组成。其布置情况如图3-73所示。

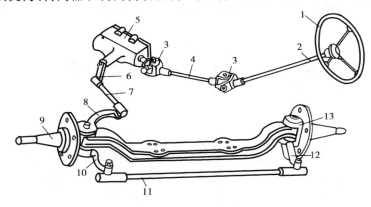

图 3-73　机械转向系示意图

1—转向盘;2—转向轴;3—转向万向节;4—转向传动轴;5—转向器;6—转向摇臂;7—转向主拉杆;
8—转向节臂;9—左转向节;10,12—梯形臂;11—转向横拉杆;13—右转向节

动力转向系是兼用驾驶员体力和发动机动力为转向能源的转向系,在正常情况下,汽车转向所需的能量,绝大部分由发动机通过转向加力装置提供,只有一小部分由驾驶员提供,但在转向加力装置失效时,一般还应当能由驾驶员独立承担转向任务。可以认为动力转向是在机械转向系的基础上加设一套转向加力装置而形成的。图3-74为一种液压式动力转向系的组成和液压转向加力装置的管路布置示意图。

### (3)转向中心与转向梯形理论特性关系式

汽车在转向时各车轮应同时做纯滚动而不发生侧滑,以免地面对汽车行驶产生附加阻力,加剧轮胎磨损。这就要求在转向的每一瞬间,汽车所有车轮的轴线都相交于某一点,此交点 $O$

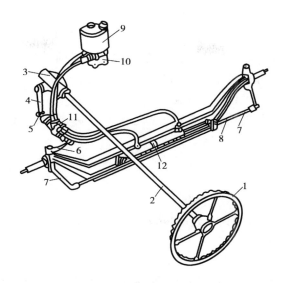

图 3-74 动力转向系示意图

1—转向盘;2—转向轴;3—机械转向器;4—转向摇臂;5—转向主拉杆;6—转向节;

7—梯形臂;8—转向横拉杆;9—转向油罐;10—转向油泵;11—转向控制阀;12—转向动力缸

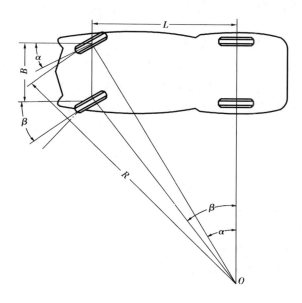

图 3-75 双轴汽车转向时理想的两侧转向轮偏转角的关系

称为转向中心(图 3-75)。

由图可见,汽车内侧转向轮偏转角 $\beta$ 大于外侧转向轮偏转角 $\alpha$,在车轮为绝对刚体的假设条件下,角 $\alpha$ 与角 $\beta$ 的理想关系式为:

$$\cot \alpha = \cot \beta + B/L$$

式中:$B$——两侧主销轴线与地面相交点之间的距离;

$L$——汽车轴距。

上式称为转向梯形理论特性关系式。该关系式在实际结构中是由转向梯形机构近似地予以满足的。

由转向中心 $O$ 到外转向轮与地面接触点的距离称为汽车转弯半径,用 $R$ 表示。其值越小,机动性越好。当外转向车轮偏转到最大允许转向角时的转弯半径称为最小转弯半径,用 $R_{min}$ 表示,它表征汽车通过狭窄弯曲地带或绕开不可超越的障碍物的能力。

$$R_{min} = L/\sin \alpha_{max}$$

现代汽车内转向轮的偏转角 $\beta$ 在 35°~40°,货车的最小转弯半径为 7~13 m。

多轴汽车的转向情况,与上述类似。

### 3.3.2　转向器

**(1)转向器的作用**

转向器的作用是改变力的传递方向和大小,并获得所要求的摆动速度和角度,进而通过传动机构带动转向车轮偏转。

**(2)对转向器的要求**

1)转向器应有合适的角传动比,既能使转向省力,减轻驾驶员的劳动强度,又能使驾驶员转动转向盘时,转向轮应立即获得相应的偏转角,且转向盘转动的总圈数不能太多。

机械转向系能同时满足转向省力和转向灵活要求的程度是有限的,随着汽车装载质量和车速的提高以及满足更高的转向舒适性,普遍采用动力转向已成为中型以上货车和高级轿车转向系的发展趋势。

2)传给转向盘的反冲应尽可能小,又能使转向盘自动回正。

3)各类转向器都应有传动副啮合间隙的调整装置。因为不论何种转向器,各连接件间和传动副之间均存在间隙,汽车转向时,必须先消除这些间隙车轮才会开始偏转,此时相应的转向盘转角称为转向盘的自由行程。一般规定为 10°~15°,它对缓和路面冲击与避免驾驶员的疲劳情绪是有利的,但不能太大。当零件磨损后,使转向盘的自由行程超过 25°~35°时,就需调整。

**(3)转向器的类型**

转向器是转向系中的减速传动装置,按其传动副的结构形式分类,主要有:循环球式、蜗杆滚轮式、齿轮齿条式、蜗杆曲柄指销式等几种。

1)循环球式

它由螺杆螺母副和齿条齿扇副组成。

如图 3-76 所示,在螺杆螺母之间装有钢球。钢球一般分为两组,随方向盘的转动而在螺杆螺母之间的滚道上滚动,并经各自的导管作循环运动。

螺母上的齿条与摇臂轴上的齿扇啮合。齿扇是一种连续变位的变厚齿轮,轮齿的厚度,一端变厚,一端变薄,其中央部分为标准齿形,利用变厚齿轮的轴向位移可以调整齿条齿扇副的啮合间隙。

这种转向器各元件间多为滚动接触,具有较高的正、逆传动效率,因此操纵轻便,回正性能好,路感强,寿命长,适用于各种车辆。

2)蜗杆滚轮式

如图 3-77 所示,滚轮与球面蜗杆相啮合,滚轮用滚动轴承支承在摇臂轴上。通过摇臂轴的轴向移动,改变滚轮与蜗杆的中心距,调整啮合间隙。

这种转向器结构比较简单,但两端传动效率较低,而且相对重量较大。

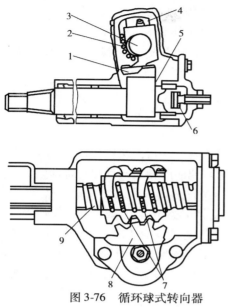

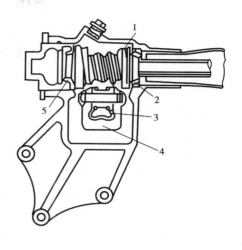

图 3-76　循环球式转向器

1—钢球螺母;2—钢球;3—螺杆;4—导管;
5—转向摇臂轴;6—垫片;7—钢球回路;
8—转向摇臂齿扇;9—方向盘轴螺杆

图 3-77　蜗杆滚轮式转向器

1—蜗杆;2—蜗杆轴承;3—滚轮;
4—摇臂轴;5—蜗杆轴承

3) 蜗杆指销式

如图 3-78 所示,由摇臂轴伸出来的两个指销嵌在蜗杆的梯形槽中,指销用轴承装在摇臂轴上,通过摇臂轴轴向移动调整指销与螺杆的啮合间隙。

这种转向器由于指销的接触应力较大,因而不适用于较大操纵力的汽车。

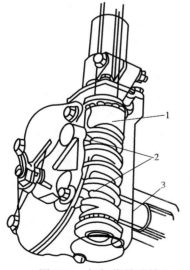

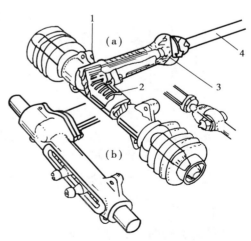

图 3-78　蜗杆指销式转向器

1—蜗杆;2—指销;3—摇臂轴

图 3-79　齿轮齿条式转向器

1—齿轮;2—齿条;3—联轴节;4—转向轴

4）齿轮齿条式

如图 3-79 所示,齿条布置在汽车的横向方向上,和转向轴端部的小齿轮啮合,齿条可以作为转向横拉杆或其一部分,齿轮作成齿数较少,螺旋角较大的圆柱螺旋齿轮。用齿条下面的预紧弹簧消除啮合间隙并吸收来自路面的部分冲击,在转向轴上还设有柔性联轴节或减振装置。

这种转向器结构简单,非常适用于各种微型、轻型货车或轿车。

### 3.3.3　转向传动机构

**（1）转向传动机构功用**

其功用是将转向器输出的力和运动传到转向桥两侧的转向节,使两侧转向轮偏转,且使二转向轮偏转角按一定关系变化,以保证汽车转向时车轮与地面的相对滑动尽可能小。

**（2）转向传动机构的组成**

转向传动机构的组成和布置与转向器位置和转向轮悬架类型有关。

图 3-80 为与非独立悬架配用的转向传动机构示意图,主要包括转向摇臂、转向主拉杆、转向节臂、梯形臂及转向横拉杆。图 3-81 为与独立悬架配用的转向传动机构,此时转向桥必须是断开式的,与此相应,转向传动机构中的转向梯形也必须分成两段（图 3-81（a））或三段（图 3-81（b）),由转向摇臂直接带动或通过转向主拉杆带动。

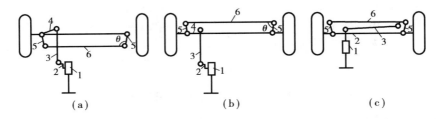

图 3-80　与非独立悬架配用的转向传动机构示意图
1—转向器;2—转向摇臂;3—转向主拉杆;4—转向节臂;5—梯形臂;6—转向横拉杆

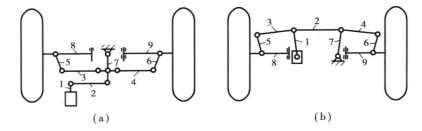

图 3-81　与独立悬架配用的转向传动机构示意图
1—转向摇臂;2—转向主拉杆;3—左转向横拉杆;4—右转向横拉杆;
5—左梯形臂;6—右梯形臂;7—摇杆;8—悬架左摆臂;9—悬架右摆臂

### 3.3.4　动力转向

**（1）动力转向的目的及要求**

对于高级轿车或前桥满载负荷 3 t 以上的各类汽车,为改善转向轻便性和机动性,减轻驾驶员劳动强度,常采用动力转向。

动力转向应满足以下几点要求：

1）工作可靠。一旦动力转向发生故障，机械转向仍能生效。

2）方向盘上转角与转向轮的转角应保持一定关系，并能使转向轮保持在任一偏转角位置上。

3）转向灵敏。

4）要有"路感"，能随时将路面阻力情况反映到方向盘上，使驾驶员能始终感觉到道路情况。

**（2）动力转向的分类**

动力转向按传力介质的不同，可分为气压式和液压式两大类。气压动力转向主要应用于一部分其前轴最大轴载质量为 3～7 t 并采用气压制动系的货车和客车，装载质量特大的货车也不宜采用气压动力转向，因为气压系统的工作压力较低（一般不高于 $0.7$ N/mm$^2$），用于这种重型汽车上时，其部件尺寸将过于庞大。液压动力转向的工作压力可高达 10 N/mm$^2$ 以上，故其部件尺寸较小。液压系统工作时无噪声，工作滞后时间短，而且能吸收来自不平路面的冲击。因此，液压动力转向已在各类各级汽车上获得广泛应用。

液压动力转向是在原有的转向系统中增加油罐、油泵、分配阀、动力缸和连接管路等部件得到的。按液流的形式可分为常压式和常流式两种。

图 3-82 为常压式液压动力转向装置示意图。其液压系统工作管路中总是保持高压。它的优点在于有储能器积蓄液压能，可以使用流量较小的转向油泵，而且还可以在油泵不运转的情况下保持一定的转向加力能力，使汽车有可能续驶一定距离，这一点对重型汽车而言尤为重要。

图 3-83 为常流式液压动力转向装置示意图。该系统在汽车不转向时，其工作油压是低压，一直处于常流状态。它的优点是结构简单，油泵寿命较长，漏泄较少，消耗功率也较小，广泛应用于各种汽车上。

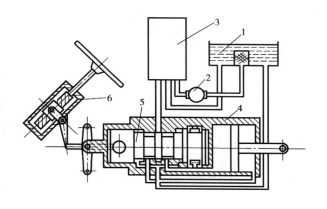

图 3-82　常压式液压动力转向装置示意图
1—转向油罐；2—转向油泵；3—储能器；
4—转向动力缸；5—转向控制阀；6—机械转向器

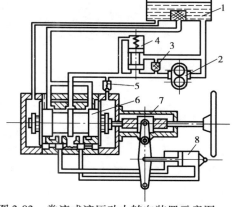

图 3-83　常流式液压动力转向装置示意图
1—转向油罐；2—转向油泵；3—安全阀；
4—流量控制阀；5—单向阀；6—转向控制阀；
7—机械转向器；8—转向动力缸

# 3.4 汽车制动系

### 3.4.1 汽车制动系概述

**（1）汽车制动系的功用**

汽车制动系的功用是使行驶中的汽车减速甚至停车,使下坡行驶的汽车的速度保持稳定,以及使已停驶的汽车驻留原地不动。

汽车的制动是提高安全性的首要措施。按法规规定,各种形式的汽车上都必须装有专门的制动机构,通过驾驶员操纵产生制动作用。

**（2）制动系的组成**

制动系由制动器和驱动装置两大部分组成,参看图3-84。

1）制动器

用于产生摩擦力矩,使汽车减速或停车的装置,如图3-84中装在前、后车轮中的盘式或鼓式制动器。

2）驱动装置

将驾驶员或其他能源的作用力传给制动器,使制动器产生制动力矩的装置。如图3-84中的制动踏板、真空助力式加力器、总泵、制动油管、制动软管等。

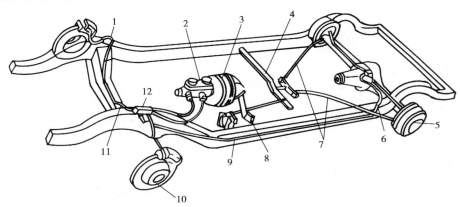

图3-84 制动系的组成

1—制动软管;2—制动总泵;3—真空加力器;4—停车制动杠杆;5—后轮鼓式制动器;
6—制动软管;7—驻车制动钢丝绳及其套管;8—制动踏板;9—驻车制动踏板;
10—前轮盘式制动器;11—制动油管;12—制动力调节阀

**（3）制动系的分类**

1）按照制动能源来分

①人力制动系 它是以驾驶员肌体作为唯一制动能源的制动系。

②动力制动系 它完全靠由发动机的动力转化而成的气压或液压形式的势能进行制动。其制动能源可以是发动机驱动的空气压缩机或油泵。

③伺服制动系 它兼用人力和发动机动力进行制动。

2）按照制动能量的传输方式来分

制动系可分为机械式、液压式、气压式和电磁式等,以及同时采用两种以上传能方式的组合式制动系。

### 3.4.2　制动器

目前各类汽车上均采用摩擦制动器,它利用固定元件与旋转元件工作表面的摩擦而产生制动力矩,主要分成鼓式和盘式两类。前者摩擦副中旋转元件为制动鼓,其工作表面为圆柱面;后者的旋转元件则为圆盘状制动盘,以端面为工作表面。

根据制动器的安装位置不同,分车轮制动器及中央制动器,前者的旋转元件固装在车轮或半轴上,而后者的旋转元件则固装在传动系的传动轴上。车轮制动器一般用于行车制动,也有兼用于第二制动(或应急制动)和驻车制动。中央制动器一般只用于驻车制动。

#### (1) 鼓式制动器

图 3-85 为一轿车的后轮鼓式制动器。制动时分泵 11 中油压升高,分泵活塞 8 推动蹄外张,使蹄上摩擦片紧压转动鼓内表面而产生制动摩擦力矩。

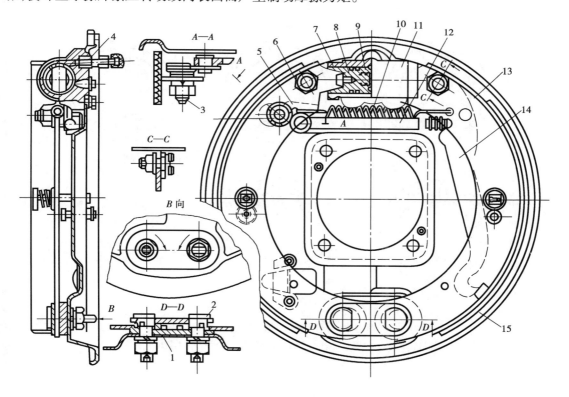

图 3-85　鼓式制动器

1—偏心块;2—支承销;3—停车制动调整偏心;4—放气阀;5—摆杆;6—前制动器;
7—防护套;8—活塞;9—支持环;10—制动蹄回位弹簧;11—分泵;12—驻车制动推杆;
13—后制动器;14—驻车制动杠杆;15—制动底板

鼓式制动器可按其制动蹄的受力情况分类,参看图 3-86。它们的制动效能、制动鼓的受力平衡状况以及车轮旋转方向对制动效能的影响均不同。

1）领从蹄式

分轮缸促动和凸轮促动两种（见图3-86（a）及（b）），由于车轮的旋转，鼓作用于蹄的摩擦力，对两制动蹄分别起加大与减小蹄与鼓间压力的作用，前者称领蹄，后者称从蹄。这种制动器制动效能比较稳定，结构简单可靠，便于安装，广泛用作货车的前、后轮制动器和轿车的后轮制动器。

2）双领蹄式

单向作用的双领蹄式（图3-86（c））前进时制动效能好，倒车时为双从蹄式，制动效能低，但两蹄片的受力相同，磨损均等，且蹄片作用于鼓的力量是平衡的。当轿车的后轮制动器为领从蹄式时，前轮制动器采用双领蹄式，易于达到合理的前、后轮制动力的匹配，而且前、后制动器中多数零件具有同样的尺寸。由于双领蹄式在汽车倒车时制动效能大大下降，而且不便安装驻车制动器，故不用作后轮制动器。

双向作用的双领蹄鼓式制动器（图3-86（d））。不论汽车前行或倒退，两制动蹄总是领蹄，制动效能不变。用作中、轻型货车及部分轿车的前、后轮制动器。但用作后轮制动器时，需另设中央停车制动器。

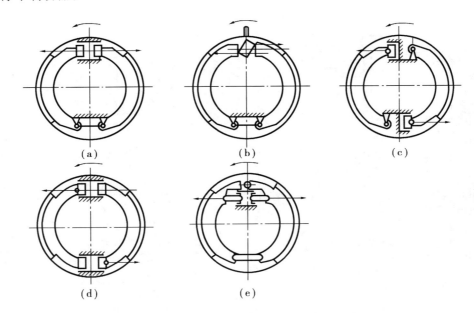

图3-86　各种鼓式制动器的示意图
（a）领从蹄式；（b）用凸轮促动的领从蹄式；（c）单向作用双领蹄式；
（d）双向作用双领蹄式；（e）双向增力式

3）双向增力式

参看图3-86（e）。它是只有一个支承销，用杆件连结两个领蹄的制动器。主制动蹄是浮动的，它作用于杆件的力又作用到副制动蹄上，因此制动器的效能因数很高，用不大的踏板力，可以产生大的制动力。但是摩擦系数的变动对制动的效能影响很大，即制动效能不稳定；使用中制动力矩的增长过猛，影响制动的平稳；两蹄片的磨损不均，因此应用的较少。

但是，对于驻车制动器，因为一般不会产生高温热衰退问题，双向增力鼓式制动器是很适用的。

## （2）盘式制动器

图 3-87 是一轿车的盘式制动器。制动时制动钳 3 中分泵油压升高,推动摩擦衬块 1 使其紧压转动的制动盘 2 而产生制动力矩。

盘式制动器是没有自行增力作用的,摩擦系数的变动对制动效能影响小,即制动效能比较恒定,在强制动或反复制动时热衰退小。因而前轮装有盘式制动器的汽车,左右两侧制动力的变化小,制动方向稳定性好。由于衬块对盘的压力高,易于将水挤出,加上离心力及衬块对盘的擦拭作用,抗水衰退性好。输出制动力矩与输入力成线性关系,制动过程中制动力增长较缓和,制动较平稳。因此,采用盘式制动器的汽车日益增多。盘式制动器的主要缺点是:由于无自行增力作用,用于中型轿车时,在驱动装置中需另加加力装置。轿车制动器常用前盘后鼓的形式。

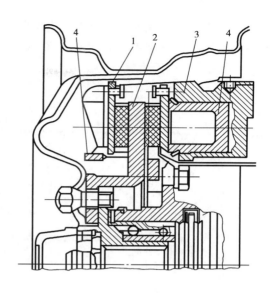

图 3-87　盘式制动器
1—制动块底板与摩擦衬块;
2—制动盘;3—制动钳;4—活塞

盘式制动器有固定钳式与浮动钳式。

1）固定钳式

制动钳固定不动,制动盘两侧均有油缸。制动时两侧油缸中的活塞与摩擦衬块作相向运动。其优点是制动钳的刚度好,承受制动反作用力好。但结构尺寸较大,布置较困难,要两组高精度的液压缸和活塞,成本较高,且难于将驻车制动器装在一起。

2）浮动钳式

制动钳可平行滑动或绕一支承销摆动。只在制动盘的一侧装油缸,因此价格低廉,近年来得到普遍采用。浮动钳式也便于将驻车制动器装在一起。但是,由于制动钳是活动的,必须设法减少滑动处所产生的摩擦、磨损与噪声。

### 3.4.3　制动系驱动装置

前已述及,制动系驱动装置是将驾驶员或其他动力源的作用力传到制动器,用以控制制动器的工作,以便能产生所需的制动力矩。

制动系工作的可靠性在很大程度上取决于驱动装置的结构和性能。所以要求驱动装置:工作可靠;制动力矩的产生和撤除迅速及时;操纵轻便省力;制动力矩与踏板力和踏板行程之间有一定的比例关系。

#### （1）液压驱动装置

液压驱动装置是利用油液作为传力介质,机械效率较高,传动比较大,易于实现各车轮制动力的合理分配,作用滞后时间短,结构简单,尺寸小,重量轻,价格低;但它只靠人力作用,力量有限。在微型、轻型汽车上得到广泛应用。

液压制动系驱动装置的布置形式常见的有单回路和双回路两种。

1）单回路液压驱动装置

图 3-88 为单回路液压驱动装置示意图。它由制动踏板、推杆、主缸、轮缸、制动蹄、储油室和油管等组成。管路中充满制动液,踏板力通过总泵转变为液压,传到各车轮分泵,转变为推力,推动制动蹄而产生制动力矩。

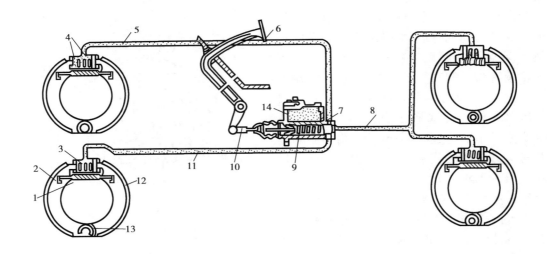

图 3-88　单回路液压驱动装置简图

1—回位弹簧;2—制动器;3—制动分泵;4—分泵活塞;5—油管;6—制动踏板;7—制动总泵;

8—油管;9—总泵活塞;10—总泵推杆;11—油管;12—摩擦片;13—支承销;14—储液室

2) 双回路液压驱动装置

为了提高汽车制动系的可靠性,现代汽车越来越多地采用双回路驱动装置。在这种装置中,全车的所有车轮制动器的液压管路分属于两套各自独立的回路。如其中一套发生故障时,另一套仍能继续起作用。双回路液压驱动装置的布置形式,在各种汽车上有所不同。图 3-89 给出了几种双回路液压驱动装置的布置形式。

图 3-89(a)前、后轮各成独立的分系统,轿车装用时,若前轮管路失效,汽车的制动效能将显著降低。

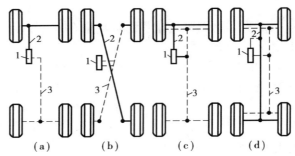

图 3-89　双回路液压驱动装置的基本形式

图 3-89(b)管路对角相连,每一前轮和对角上的后轮连成一个系统。一回路失效时,仍能保持 50% 的制动效能。此时,前、后轴上各有一边有制动力,汽车前轮会跑偏而失去方向稳定性,所以具有这种双管路系统的汽车的主销偏距应取负值,以改善制动方向稳定性。

图 3-89（c）每一前轮有两个分泵,其一与后轮连成一分系统;另一分泵互连成一个分系统,单独控制前轮。同样一系统失效,能保持 50% 以上的制动效能。

图 3-89（d）两个独立的回路均与每个车轮的分泵相连。这种形式的双回路系统,制动效能最好,但结构也最复杂。

实际应用中,以前、后轮各自独立的双回路形式最为常见。

**（2）气压驱动装置**

气压制动驱动装置的制动能源是空气压缩机产生的压缩空气。其特点是:驾驶员操作省力,能对制动器提供大的驱动力。但其制动起作用时间长,结构复杂,尺寸、重量较大。气压驱动装置广泛应用于中、重型货车与客车,还适用于汽车列车。

1）单回路气压驱动装置

图 3-90 为单回路气压驱动装置示意图。空气压缩机将压缩空气充进储气筒。制动时踩下踏板,制动阀中的进气阀开启,输出一定压力的空气进入制动气室,驱动制动器,从而产生制动力矩。

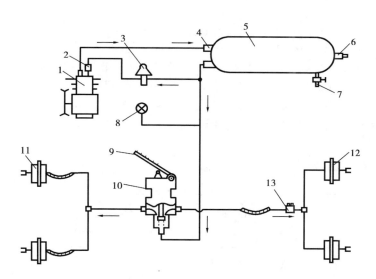

图 3-90　单管路气压式制动装置的基本组成

1—空气压缩机;2—卸荷阀;3—调压器;4—单向阀;5—储气筒;6—安全阀;7—油水放出阀;
8—气压表;9—制动踏板;10—制动阀;11—前制动气室;12—后制动气室;13—制动灯开关

2）双回路气压驱动装置

图 3-91 为东风 EQ1090 型汽车双回路气压制动系统布置图。其制动过程与单回路制动过程类似。它利用双腔的制动阀,组成两套彼此独立的管路,分别控制两桥的制动器。

**（3）气液综合式驱动装置**

气液综合式驱动装置是由空气加力器与液压驱动装置组成的。常用空气加力器有真空加力器与压缩空气加力器两种。

1）真空加力液压驱动装置

利用发动机进气管中的真空度,在液压驱动装置中装置真空加力器,以减轻踏板压力,增加制动效能。真空加力液压驱动广泛用于轿车和轻中型货、客车。

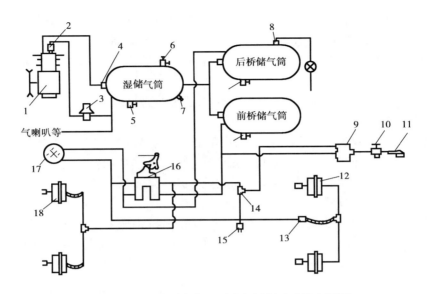

图 3-91　EQ1090 型汽车双回路气压制动系统布置图

1—空气压缩机;2—卸荷阀;3—调压器;4—单向阀;5—放水阀;6—取气阀;7—安全阀;
8—气压过低报警开关;9—挂车制动阀;10—分离开关;11—连接头;12—后轮制动气室;
13—快放阀;14—双通单向阀;15—制动灯开关;16—制动阀;17—气压表;18—前轮制动气室

真空加力器有两种形式:真空助力式是利用真空动力,增大作用于制动总泵活塞上的推力,以提高汽车制动效能;真空增压式是利用真空动力,提高总泵输出的高压制动液的液压,以增加汽车制动效能。

图 3-92 为真空增压液压制动布置示意图。

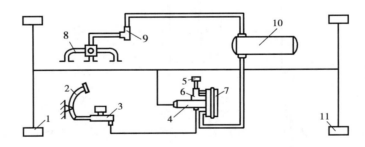

图 3-92　真空增压液压制动布置示意图

1—前分泵;2—制动踏板;3—总泵;4—辅助泵;5—空气滤清器;6—控制阀;
7—真空伺服气室;8—发动机进气管;9—真空单向阀;10—真空筒;11—后分泵

2)压缩空气加力液压驱动装置

利用压缩空气推动液压驱动装置,即"气顶油"系统。这种结构兼有气压与液压驱动的优点,操作省力,能对制动器提供大的驱动力;由于气压系管路短,作用滞后时间也短;但是其结构复杂,重量大,造价高。一般多用于中、重型汽车,也有用于高级轿车的。

图 3-93 为货车装用气压加力器与液压双回路制动总泵,即气顶油加力总泵。踩下制动踏板,从制动控制阀里来的压缩空气经孔 *A* 进入汽缸,推动气活塞,经推杆推动液压系总泵中的后活塞进行制动。

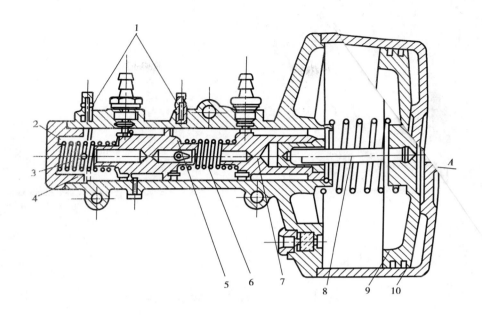

图 3-93　气压加力器和液压双回路串联双腔总泵
*A*—进气孔；1—放气机构；2—前弹簧；3—前出油孔；4—前活塞；5—后出油孔；
6—后弹簧；7—后活塞；8—推杆；9—气活塞；10—汽缸体

### （4）全液压动力制动

全液压动力制动即由发动机带动油泵，输出高压油，进入高压惰性气体储能器储存，用以驱动制动器。它除了有一般液压驱动系的优点外，还有制动效能高，易于采用制动调节装置和防抱装置等优点。但其结构相当复杂，精密件多，系统的密封性要求高。目前，这种系统只被少数高级轿车和欧洲的一些货车、客车所采用。将来，作为动力转向、座位移动、门窗启闭、油气悬架或液压悬架等多方面共用的动力源的中央液压系统得到广泛应用时，全液压动力制动也会作为其中的一环而得到发展。

# 第4章
## 汽车的基本性能

## 4.1 汽车的动力性

### 4.1.1 汽车动力性的评价指标

汽车的动力性主要有以下 3 个指标：

**(1)汽车的最高车速 $v_{amax}$**

最高车速是指在水平的良好路面(混凝土或沥青)上汽车能达到的最高行驶速度。此时汽车应为满载,油门开度最大,变速器为最高挡。

**(2)汽车的加速时间 $t$**

汽车的加速能力对平均车速有很大影响,也和行驶的安全性有关,例如超车和闪避,高级轿车对加速度更为重视。常用的指标有原地起步加速时间和超车加速时间。

原地起步加速时间是指汽车由一挡起步并以最大加速强度(包括选择恰当的换挡时机)逐步换到高挡后达到某一预定的距离或车速所需的时间。如大中型轿车和小型轿车起步加速到 100 km/h 所需时间为 10~17 s 和 12~25 s。国外多用 0→400、500、1 000 m 原地起步的加速时间来评价加速能力。

超车加速时间是指用最高挡或次高挡由某一中等车速全力加速至某一高速所需的时间。采用较多的办法是用最高挡或次高挡,由 30 km/h 或 40 km/h 全力加速至某一高速,或用 30 km/h→50 km/h,60 km/h→80 km/h 的加速时间来表示。由于超车时汽车与被超车辆并行,容易发生安全事故,所以超车加速能力强,并行行程短,行驶就安全。

**(3)汽车的最大爬坡度 $i_{max}$**

最大坡度是指汽车满载,最低挡时在良好路面上能爬上的最大坡度 $i_{max}$,用以表示一辆车的爬坡能力。$i_{max}$ 对货车和越野汽车是一个重要指标。坡度值 $i$ 一般用坡道斜角的正切表示(为小数或百分数),而不是倾斜角的度数。货车一般 $i_{max}$ 在 30% 即 16.5°左右,越野汽车 $i_{max}$ 可达 60% 即 30°左右。

152

### 4.1.2 汽车的驱动力与行驶阻力

汽车在路面上以一定的速度行驶,是因为受到来自地面与行驶方向相同的力推动,同时克服汽车行驶中的各种阻力,汽车才得以前进。

**(1)驱动力**

驱动力是由发动机的转矩经传动系传至驱动轮得到的。

汽车发动机产生的有效转矩 $T_{tq}$,经汽车传动系传到驱动轮上,此时作用于驱动轮上的转矩 $T_t$,产生一个对地面的圆周力 $F_o$。地面对驱动轮的反作用力 $F_t$(方向与 $F_o$ 相反)即是驱动汽车的外力——汽车的驱动力(图4-1),单位为 N,其数值为

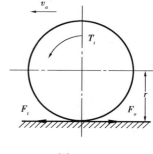

图 4-1

$$F_t = T_r/r_o$$

式中:$T_r$——作用于驱动轮上的转矩,N·m;

$r$——车轮半径,m。

若发动机发出的有效转矩为 $T_{tq}$、变速器的传动比为 $i_g$、主减速器传动比为 $i_o$、传动系的机械效率为 $\eta_t$,则作用于驱动轮上的转矩为

$$T_t = T_{tq}i_g i_o \eta_t \tag{4-1}$$

对于装有分动器、轮边减速器、液力传动等装置的汽车,上式应计入相应的传动比和机械效率。

根据作用与反作用力相等的原理,车的驱动力为

$$F_t = F_o = T_t/r = T_{tq}i_g i_o \eta_t/r \tag{4-2}$$

驱动力 $F_t$ 能否正常产生还要视轮胎与路面的附着情况。即汽车行驶受轮胎与地面附着条件的限制。

地面对轮胎切向反作用力的极限值称为附着力 $F_\psi$。

$$F_\psi = F_z \cdot \psi \tag{4-3}$$

式中:$F_z$——作用在驱动轮上的法向反力,它与汽车总质量在驱动桥上的分配比例有关;

$\psi$——附着系数,与轮胎和路面的结构和性能有关。

显然

$$F_t \leqslant F_\psi$$

**(2)行驶阻力**

汽车行驶过程中主要存在 4 种阻力,即滚动阻力、空气阻力、坡度阻力、加速阻力。

1)滚动阻力

车轮在路面上滚动时产生的阻力。它是由轮胎和路面的变形、摩擦以及车轮轴承中的摩擦等因素引起的。汽车在硬路面上行驶时,主要因轮胎变形产生弹性迟滞损失形成滚动阻力;在软路面上则主要因路面变形形成滚动阻力。

总重力为 $G_a$ 的汽车,其滚动阻力为

$$F_f = G_a \cdot f \tag{4-4}$$

式中 $f$ 为滚动阻力系数。它与路面状况,行驶车速以及轮胎结构、材料、气压等因素有关。由试验确定。

2)空气阻力

汽车直线行驶时受到的空气作用力在行驶方向上的分力称为空气阻力。空气阻力与汽车迎风面积 $A$、空气密度 $\rho$、汽车与空气的相对速度 $v_r$ 的平方成正比。表示为：

$$F_w = \frac{1}{2} \cdot C_D A \rho v_r^2$$

当无风时，$v_r$ 即汽车的行驶速度 $v_a$，若以 km/h 计，$F_w$ 的单位为 N，$A$ 的单位为 m² 时，取 $\rho = 1.2258\ \text{N} \cdot \text{s}^2 \text{m}^{-4}$，则上式改为：

$$F_w = C_D A v_a^2 / 21.15 \tag{4-5}$$

式中 $C_D$ 为空气阻力系数，由试验测得，是表征汽车空气阻力状况的重要参数。降低 $C_D$ 值是降低空气阻力的主要手段。

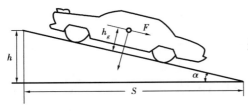

图 4-2　汽车的坡度阻力

3)坡度阻力

当汽车上坡行驶时，参看图 4-2，汽车重力沿坡道的分力表现为汽车坡度阻力 $F_i$，即

$$F_i = G_a \cdot \sin\alpha \tag{4-6}$$

式中 $G_a$ 是作用于汽车的总重力，N。

道路坡度以坡高和底长之比来表示，即

$$i = h/S = \tan\alpha$$

根据我国的公路工程技术标准，平原微丘区 Ⅰ 级路面最大坡度为 4%，山岭重丘区 Ⅰ 级路面最大坡度为 9%。所以在一般路面上坡度较小，此时

$$\sin\alpha \approx \tan\alpha = i$$

4)加速阻力

加速阻力是汽车加速时，由汽车惯性力形成的阻力，惯性力由汽车的平移质量和旋转质量产生，以 $\delta$ 换算系数把旋转质量的惯性转矩转换成平移质量的惯性力，加速阻力为：

$$F_j = \delta m \frac{\mathrm{d}v}{\mathrm{d}t} \tag{4-7}$$

式中，$m$ 为汽车质量，$\mathrm{d}v/\mathrm{d}t$ 为行驶加速度。

### 4.1.3　汽车行驶的条件

汽车行驶的必要和充分条件是

$$F_f + F_w + F_i + F_j = F_t \leqslant F_\psi \tag{4-8}$$

上式表明：在 $F_t \leqslant F_\psi$ 条件下，当 $F_j = 0$ 时，汽车匀速行驶，当 $F_j > 0$ 时，汽车加速行驶。

### 4.1.4　汽车的动力性分析

**(1)驱动力—行驶阻力平衡图**

根据前面的分析，得到汽车行驶方程式

$$F_t = F_f + F_i + F_w + F_j$$

或

$$T_{tq} \cdot i_g \cdot i_o \cdot \eta_t / r = G_a \cdot f + G_a \cdot i + \frac{C_D A v_a^2}{21.15} + \delta \cdot m \frac{\mathrm{d}v}{\mathrm{d}t} \tag{4-9}$$

此式表明了汽车行驶时驱动力和行驶阻力平衡关系的普遍情况。当发动机的转速特性、变速器的传动比、主减速比、传动效率、车轮半径、空气阻力系数、汽车迎风面积以及汽车质量等初步确定后或已知，便可利用此式分析在附着性能良好的典型路面（混凝土、沥青路面）上的行驶能力，即确定汽车的最高车速，加速能力和爬坡能力。

为了清晰而形象地表明汽车行驶时的受力情况及其平衡关系，一般将汽车行驶方程式用图解法来进行分析。即把汽车驱动力和汽车行驶中经常遇到的滚动阻力和空气阻力之和以同样坐标和比例尺画在同一张图上，得到汽车驱动力—行驶阻力平衡图，并以它来确定汽车的动力性。

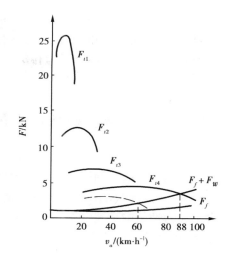

图 4-3　汽车驱动力—行驶阻力平衡图

图 4-3 为一具有四挡变速器汽车的驱动力—行驶阻力平衡图。图上画出了各挡的驱动力、滚动阻力及滚动阻力和空气阻力叠加后得到的行驶阻力曲线。从图中清楚地看出不同车速时驱动力和行驶阻力之间的关系。汽车以最高挡行驶时的最高车速，可以直接从图上得到。显然 $F_{t4}$ 曲线与 $(F_f + F_w)$ 曲线的交点便是 $v_{amax}$。

从图中还可以看出，当车速低于最高车速时，驱动力大于行驶阻力，这样，汽车就可以利用剩下来的驱动力来加速或爬坡。当需要中速或低速行驶时，驾驶员可以关小节气门开度（图中虚线），此时发动机只用部分负荷特性工作，相应的得到虚线所示驱动力曲线，以使汽车达到新的平衡。

**（2）动力特性图**

对不同的汽车，因其总重力 $G_a$ 不同，单纯用包含总重力因素的驱动力—行驶阻力平衡图来分析其动力性存在局限性，工程上又采用动力因数 $D$ 来分析汽车动力性。

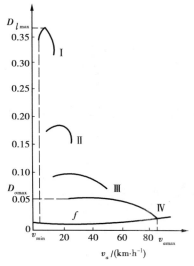

图 4-4　汽车的动力特性图

将汽车行驶方程式两边除以汽车总重力 $G_a$ 并整理如下：

$$F_t = F_f + F_i + F_w + F_j$$

$$D = \frac{(F_t - F_w)}{G_a} = \frac{F_t}{G_a} + \frac{F_i}{G_a} + \frac{F_j}{G_a}$$

即

$$D = f + i + \frac{\delta}{g} \cdot \frac{\mathrm{d}v}{\mathrm{d}t} \qquad (4\text{-}10)$$

由上式汽车在各挡下的动力因素与车速的关系绘出的曲线称为动力特性图（见图 4-4）。

最高车速 $v_{amax}$ 汽车在良好水平路面上高速行驶，此时有 $i = 0$，$\mathrm{d}v/\mathrm{d}t = 0$，则由式(4-10)有：

$$D = f$$

即图上 $f$ 曲线与最高挡曲线的交点所对应的速度就是 $v_{amax}$ 值。

爬坡度 $i$ 汽车上坡时，设 $\mathrm{d}v/\mathrm{d}t = 0$，则有

$$D = f + i \quad 或 \quad i = D - f$$

即图上 $D$ 曲线与 $f$ 曲线间的垂直距离就是各挡的 $i$ 值。但对最低挡来说,因其能爬上的坡度角 $\alpha$ 较大,$\sin \alpha$ 与 $\tan \alpha$ 不能近似相等,由上式计算误差较大,应由:

$$D_{l\max} = f \cos \alpha_{\max} + \sin \alpha_{\max}$$

求得。

加速度 $\mathrm{d}v/\mathrm{d}t$ 汽车加速行驶时设 $i = 0$,则有:

$$\frac{\mathrm{d}v}{\mathrm{d}t} = \frac{g}{\delta} \times (D - f) \tag{4-11}$$

即图上 $D$ 曲线与 $f$ 曲线间垂直距离的 $g/\delta$ 倍就是汽车各挡的加速度。

汽车动力特性图(图 4-4)上,最低挡最大动力因素 $D_{l\max}$ 和最高挡的最大动力因数 $D_{o\max}$ 是标志汽车动力性能的重要参数,它们表征了汽车以最低挡和最高挡行驶时的爬坡能力和加速能力,对汽车平均速度将产生很大影响。

# 4.2 汽车的燃料经济性

## 4.2.1 燃料经济性评价指标

在汽车运输成本中,燃料消耗费用约占 30%。因此,汽车的燃料经济性是汽车使用性能中的一个重要指标。

汽车燃料经济性的评价指标有两类:

**(1)单位行驶里程的汽车燃油消耗量**

我国和欧洲用每行驶百公里所消耗燃油的升数 $Q_s$(L/100 km)作为汽车经济性指标。等速百公里燃油消耗量(简称油耗量)$Q_s$ 可用发动机每小时耗油量 $Q_e$(L/h)和平均车速 $v_a$(km/h)来确定。

$$Q_s = Q_e \times 100/v_a$$

但由于计算求取 $Q_s$ 和 $Q_e$ 较为复杂,在设计工作中一般利用作图法求取。对一辆实际车辆的耗油量通常用试验方法测定,即测定汽车在水平良好路面上满载等速行驶 500 ~ 1 000 m 所消耗的燃油,换算为每百公里油耗 $Q_s$。

对载货汽车也有用单位运输量,即每吨总重行驶 1 km(或 100 km)的耗油量来评价的,称为吨公里油耗 L/t · km(或吨百公里油耗 L/t · 100 km),这样便于比较不同载重量汽车的燃料经济性。

**(2)单位燃料消耗量的行驶里程**

用每升(在美国用加仑)燃油所能行驶的公里(或英里)数 km/L(或 mile/Usgal,简写为 MPG)来评价。

## 4.2.2 汽车运行燃油消耗量的计算

确定汽车运行燃油消耗量的方法有很多。定额计算法是一种在汽车运输管理中常采用,而且计算方便的方法。我国制订了《载货汽车运行燃油消耗量》和《载客汽车运行燃油消耗量》标准。影响燃油消耗的因素很多,诸如汽车的结构、工艺水平、车况外,还有道路、载荷、运距、环境以及驾驶员驾驶水平等因素。其中包括随机因素、自然因素和人为因素。上述标准只考虑了可以等级化和数量化的因素,如道路、载荷、气温、海拔高度等。

汽车运行燃油消耗量的计算公式,系计算汽车在不同运行条件下运行时所消耗的燃油限额,可用于限制和考核汽车运行的燃油经济性。它包括汽车基本运行燃油消耗量和汽车运行条件修正系数。基本运行燃油消耗量的运行条件是"一类道路""气温 5 ~ 28 ℃,海拔 500 m 以下"。

载货汽车运行燃油消耗量计算公式为:

$$Q = \sum_{i=1}^{n}\left(\frac{q_a \cdot s_i}{100} + \frac{q_b \cdot w_i \cdot s_i}{100} + \frac{q_c \cdot \Delta G \cdot s_i}{100}\right)k_{ri} \cdot k_{hi} \cdot k_{ti} \tag{4-12}$$

大型载客汽车运行燃油消耗量计算公式为:

$$Q = \sum_{i=1}^{n}\left(\frac{q_a \cdot s_i}{100} + \frac{q_b \cdot N_i \cdot s_i}{1\,000} + \frac{q_c \cdot \Delta G \cdot s_i}{100}\right)k_{ri} \cdot k_{hi} \cdot k_{ti} \tag{4-13}$$

小轿车运行燃油消耗量计算公式为:

$$Q = \sum_{i=1}^{n}\frac{q \cdot s_i}{100}k_{ri} \cdot k_{hi} \cdot k_{ti} \tag{4-14}$$

以上 3 式中:$q_a$——汽车空驶基本燃油消耗量,L/100 km;

$\quad\quad\quad q_b$——货物(旅客)周转量的基本附加燃油消耗量,L/100 t·km(L/kP·km);

$\quad\quad\quad q_c$——整备质量变化的基本附加燃油消耗量,L/100 t·km;

$\quad\quad\quad q$——汽车空车质量综合基本燃油量,L/100 km;

$\quad\quad\quad s_i$——该运行条件下的行驶里程,km;

$\quad\quad\quad w_i$——该运行条件下汽车的装载质量,t;

$\quad\quad\quad N_i$——该运行条件下乘客人数,P;

$\quad\quad\quad \Delta G$——汽车整备质量增量,其值为汽车实际整备质量与标准给出的汽车整备质量 G 之差,t;

$\quad\quad\quad k_{ri}$——该运行条件下道路修正系数;

$\quad\quad\quad k_{hi}$——该运行条件下海拔高度修正系数;

$\quad\quad\quad k_{ti}$——该运行条件下气温修正系数。

以上 3 式中,$q_a$、$q_b$、$q_c$、$q$ 以及 $k_{ri}$、$k_{hi}$、$k_{ti}$ 是由试验测定的,由有关标准中查表所得。

### 4.2.3　燃料经济性

汽车燃料经济性指标 $Q_s$ 是汽车结构及使用因素的函数。当汽车以某挡位在一定道路条件下等速行驶时,其耗油量 $Q_s$ 与车速 $v_a$ 的关系曲线如图 4-5 所示,称为该车的燃料经济性。从汽车的燃料经济性可以看出,油耗量越小,曲线越平坦,则其经济性越好,经济车速应尽可能接近常用车速。

汽车燃料经济性与汽车总重、各种阻力,传动系的效率和减速比的匹配,尤其是发动机的燃油消耗率有关。目前降低汽车油耗的途径侧重于提高发动机的燃料经济性,降低汽车自重和改进外形以减小空气阻力等方面。

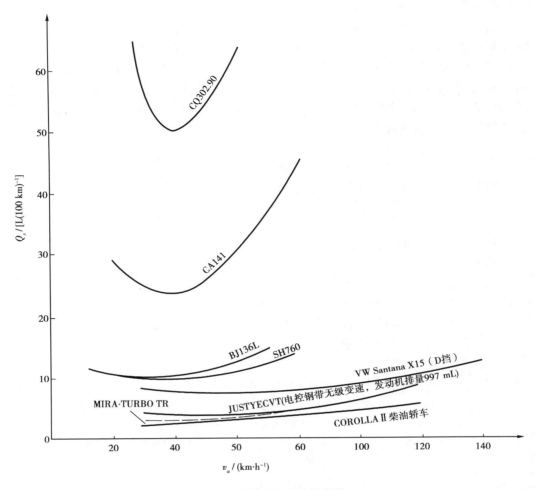

图 4-5　汽车等速百公里油耗曲线

# 4.3　汽车的制动性

### 4.3.1　汽车制动性的评价指标

汽车制动性是指汽车在行驶中强制减速直到停车的能力。汽车具有良好的制动性能,首先是行驶安全性的需要,它直接关系到人民生命财产的安全;同时也可提高汽车的平均车速,从而获得较高的运输生产率。

汽车的制动性能主要由下列 3 方面来评价:

1)制动效能　汽车在好路面上以一定初速开始制动直到停车时的制动距离和制动减速度。

2)制动效能的恒定性　指制动器的抗热衰退性能,即汽车在高速或下长坡连续制动时,制动器温度升高后,与冷态时相比,其制动效能所能保持的程度。

3）制动时汽车的方向稳定性 即制动时汽车按给定轨迹（直线或预定弯道）行驶，不发生跑偏、侧滑以及失去转向能力的性能。

### 4.3.2 制动时车轮的运动与受力

汽车受到与行驶方向相反的外力时，才能从一定车速下制动到较小的车速直至停车。这一外力由地面和空气提供，但空气阻力相对很少，所以主要由地面提供，称为地面制动力。地面制动力愈大，则汽车制动减速度愈大，制动距离也愈短。

如图 4-6 所示，当汽车在平地上以车速 $v_a$ 行驶时，车轮以角速度 $\omega_\omega$ 转动。制动时，车轮受到制动器的摩擦力距 $M_\mu$ 的作用，此时地面对车轮产生了地面制动力 $F_b$，地面制动力为：

$$F_b = M_\mu / r_d \tag{4-15}$$

式中：$r_d$——制动时车轮半径。

$F_b$ 同时受到 $F_\psi$ 附着力的限制

$$F_b \leqslant F_\psi = G_a \cdot \psi$$

在地面制动力作用下，车轮有停止转动的趋势。但在汽车惯性力的作用下，车轴对车轮的推力 $T$ 使车轮中心继续以一定的速度向前运动，从而使车轮在接地处相对路面向前滑移。因此汽车制动的过程是车轮从滚动到抱死拖滑的一个渐变过程。轮胎制动过程的运动用滑动率 $S$ 来表示，其定义为：

$$S = (v_a - r_d \cdot \omega_\omega)/v_a \times 100\% \tag{4-16}$$

图 4-7 表明了附着系数与滑动率的关系。滑动率愈小，侧向附着系数愈大，保持转向和防止侧滑的能力愈强。一般当 $S = 15\% \sim 20\%$ 可获得较大的纵向和侧向附着系数。$B$ 点的附着系数称为峰值附着系数 $\psi_p$。附着系数见表 4-1。

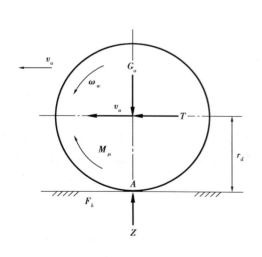

图 4-6 车轮制动时的受力

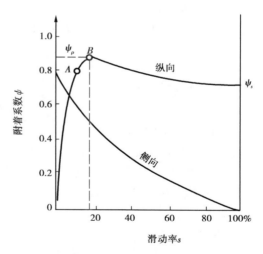

图 4-7 $\psi$-$S$ 曲线

表 4-1　各种路面上的平均附着系数

| 路　面 | 峰值附着系数 $\psi_p$ | 滑动附着系数 $\psi_s$ |
| --- | --- | --- |
| 沥青或混凝土（干） | 0.8 ~ 0.9 | 0.75 |
| 沥青（湿） | 0.5 ~ 0.7 | 0.15 ~ 0.6 |
| 混凝土（湿） | 0.8 | 0.7 |
| 砾石 | 0.6 | 0.55 |
| 土路（干） | 0.68 | 0.65 |
| 土路（湿） | 0.55 | 0.4 ~ 0.5 |
| 雪（压紧） | 0.2 | 0.15 |
| 冰 | 0.1 | 0.07 |

### 4.3.3　制动效能及其恒定性

评定汽车制动效能的指标有制动距离和制动减速度。

**（1）制动距离**

制动距离是指从驾驶员开始踩制动踏板到汽车完全停住这段时间内,汽车驶过的距离。制动距离与汽车制动时的起始速度、制动踏板力、制动器的热况和路面状况有关。一般是在一定起始速度（空挡）,在制动器的温度为 100 ℃ 以下的冷试条件下（路面平坦、良好干燥、清洁）,实施紧急制动时测得的。

各种汽车的动力性不同,对其制动效能的要求也不同。我国交通管理部门规定,车速为 30 km/h 时,各种汽车的制动距离为:轻型货车 7 m 以下,中型货车不大于 8 m,重型货车不大于 12 m,轿车在 6 m 以下。

**（2）制动减速度**

制动减速度反映了地面制动力的大小,因此与制动器制动力及附着力有关。

地面制动力:

$$F_b \leqslant \psi \cdot G_a$$

则汽车能达到的减速度 $j_{max}$ 为:

$$j_{max} = \psi\, G_a/m = \psi \cdot g \tag{4-17}$$

**（3）制动效能的恒定性**

制动过程实际上是将汽车行驶的动能通过制动器吸收转化为热能,因此,制动过程也是制动器的升温过程。汽车在繁重的工作条件下制动,如高速或短时间内重复地制动,尤其在下长坡时以较大的制动强度长时间连续制动,制动器温度通常会达到 300 ℃ 以上,有时高达 600 ~ 700 ℃。

前述制动效能的讨论均限于冷制动情况,即制动器起始温度在 100 ℃ 以下。制动器温度升高后,制动器摩擦力矩显著下降,制动效能降低,这就是制动器的热衰退现象。这现象与制动器摩擦副材料以及制动器结构有关。由于摩擦材料的摩擦系数下降（即摩擦材料性能的热衰退现象）,以及不同结构的制动器会有不同的散热效果,摩擦系数对制动效能的影响也会有所不同。因此,其制动效能的降低程度也不同。

衡量制动器抗热衰退性能的指标,一般用一系列连续制动时制动效能指标占冷制动时效能的百分数来衡量。国际标准草案 ISO/DIS6597 推荐:在一定车速和踏板力下连续制动 15

次,每次的制动减速度为 3 m/s²,最后制动效能应不低于规定的冷试验制动效能(5.8 m/s²)的 60%。

### 4.3.4　制动时的方向稳定性

汽车在制动过程中维持直线行驶或按预定弯道行驶的能力,称为汽车制动时的方向稳定性。

制动跑偏,即汽车制动时未按原定方向行驶,而自动向左或向右偏驶。跑偏现象多数是由于汽车技术状况不正常造成的,主要是左、右车轮制动器的制动力不等,这些问题经过维修调整一般是可以消除的。汽车左右轮制动力相差通常要求不大于 8%。在结构方面,如果制动时悬架导向杆系与转向系拉杆在运动学上不协调,这就需要修改结构设计了。

侧滑则是指汽车制动时某一轴的车轮或两轴的车轮发生横向滑动的现象,特别是在高速制动时的后轴侧滑,常会使汽车发生不规则的急剧回转运动而部分或完全失去操纵(俗称甩尾),这是十分危险的。

侧滑是由于车轮抱死后拖滑,无法抵抗侧向干扰力造成的。当汽车制动且方向盘固定不动时,若前轮先抱死拖滑而后轮仍在滚动,则在侧向力作用下前轮将发生侧滑,汽车会发生类似转向的运动,此时汽车重心 $C$ 处(图 4-8(a))产生的离心力 $F_j$ 与前轮侧滑方向相反,将起到防止前轮侧滑的作用,使汽车处于稳定状态。当后轮发生抱死拖滑而前轮滚动时,侧向力的作用则会使后轮侧滑造成汽车的回转运动。且这时汽车重心处产生的离心力(图 4-8(b))与后轴侧滑方向相同致使侧滑加剧,反过来又使 $F_j$ 更大,形成恶性循环。因此,后轮先抱死造成后轮侧滑将形成汽车的不稳定状态。

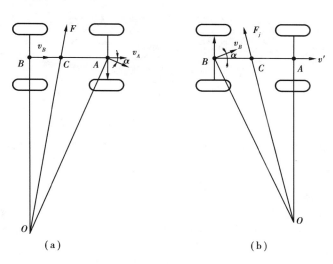

图 4-8　汽车侧滑时的运动状况
(a)前轴侧滑;(b)后轴侧滑

防止汽车侧滑,提高制动时的方向稳定性的主要措施是合理分配前后轴制动器制动力的比例,使前后轴车轮尽可能同时或后轴后于前轴抱死,甚至使后轮在制动过程中不可能抱死。在现代汽车的制动系中采用各种制动油压调节装置(如限压阀、比例主阀等防抱死制动装置)来达到上述目的。

# 4.4 汽车的操纵稳定性

汽车的操纵稳定性包括操纵性和稳定性。操纵性是指汽车能够确切地响应驾驶员的转向指令的能力;稳定性是指汽车在行驶过程中,具有抵抗改变其行驶方向的各种干扰,并保持稳定行驶而不致失去控制甚至翻车或侧滑的能力。实际上两者是相互联系的,稳定性的好环,直接影响操纵性。

## 4.4.1 汽车行驶时的空间运动

汽车行驶时是一个作空间运动的物体。它的运动包括前后、左右和上下方向的移动,以及绕3个互相垂直轴线的转动。即具有纵向($x$ 轴)、侧向($y$ 轴)、垂直方向($z$ 轴)、侧倾(绕 $x$ 轴)、俯仰(绕 $y$ 轴)、横摆(绕 $z$ 轴)的6个自由度,见图4-9。

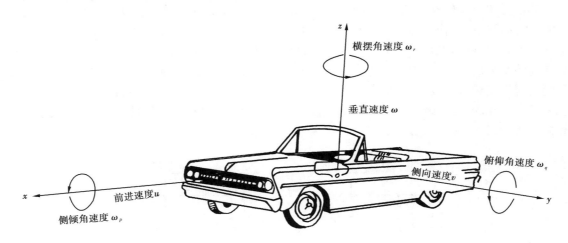

图4-9 车辆坐标系及汽车的主要运动形式

有关汽车动力性和制动性的分析主要限于 $x$ 轴方向的运动,而操纵稳定性和行驶平顺性则涉及其他方向的运动。

## 4.4.2 操纵稳定性

汽车正常转弯时,见图4-10,其转弯半径 $R$ 与前内、外侧车轮的转角 $\delta_{in}$、$\delta_{out}$ 和轴距 $L$,主销间距 $B$ 的关系为:

$$R = L/\tan \delta_{out} - B/2 \qquad (4\text{-}18)$$

或

$$R = L/\tan \delta_{in} + B/2$$

此时,汽车转弯半径只取决于前轮的转角,而与车速无关。

但在汽车转弯时,由于受到侧向力的作用,轮胎要产生侧偏现象,见图4-11,使其前进方向不再沿本身的旋转平面,而是与旋转平面成一夹角,即侧偏角 $\alpha_1$,$\alpha_2$。当侧向加速度较小时,可近似认为 $\alpha$ 与轮胎受到的地面侧向反力 $F_y$ 成线性关系。即

$$F_y = k \cdot \alpha \tag{4-19}$$

式中：$k_a$——轮胎的侧偏刚度。

当 $\alpha_1,\alpha_2$ 不大时，有如下近似关系：

$$R = L/\tan[\delta - (\alpha_1 - \alpha_2)] \tag{4-20}$$

由此可见，在轮胎出现侧偏时，转向半径不仅与 $\delta$ 有关，还与 $\alpha_1,\alpha_2$ 有关。若前后轮侧偏刚度为常数时，则 $\alpha_1,\alpha_2$ 分别与 $F_{y_1},F_{y_2}$ 成正比。而在转向时，$F_{y_1},F_{y_2}$ 主要来自汽车的离心力，从而与车速有关。因此实际的转弯半径不仅取决于由驾驶员控制的 $\delta$ 角，还将通过 $\alpha_1,\alpha_2$ 受到车速的影响。

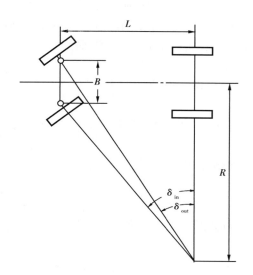

图 4-10　转向原理图

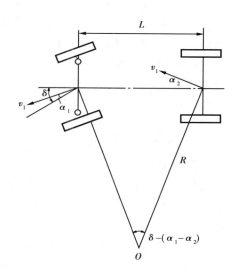

图 4-11　轮胎偏离现象的转向原理

在前轮转角 $\delta$ 不变时，当 $\alpha_1 = \alpha_2$ 时，称为中性转向；当 $\alpha_1 > \alpha_2$，此时，$\delta - (\alpha_1 - \alpha_2) < \delta$，称为不足转向；当 $\alpha_1 < \alpha_2$，此时，$\delta - (\alpha_1 - \alpha_2) > \delta$，称为过度转向。具有适度的不足转向的汽车，一般认为具有良好的操纵稳定性。

# 4.5　汽车的行驶平顺性

汽车的行驶平顺性是指保持汽车在行驶过程中乘员所处的振动环境具有一定舒适度的性能，对于载货汽车还包括保持货物完好的性能，又称为乘坐舒适性。

### 4.5.1　汽车行驶时的振动

汽车行驶时，主要由于路面的不平度而引起汽车的振动。振动的原因还包括汽车发动机、传动系、转向系中作用力的变化以及车轮的动静态不平衡等。汽车是个很复杂的振动系统。当振动达到一定程度时其乘员即感到不舒适以至疲劳，或者损坏运载货物。同时这种变动载荷还会降低汽车零部件的寿命，车轮与路面间载荷的波动还会影响其附着效果而关系到汽车的操纵稳定性。如果用降低车速的方法去减少振动,则将降低汽车的运输生产率。因此改善汽车行驶平顺性对提高其舒适性、耐久性、操纵稳定性以及运输效率都是非常重要的。

### 4.5.2 人对振动的反应

机械振动对人体的影响,既取决于振动频率与强度,振动方向与暴露时间,又取决于人的心理、生理状态,因此,人对振动作用的反映是一个十分复杂的过程。

人体对振动的反应的评价主要靠感觉判断,以主观感觉为最终依据。

人对振动的反应大体经过两个过程。在振动输入人体后,首先引起人体各部位的机械振动响应(人体的各部位,如头、胸、胃肠四肢等对同一振动会有不同的响应),然后产生人体各部位及总体的生理、心理反应(如不舒适感、四肢疲劳、头晕、呕吐等)。国际标准化组织提出的《人体承受全身振动的评价指南》ISO 2631—1978 给出了在 1~80 Hz 振动频率范围内人体振动反应的 3 种感觉界限:

**暴露极限** 当人体承受的振动强度在这个极限之内,将保持健康和安全。通常此极限作为人体可以承受振动量的上限。

**疲劳——工效降低界限** 这个界限与保持工作效率有关。当驾驶员承受振动在此极限以内时,能保持正常的进行驾驶。

**舒适降低界限** 此界限与保持舒适性有关,在这个界限之内,人体对所暴露的振动环境主观感觉良好,能顺利完成吃、写、读等动作。

上述 3 个界限容许的振动加速度值不同,且该值将随振动频率不同而变化,就加速度值而言,暴露极限最高,它是"疲劳"界限的 2 倍;舒适降低界限最低,它是"疲劳"界限的 1/3.15。而各界限容许加速度值随频率的变化趋势完全一样。

图 4-12(a)和(b)分别为垂直和水平振动对人体影响的"疲劳"——工效降低界限。

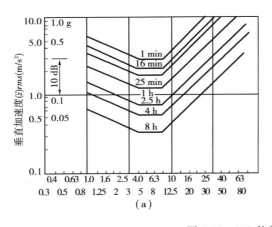
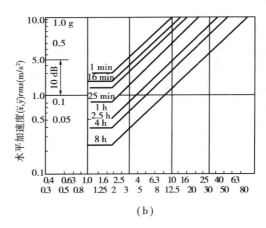

图 4-12 1/3 倍频带中心频率 $f_c$,Hz

由图 4-12 可知,随着暴露时间(承受振动持续的时间)加长,感觉界限容许的加速度值下降。但对于偶尔乘车的人,加速度的容许值要高得多。人最敏感的频率范围,对于垂直振动是 4~8 Hz;对于水平振动是 1~2 Hz。这个频率范围正好是人体包括心脏、胃部在内的"胸-腹"系统的振动共振频率。在小于 2~8 Hz,同样暴露时间下,水平振动容许的加速度值低于垂直振动,大于 2~8 Hz 则相反,即低频率范围内人承受水平振动的能力差。

### 4.5.3　改善行驶平顺性的途径

#### (1)改善路面质量

汽车在路面上行驶,因路面的不平度会引起振动。这种振动的性质既因车辆系统的不同而不同,又因路面不平的情况差异而显示出不同的特点。因此改善路面质量,减少路面的不平度,将会降低车辆的振动,改善乘坐舒适性,为汽车的高速行驶创造条件。

#### (2)提高隔振能力

提高汽车本身对路面不平度和其他振源的隔振和减振能力的关键是正确选择汽车的结构参数和部件结构形式。

对座椅与人体构成的系统来说,鉴于 4~8 Hz 是人体对振动的敏感区,则座椅——人体系的固有频率应在 3 Hz 以下且有适当的阻尼,方可使上述敏感区处于非共振区域而减少振动。

汽车的轴距对其平顺性也有较大影响。双桥汽车轴距中心处的乘坐最舒适。通常轴距短可以减少纵向角振动,而增大轴距可以减少纵向角加速度,所以轴距应选取适当。

对另一个振源发动机的隔振措施主要是在发动机与车架间设置具有一定减振性能的垫块。对其材料、结构和减震性能也应作出正确选择。

#### (3)使用方面的措施

汽车的行驶速度对其行驶平顺性影响很大。路面越恶劣,速度越不能提高。特别应注意的是,对具有一定不平度的路面,必然有一个共振车速。驾驶时必须使常用车速远离共振车速。

汽车的技术保养程度也会影响平顺性。如板簧之间润滑不好会降低弹性元件的作用,减振器中油液黏度过大或冻结会使减振阻力增大,这些都会使汽车在通过不平路面时受到冲击。

# 4.6　汽车的通过性

汽车的通过性(也称越野性)是指汽车在一定的装载质量下,能以足够高的平均速度通过各种坏路和无路地带,如松的土壤、沙漠、雪地、沼泽等松软地面及坎坷不平地段和各种障碍,如陡坡、侧坡、壕沟、台阶、水障等的能力。军用、工矿、农林等用途的越野汽车对通过性均有较高的要求。

### 4.6.1　通过性几何参数

由于汽车与地面的间隙不足而被地面托住,无法通过的情况,称为间隙失效;当车辆中间底部的零部件碰到地面而被顶住时,称为顶起失效;当车辆前端或尾部触及地面不能通过时,则分别称为触点失效或托尾失效。

汽车的通过性的几何参数主要有:最小离地间隙、接近角、离去角、纵向通过半径和横向通过半径等,如图 4-13 所示。

最小离地间隙　最小离地间隙是指汽车除车轮外的最低点与地面间的距离 $h_{\min}$。它表征了汽车无碰撞地越过凹凸不平地面障碍物的能力。

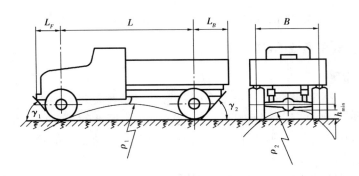

图 4-13  汽车通过性几何参数

汽车的纵向通过半径 $\rho_1$ 和横向通过半径 $\rho_2$   $\rho_1$ 是在汽车侧视图上作出的与前后轮及两轴间最低点相切的圆的半径;$\rho_2$ 是在汽车的正视图上所作与左右车轮及两轮中间轮廓线相切的圆的半径。它们表征汽车能无碰撞地通过小丘、拱桥及凸起路面等障碍物的轮廓尺寸,$\rho_1$,$\rho_2$ 愈小,汽车通过性愈好。

接近角 $r_1$ 与离去角 $r_2$   接近角、离去角是指车身前、后突出点向前、后车轮引切线,切线与路面的夹角。它表征汽车接近或离开障碍物时不发生碰撞的可能性。显然 $r_1$,$r_2$ 越大其通过性越好。

最小转弯半径 $R_H$   最小转弯半径是指转向盘转至极限位置时,从转向中心到前外轮接地中心的距离。它是汽车机动性的主要指标,对通过性也很有意义。因为它在很大程度上表征了汽车能够通过狭窄弯曲地带的能力。

### 4.6.2  汽车的倾覆失效

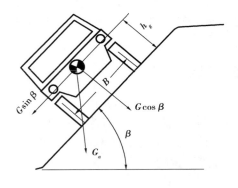

图 4-14  汽车的侧翻

越野汽车在通过障碍时,遇到大的纵坡或侧坡可能导致汽车的倾覆失效,见图 4-14。

在侧坡上直线行驶时,当坡度大到使重力 $G_a$ 通过一侧车轮接地中心,而另一侧车轮的地面法向反力为零时,则将发生侧翻。若重心高度为 $h_g$,轮距为 $B$,则此时:

$$G_a \cdot \sin \beta \cdot h_g = G_a \cdot \cos \beta \cdot B/2$$

则                   $$\tan \beta = B/2h_g \qquad (4-21)$$

$\beta$ 为汽车不发生侧翻的极限角。所以为了防止侧翻,汽车的重心应低,轮距应宽。应该指出的是,即使在良好路面上高速行驶的车辆因曲线行驶产生的侧向惯性力,也会导致侧翻。

### 4.6.3  提高汽车通过性的途径

装用副变速器和分动器以增加传动系的总传动比,使驱动轮获得足够大的驱动力。副变速器或分动器的低挡传动比往往选得比附着条件所限制的值要大,这是为了使汽车能在极低的速度下稳定行驶,因为在低速下汽车能够克服较大的道路阻力而不发生土壤的剪切破坏,从而保证了较大的附着力。

采用液力传动,使传动系载荷稳定,以减轻车轮对土壤的破坏。液力传动能使汽车长时间稳定地以低速行驶,因此改善了汽车的通过性。

　　增加车桥和驱动车轮数,以加大驱动力,改善附着状况。增加车轮数,每边车轮以单轮胎为好,它比双轮胎的行驶阻力小;增加驱动桥数,不仅增加了附着重力和驱动轮接地总面积,可发挥更大的驱动力和减少滑转,而且有利于提高通过垂直台阶的能力。因此,越野车为全轮驱动。

　　选择车轮参数以加大附着性,减少滚动阻力。增加轮胎直径和宽度,降低胎压都能降低接地比压,减小轮辙深度,从而减少滚动阻力。

　　控制轮距和桥荷分配,以减少滚动阻力。汽车前后轮距相等,前后轮胎宽度相同,可使后轮走在前轮压实的轮辙上。前桥负荷小于后桥负荷,使轮辙分步压实,不致使前轮陷得过深而拥土严重。这些措施均可减少滚动阻力。

# 第 **5** 章
# 汽车运行材料

汽车运行材料是指在车辆运行过程中,使用周期较短,消耗费用较大,对车辆使用性能有较大影响的一些非金属材料。主要包括车用燃料、车用润滑油、车用工作液和汽车轮胎等。汽车运行材料在运输成本中占很大的比重,燃料费用占汽车运输成本的 25% ~28%,轮胎费用占汽车运输成本的 10% ~20%。

运行材料使用的合理与否,不仅关系到运行材料的数量消耗和资源的充分利用,而且关系到汽车运行性能的合理发挥,以及汽车的耐久性、运输效率和使用维修成本,还关系到行车安全以及对环境污染的程度。因此,了解和掌握汽车运行材料,对充分发挥汽车使用性能、节约能源、降低使用成本有着重要意义。

## 5.1 汽车燃料

汽车燃料的主要作用是保证能够在发动机汽缸内正常燃烧。车用燃料主要包括车用汽油、车用柴油、车用替代燃料(如甲醇、乙醇、乳化燃料、天然气、石油气、氢气等)。随着汽车使用性能的不断提高,以及人们对生存环境的日益重视,现代汽车对车用燃料的品质提出了更加严格的要求。例如车用无铅汽油要低硫含量、低苯含量、低芳烃含量、低蒸汽压、低 90% 的蒸汽温度和高清洁性;车用轻柴油要高十六烷值、低硫含量、低多芳烃含量、低馏点和低密度等,以减少汽车排放污染物的含量。

### 5.1.1 汽油

汽油是一种从石油中提炼出来的,由碳、氢元素组成的烃类化合物,它密度小,易挥发,自燃点 415 ~530 ℃,可通过直馏法、热裂化法、催化裂化法等方法获得,其中催化裂化法能从石油中获得更多的优质车用汽油。

**(1)汽油的性能**

为满足汽油机工作需求,保证汽油机正常发挥其性能,汽车发动机对汽油的使用性能提出了更为严格的要求:应具有良好的蒸发性、较好的抗爆性、良好的氧化安定性、稳定的物理特性、良好的耐腐蚀性和良好的清洁性等。

1）汽油的抗爆性

汽油的抗爆性是指汽油在汽油发动机汽缸内燃烧时抗爆燃的能力。汽油在汽油机内的燃烧分正常燃烧和不正常燃烧。正常燃烧的特征为可燃混合气被电火花点燃后，在火花塞附近形成火焰中心，火焰逐渐向未燃混合气扩散（传播速度约为 20～25 m/s），汽缸内压力和温度上升均匀。不正常燃烧的特征为形成多个火焰中心，火焰传播速度快，汽缸内压力和温度上升急剧。

爆燃　这是一种常见的不正常燃烧，它是当混合气点燃后，火焰前沿的未燃混合气，在正常火焰的热辐射和压力作用下，处于高温、高压，加速了化学反应。若正常火焰未到之前，这部分混合气的化学反应已完成并引起自燃，此时新的火焰速度剧增，约为 1 500～2 500 m/s，产生了冲击压力波，撞击汽缸和活塞，出现异常声音。

爆燃危害性很大，所产生的强烈冲击波会使汽缸盖、活塞顶、汽缸壁、连杆、曲轴等机件的负荷增加，产生变形或损坏，爆燃的高温高压会破坏汽缸壁的润滑油膜的润滑性，加快发动机磨损，密封性下降，从而引起发动机功率降低，同时增加了冷却系统的负担，引起发动机过热；爆燃所引的局部高温，使燃烧产物分解为 HC、CO 和游离碳的现象增多，排气冒黑烟严重；所形成的积炭破坏活塞环、火花塞、气门等零件的正常工作，发动机可靠性下降。因此，汽油应具有良好的抗爆性，而抗爆性主要以辛烷值和抗爆指数作为其评价指标。

辛烷值　在规定条件下，用和试验汽油抗爆性相同的异辛烷 $C_8H_{18}$（抗爆性能最好，规定辛烷值为 100 个单位）和正庚烷 $C_7H_{16}$（抗爆性能最差，规定辛烷值为 0 个单位）所组成的标准燃料相比较，异辛烷的体积分数即表示其辛烷值。汽油的牌号就是根据异辛烷值规定的。例如 93 号汽油的辛烷值为 93，即它的抗爆性能与含有 93% 的异辛烷的标准燃料相同。

抗爆指数　马达法辛烷值和研究法辛烷值的平均值。马达法辛烷值和研究法辛烷值是不同的试验条件的两种辛烷值，分别表示汽油在发动机重负荷条件下高速运转时和发动机在常有加速条件下低速运转时的抗爆能力，取两者的平均值能较全面地反映汽油在车辆运行中的抗爆能力。

提高汽油的辛烷值，采用的方法一是选择良好的原料，改进加工工艺，如催化裂化、加氢裂化和催化重整等工艺，生产出高辛烷值的汽油；二是向产品中调入抗爆性能优良的高辛烷值成分，如异辛烷、异丙苯、烷基苯、醇类等；三是向汽油中加入甲基叔丁基醚（MTRBE）、羰基锰（MMT）等抗爆剂。

2）汽油的蒸发性

汽油的蒸发性是指汽油由液态转化为气态的性质。汽油平时呈液态，而在发动机燃烧室中燃烧时，是在气态下进行的。现代汽油发动机的转速很高，汽油燃烧前在发动机内蒸发的时间十分短促，要想在如此短的时间内形成均匀的混合气体，就要求汽油本身具有良好的蒸发性能。蒸发性越好，就越易气化；但蒸发性过高，它又将使汽油的保管损耗加大，在夏季时，汽油易产生气阻，使发动机的供油不畅。

衡量汽油蒸发性的评价指标是馏程和蒸气压。

馏程　油品在规定条件下蒸馏时，从初馏点到终馏点的温度范围。馏程的测定按 GB/T 6536—1997《石油产品蒸馏测定法》中的规定进行。100 mL 汽油在规定条件下，馏出第一滴汽油的气相温度称为初馏点，馏出 10 mL、50 mL、90 mL 时的气相温度分别称为 10% 蒸发温度、50% 蒸发温度、90% 蒸发温度，蒸馏出最后一滴汽油时的气相温度就是终馏点。它表示汽油中重质馏分的含量。

初馏点表示汽油中轻质馏分的沸点。

10%蒸发温度表示汽油的启动性能,它对汽油机启动难易有决定性影响,同时也与发动机供给系产生气阻的倾向有密切关系。10%蒸发温度愈低,发动机愈易启动,尤其在冬季表现突出;但也不可过低,否则在夏季或大气压较低的高原或高山地区,产生气阻的现象增加。

50%蒸发温度代表汽油的平均蒸发能力,它对汽油机启动后到正常工作温度的预热时间、加速性能和工作稳定性有很大影响。

90%蒸发温度同终馏点一样,表示汽油中重质馏分的含量,值愈高,说明汽油中重质馏分含量较多,形成混合气体中汽油不能完全蒸发,也不能完全燃烧,使发动机出现排气冒黑烟、耗油量增大。同时未完全燃烧的汽油还会冲刷汽缸壁上润滑油膜,增大磨损。如进入油底壳,还会稀释发动机润滑油,影响正常润滑。90%蒸发温度和终馏点都是用来控制汽油中重质馏分的指标,不同的是前者控制量的多少,后者控制上限。

蒸气压  也叫饱和蒸气压,是指在规定条件下,汽油在适当的试验仪器中蒸发达到平衡状态时,汽油蒸气所显示的最大压力。它表示汽油的平均蒸发性能。它对燃油供给系产生气阻倾向有直接影响。同时还与汽油在储存、运输和使用过程中蒸发损耗的倾向关系密切。国家规定该值从9月16日到3月15日不大于88 kPa;3月16日到9月15日不大于74 kPa。

3)汽油的氧化安定性

汽油的氧化安定性是指汽油在储存和使用过程中,抵抗氧化生胶而保持自身性质不发生永久性变化的能力。安定性差的汽油,在储存和使用过程中,容易发生氧化、缩合和聚合反应,生成酸性物质和胶状物质,且使汽油辛烷值下降。所生成的胶状物质不能挥发,沉积在滤清器、油管、喷油器等部位,影响燃料的供给和混合气的形成;胶状物质还易黏在进气门上,使进气门产生黏着现象,导致进气关闭不严,造成发动机的动力性和经济性下降;胶状物质进入发动机汽缸后还极易在高温下分解,生成大量积炭积聚在燃烧室、气门、活塞顶及活塞环槽等部位,造成汽缸散热不良,使零件局部过热;同时积炭还会增大压缩比,增大早燃和爆燃的倾向;如积炭沉积在火花塞上,还会导致点火不良等。所以,从发动机使用角度考虑,应要求汽油具有良好的氧化安定性。其评价指标为实际胶质和诱导期。

实际胶质  是指在规定条件下,测得的汽油蒸发残留物中正庚烷的不溶部分。国家规定该值不超过5 mg/100 mL。

诱导期  是指在规定的加速氧化条件下,油品处于稳定状态所经历的时间周期。国家规定该值不小于480 min。

4)汽油的腐蚀性

汽油本身的成分是各种烃类的混合物,没有腐蚀性,而汽油在通常的运输、储存和使用中,对多种金属容器或零件接触造成的腐蚀却是由汽油中硫及硫化物、有机酸及水溶性酸或碱等非烃类物质所引起的,对这些物质必须严格加以控制。控制汽油腐蚀性的指标有硫含量、铜片腐蚀试验、硫醇硫含量、博士试验和水溶性酸或碱。

硫含量  是指存在于汽油中的硫和一切硫化物中硫的总含量,以质量百分比表示。测定方法按GB/T 380—1977《石油产品硫含量测定法(燃灯法)》的规定进行。国家规定其含量不超过0.05%。

铜片腐蚀试验  是直接用铜片检查汽油有无腐蚀作用的试验,如铜片发生颜色变化则说明汽油中有腐蚀物质。铜片腐蚀试验主要检查汽油中是否含有单质硫和活性硫化物。试验按照 GB/T 5096—1985《石油产品铜片腐蚀试验法》的规定进行。

　　硫醇硫含量　硫醇硫属活性硫化物，它不仅对金属产生腐蚀，还会使燃料产生恶臭，故燃料中要限制其含量。国家标准中以硫醇硫在汽油中所占质量百分比表示。其测定方法按 GB/T 1972—1988《馏分燃料中硫醇硫测定法（电位滴定法）》的规定进行。

　　博士试验　是指向汽油中加入一定量的亚铅酸溶液后，看有无黑色沉淀生成，以判定汽油中是否含有硫化氢或硫醇的试验。该试验按照 SH/T 0174—1992《芳烃和轻质石油产品定性试验法（博士试验法）》的规定进行。

　　水溶性酸或碱　此试验主要用来判定汽油中是否存在可溶于水的酸性或碱性物质。水溶酸或碱对金属有强烈的腐蚀作用，汽油中不允许存在。其测定按照 GB/T 259—1988《石油产品水溶性酸及碱测定法》的规定进行。

　　5）汽油的其他性质

　　汽油的其他性质主要包括：对环境的无害性和汽油本身的清洁性等。

　　汽油的无害性是指汽油在发动机内燃烧后的燃烧产物不对机动车排放、人体健康和生态环境产生不利影响的性能，它与汽油的组分有关。对排放产生不利影响的主要有铅、锰、铁、铜、磷、硫等；对人体健康和生态环境产生不利影响的主要有苯、烯烃、芳香烃等有机物。汽油无害性的限制标准按 GWKB—1999《车用无铅汽油有害物质控制标准》执行。

　　汽油的清洁性是指汽油中不应含有机械杂质及水分。机械杂质及水分的测定分别按 GB/T 511—1988《石油产品和添加剂机械杂质测定法（重量法）》、GB/T 260—1977《石油产品水分测定法》的规定进行。

　　**（2）汽油的牌号、规格及选用**

　　1）汽油的牌号和规格

　　汽油的牌号是按辛烷值划分的，我国目前实施的是 GB17930—1999《车用无铅汽油》，该标准按研究法辛烷值（RON）将我国车用汽油分为 90 号、93 号和 95 号三种牌号，又经过 3 次修改，其规格如表 5-1 所示。

　　同时，部分地区也根据当地的情况，颁布了不少地方性法规，增加了 97 和 98 牌号的无铅汽油的技术要求标准，旨在进一步提高我国的无铅汽油的质量，向国际水平不断靠近。

　　2）汽油的选用

　　不同型号的汽车发动机的压缩比不同，所选用汽油的牌号也要不同，不能认为只要是汽油就可以加。若汽油的辛烷值满足不了发动机压缩比的要求，发动机则会产生爆燃，影响汽车的正常使用。因而，正确选用汽油牌号不仅可延长发动机的使用寿命，而且还可达到节油的目的。车用汽油的选用主要是根据发动机的压缩比，发动机的压缩比越高，所需使用的汽油牌号就越高，可在汽车的使用说明书中查到发动机的压缩比和汽车生产厂家推荐的汽油牌号，车用汽油的基本选用原则见表 5-2。

表 5-1  汽油的规格

| 项　目 | | 质量指标 | | | 试验方法 |
|---|---|---|---|---|---|
| | | 90# | 93# | 95# | |
| 抗爆性：<br>研究法辛烷值（RON）<br>抗爆指数（RON + MON）/2 | 不小于<br>不小于 | 90<br>85 | 93<br>88 | 95<br>90 | GB/T 5487<br>GB/T 503<br>GB/T 5487 |
| 铅含量[1],g/L | 不大于 | 0.005 | | | GB/T 8020 |
| 馏程：<br>10% 蒸发温度,℃<br>50% 蒸发温度,℃<br>90% 蒸发温度,℃<br>终馏点,℃<br>残留量,%（V/V） | 不高于<br>不高于<br>不高于<br>不高于<br>不大于 | 70<br>120<br>190<br>205<br>2 | | | GB/T 6636 |
| 蒸气压,kPa<br>从 9 月 16 日至 3 月 15 日<br>从 3 月 16 日至 9 月 15 日 | 不大于<br>不大于 | 88<br>74 | | | GB/T 8017 |
| 实际胶质[2],mg/100 mL | 不大于 | 5 | | | GB/T 8019 |
| 诱导期[3],min | 不小于 | 480 | | | GB/T 8018 |
| 硫含量[4],%（m/m） | 不大于 | 0.05 | | | GB/T 380<br>GB/T 11140<br>SH/T 0253<br>SH/T 0689<br>SH/T 074 |
| 硫醇(需满足下列要求之一)：<br>博士试验<br>硫醇硫含量,%（m/m） | <br><br>不大于 | 通过<br>0.001 | | | SH/T 0174<br>GB/T 1792 |
| 铜片腐蚀(50C,3 h),级 | 不大于 | 1 | | | GB/T 5096 |
| 水浴性酸或碱 | | 无 | | | GB/T 259 |
| 机械杂质及水分 | | 无 | | | 目测[5] |
| 苯含量[6],%（V/V） | 不大于 | 2.5 | | | SH/T 0713<br>SH/T 0693 |
| 芳烃含量[7],%（V/V） | 不大于 | 40 | | | GB/T 11132<br>SH/T 0741 |

续表

| 项　目 | | 质量指标 | | | 试验方法 |
|---|---|---|---|---|---|
| | | 90# | 93# | 95# | |
| 烯烃含量⑦,%(V/V)　不大于 | | 35⑧ | | | GB/T 11132<br>SH/T 0741 |

注:1. 不得人为加入甲醇,车用无铅汽油中的甲醇检出限量为不大于0.1%(质量分数)。如加入其他有机含氧化合物,其氧含量不得大于2.7%(质量分数),试验方法均采用 SH/T 0663。

2. 锰含量是指汽油中以甲基环戊二烯三羰基锰(MMT)形式存在的锰含量的总和。其检出限量为不大于0.018 g/L,试验方法采用 SH/T 0711。

3. 铁不得人为加入,考虑到在炼油过程、运输和储存产品时铁的污染,其检出限量为不大于0.01 g/L,试验方法采用 SH/T 0712。

4. 从2000年7月1日起,在北京、上海和广州销售的车用无铅汽油中应加入有效的汽油清净剂。

①本标准规定了铅含量最大限值,但不允许故意加铅。为了便于与加铅汽油区分,车用无铅汽油不添加着色染料。考虑到2000年1月1日全国停止生产含铅汽油,2000年7月1日全国停止销售和使用含铅汽油,加油站在2000年7月1日前允许车用无铅汽油铅含量不大于0.013 g/L。

②实际胶质允许用 GB/T 509 方法测定,仲裁试验以 GB/T 0019 方法测定结果为准。

③诱导期允许用 GB/T 256 方法测定,仲裁试验以 GB/T 8018 方法测定结果为准。

④硫含量仲裁试验以 GB/T 380 方法测定结果为准。

⑤将试样注入100 mL玻璃量筒中观察,应当透明,没有悬浮和沉降的机械杂质及水分。在有异议时,以 GB/T 511 和 GB/T 260 方法测定结果为准。

⑥苯含量仲裁试验以 SH/T 0713 方法测定结果为准。

⑦芳烃含量和烯烃含量,仲裁试验均以 GB/T 11132 方法测定结果为准。

⑧从2000年7月1日起,在北京、上海和广州实施;2003年1月1日起,在全国范围内实施。

表 5-2　汽油牌号的选用

| 压缩比 | 8.0 以下 | 8.0~8.5 | 8.5~9.5 | 9.5~10.5 |
|---|---|---|---|---|
| 应选汽油牌号 | 90# | 93# | 93#、95# | 97#、98# |

### 5.1.2　柴油

柴油同汽油一样,是从石油中提炼出来的,也是由碳、氢元素组成的烃类化合物。在石油蒸馏过程中,温度在200~350 ℃的馏分即为柴油。柴油可分为轻柴油、重柴油等品种。轻柴油用于高速柴油机,重柴油用于中低速柴油机,汽车用柴油机属于高速柴油机,所用柴油为轻柴油。

**(1)柴油的性能**

轻柴油与汽油相比,具有馏分重,自燃点低(200~300 ℃),黏度大,相对密度大,蒸发性差,储存和运输过程中损耗少,使用安全等特点。由于柴油机的可燃混合气形成方式、点火方式、燃烧过程等与汽油机不同,所以柴油机要求的柴油使用性能与汽油不同。同时随着国家对车辆排放控制的更加严格,要求的柴油性能也逐步提升,为保证柴油发动机正常、高效工作,满足排放要求,对柴油主要性能要求有:良好的低温流动性、良好的雾化和蒸发性、良好的燃烧性、良好的安定性、自身的清洁性及对机件的腐蚀性等。

1)轻柴油的低温流动性

轻柴油的低温流动性是指低温条件下轻柴油具有一定的流动状态的性能。轻柴油的密度和黏度都比汽油大,在低温条件下,柴油能否在发动机燃油供给系中顺利地泵送和通过燃油滤清器,是保证柴油机正常供油的关键。轻柴油低温流动性的评价指标为凝点、浊点和冷滤点。我国采用凝点和冷滤点,日本采用凝点,美国采用浊点,欧洲采用冷滤点。

凝点 轻柴油在一定试验条件下,冷却到液面不移动的最高温度,称为轻柴油的凝点。我国柴油的牌号即按凝点划分。轻柴油凝点的测定按 GB/T 510—1983《石油产品凝点测定法》的规定进行。

浊点 轻柴油中开始出现浑浊的最高温度称为浊点。柴油出现浑浊是由于随着温度的降低开始析出石蜡晶体所致。轻柴油浊点的测定按 GB/T 6986—1986《石油产品浊点测定法》的规定进行。

冷滤点 轻柴油在规定的条件下冷却,以 2 kPa 的真空压力进行抽吸,其不能以 20 mL/min 的流量通过一定规格过滤器(363 目/in²)的最高温度,称为轻柴油的冷滤点。目前,国内外评价柴油低温流动性时,广泛采用冷滤点。冷滤点的测定按 SH/T 0248—1992《馏分燃料、柴油冷滤点测定法》的规定进行。

2)轻柴油的雾化和蒸发性

轻柴油的雾化和蒸发性是指轻柴油在柴油机汽缸内经喷油器喷出时分散成液体雾粒及液体雾粒汽化蒸发的能力。在既定燃烧室和喷油设备的前提下,柴油的雾化和蒸发就决定了可燃混合气形成的品质和速度。轻柴油的雾化和蒸发性的评价指标有馏程、运动黏度、密度和闪点。

馏程 柴油馏程测定方法与汽油的基本相同,评定柴油的蒸发性采用的是 50% 回收温度、90% 回收温度和 95% 回收温度三个温度点。

50% 回收温度表示柴油中轻质馏分的含量,该温度越低说明油中轻质馏分多,蒸发性好,易形成均匀的混合气,柴油机易启动。国家规定不超过 300 ℃。

90% 回收温度和 95% 回收温度,表示柴油中重质馏分的含量。温度越高,形成混合气的质量越差,燃烧越不完全,易造成发动机排气冒烟,功率下降,油耗增多,零件磨损增大等。国家规定轻柴油的 90% 回收温度不高于 355 ℃,95% 回收温度不高于 365 ℃。

运动黏度 黏度是指液体在外力作用下发生移动,在液体分子间所呈现的内部摩擦力。它是表示油品流动性能好坏的一项指标。黏度小的油品流动性能好,同时黏度也会随温度变化而变化,称为黏温性能。一般是温度升高,黏度变小。所以某一油品的黏度必须标明温度。其测定按照 GB/T 265—1998《石油产品运动黏度测定法和动力黏度计算法》的规定进行。

密度 柴油密度过大,将使雾化质量变差,混合气燃烧条件恶化,排气冒黑烟,发动机经济性下降。柴油密度大也是柴油中芳烃含量多的标志,将促进发动机工作粗暴现象的发生。其测定按 GB/T 1884—2000《原油和液体石油产品密度测定法(密度计法)》的规定进行。

闪点 在规定试验条件下,加热油品所产生的蒸气与周围空气形成混合气接触火焰瞬间闪火的最低温度称为闪点。根据测定仪器的不同,闪点有开口闪点和闭口闪点两种。闪点低不仅会使蒸发损失增大,其产生的大量柴油蒸气也会造成失火隐患,易引起火灾。因此,闪点不仅是柴油蒸发性的评价指标,还是柴油安全性的评价指标。在储存、运输过程中严禁将油品加热到闪点温度,如确需加热,最高温度一般应低于闪点 20 ~ 30 ℃。闭口闪点的测定按 GB/T 261—1983《石油产品闪点测定法(闭口杯法)》的规定进行。

3)轻柴油的燃烧性

轻柴油的燃烧性是指柴油在柴油机中是否容易着火,并防止柴油机发生工作粗暴现象的能力。轻柴油在发动机汽缸内的燃烧过程可分为着火延迟期、速燃期、缓燃期、补燃期四个阶段。为保证柴油机良好工作,要求柴油的着火延迟期较短,先期进入汽缸的柴油迅速完成燃烧前准备,着火燃烧,再逐步引燃随后进入的燃料,使速燃期汽缸压力上升平稳,柴油机工作柔和,并使缓燃阶段的柴油迅速燃烧,最好不出现补燃期。

若柴油燃烧性能差,着火延迟期变长,造成柴油机工作粗暴,产生敲击声,加速零件磨损,使发动机功率下降、油耗增加。若燃烧性过好,自燃点过低,着火延迟期过短,导致燃料燃烧不完全,柴油机输出功率下降,燃料消耗增大。故轻柴油应具有较好的燃烧性能,但不可过好。柴油燃烧性的评价指标是十六烷值和十六烷指数。

十六烷值　这是表示压燃式发动机燃料燃烧性能的一个约定值。它是规定条件下,用与试验柴油燃烧性能相同的正十六烷 $C_{16}H_{34}$(燃烧性能良好,规定其十六烷值为100)和 $\alpha$-甲基萘 $C_{11}H_{10}$(燃烧性能差,规定其十六烷值为0)所组成的标准燃料进行比较来测定的,正十六烷值的体积百分数即表示十六烷值。其测定按 GB/T 386—1991《柴油着火性质测定法(十六烷法)》的规定进行。

十六烷指数　表示柴油燃烧性能的一个计算值,是一种不做发动机试验情况下,估计柴油十六烷值的简单方法。

$$十六烷指数 = 431.29 - 1\,586.88\rho_{20} + 730.97(\rho_{20})^2 + 12.392(\rho_{20})^3 + 0.051\,5(\rho_{20})^4 - 0.554B + 97.803(\lg B)^2$$

式中,$\rho_{20}$——柴油在 20 ℃时的密度,$g/cm^3$;

　　　$B$——柴油的沸点,℃。

4)轻柴油的安定性

柴油的安定性包括储存安定性和热安定性。储存安定性是指柴油在运输、储存和使用过程中保持外观、组成和使用性能不变的能力;热安定性是指在柴油在柴油机的高温条件下,以及溶解氧的作用下,发生变质的倾向。柴油安定性的评价指标有色度、氧化安定性和10%蒸余物残炭。

色度　即油品颜色的深浅,用色号表示。色度可直观反映油品安定性的好坏。其测定按 GB/T 65040—1986《石油产品颜色测定法》的规定进行。

氧化安定性　是指 100 mL 柴油在规定条件下氧化后所测得的总不溶物的毫克数。其测定按 SH/T 0175—1994《馏分燃料氧化安定性测定法(加速法)》的规定进行。

10%蒸余物残炭　是指柴油馏程试验中馏出 90% 后的蒸余物作为试样,经强烈加热一定时间让其裂解后,所形成的残留物。残炭值为残留物质量与原试样质量之比。该值反映了柴油馏分的轻重和精制的程度。其测定按 GB/T 268—1987《石油产品残炭测定法》的规定进行。

5)轻柴油的腐蚀性

轻柴油的腐蚀性主要由硫化物和有机酸等成分产生。硫化物的存在,尤其是硫的含量过大会对柴油机产生较大危害,直接影响发动机的使用寿命。有机酸除对机件具有腐蚀作用外,还会使喷油器头部和燃烧室积炭增多,喷油泵柱塞副磨损加剧,进而导致汽缸活塞组件磨损加剧,柴油机喷油恶化、功率下降。柴油腐蚀性的评价指标是硫含量、酸度和铜片腐蚀试验,有关测定方法与测定汽油的方法相同。

6)轻柴油的清洁性

轻柴油的清洁性是指轻柴油中不应含机械杂质和水分,燃烧不产生灰分等。机械杂质、水分及灰分的测定分别按 GB/T 511—1988《石油产品和添加剂机械杂质测定法(重量法)》、

GB/T 260—1977《石油产品水分测定法》和 GB/T 508—1985《石油产品灰分测定法》的规定进行。

**（2）柴油的牌号、规格和选用**

1）柴油的牌号和规格

柴油的牌号是由凝点的高低划分的，在我国分为 10 号、5 号、0 号、–10 号、–20 号、–35 号、–50 号 7 种牌号。目前我国轻柴油质量标准执行 GB252—2000《轻柴油》（表 5-3），车用柴油标准推荐执行 GB/T 19147—2003《车用柴油》（表 5-4）。

表 5-3　轻柴油（GB 252—2000）

| 项　目 | | $10^{\#}$ | $5^{\#}$ | $0^{\#}$ | $-10^{\#}$ | $-20^{\#}$ | $-35^{\#}$ | $-50^{\#}$ | 试验方法 |
|---|---|---|---|---|---|---|---|---|---|
| 色度，号 | 不大于 | | | | 3.5 | | | | GB/T 6540 |
| 氧化安定性：<br>总不溶物① mg/100 mL | 不大于 | | | | 2.5 | | | | SH/T 0175 |
| 硫含量，%（m/m）② | 不大于 | | | | 0.2 | | | | GB/T 380 |
| 酸度，mgKOH/100 mL | 不大于 | | | | 7 | | | | GB/T 258 |
| 10% 蒸余物残炭③，%（m/m） | 不大于 | | | | 0.3 | | | | GB/T 268 |
| 灰分，%（m/m） | 不大于 | | | | 0.01 | | | | GB/T 508 |
| 铜片腐蚀（50 ℃，3 h），级 | 不大于 | | | | 1 | | | | GB/T 5096 |
| 水分④，%（V/V） | 不大于 | | | | 痕迹 | | | | GB/T 260 |
| 机械杂质④ | | | | | 无 | | | | GB/T 511 |
| 运动黏度（20 ℃），mm²/s | | | 3.0 ~ 8.0 | | | 2.5 ~ 8.0 | | 1.8 ~ 7.0 | | GB/T 265 |
| 凝点，℃ | 不高于 | 10 | 5 | 0 | –10 | –20 | –35 | –50 | GB/T 510 |
| 冷滤点，℃ | 不高于 | 12 | 8 | 4 | –5 | –14 | –29 | –44 | SH/T 0248 |
| 闪点（闭口），℃ | 不低于 | | | 55 | | | 45 | | GB/T 261 |
| 十六烷值 | 不小于 | | | 45⑤ | | | | | GB/T 386 |
| 馏程：<br>50% 回收温度，℃<br>90% 回收温度，℃<br>95% 回收温度，℃ | 不高于<br>不高于<br>不高于 | | | 300<br>355<br>365 | | | | | GB/T 6536 |
| 密度（20 ℃），kg/m³ | | | | 实测 | | | | | GB/T 1884<br>GB/T 1885 |

注：①为保证项目，每月必须检测一次。在原油性质变化，加工工艺条件改变，调和比例变化及检修开工后等情况下应及时检验。

②可用 GB/T 11131、GB/T 11140 和 GB/T 17040 方法测定。结果有争议时，以 GB/T 380 方法为准。

③若柴油中含有硝酸酯型十六烷值改进剂，10% 蒸余物残炭的测定，必须用不加硝酸酯的基础燃料进行。柴油中是否含有硝酸酯型十六烷值改进剂的检验方法可用 GB/T 17144 附录 A 的方法测定。结果有争议时，以 GB/T 268 方法为准。

④可用目测法，即将试样注入 100 mL 玻璃量筒中，在室温（20 ± 5）℃下观察，应当透明，没有悬浮和沉降的水分及机械杂质。结果有争议时，按 GB/T 260 或 GB/T 511 测定。

⑤由中间基或环烷基原油生产的各号轻柴油十六烷值允许不小于 40（有特殊要求者由供需双方确定），可用 GB/T 11139 或 SH/T 0694 方法计算。结果有争议时，以 GB/T 386 方法为准。

表 5-4　车用柴油（GB/T 19147—2003）

| 项　目 | 质量指标 | | | | | | | 试验方法 |
|---|---|---|---|---|---|---|---|---|
| | 10# | 5# | 0# | −10# | −20# | −35# | −50# | |
| 氧化安定性：<br>总不溶物①,(mg/mL)　不大于 | 2.5 | | | | | | | SH/T 0175 |
| 硫②含量,%　不大于 | 0.05 | | | | | | | GB/T 380 |
| 10%蒸余物残炭③,%　不大于 | 0.3 | | | | | | | GB/T 268 |
| 灰分,%　不大于 | 0.01 | | | | | | | GB/T 508 |
| 铜片腐蚀(50℃,3 h),级　不大于 | 1 | | | | | | | GB/T 5096 |
| 水分,%　不大于 | 痕迹 | | | | | | | GB/T 260 |
| 机械杂质④ | 无 | | | | | | | GB/T 511 |
| 润滑性：<br>磨痕直径(60℃)⑤,μm　不大于 | 460 | | | | | | | ISO 12156-1 |
| 运动黏度(20℃),mm²/s　不大于 | 3.0~8.0 | | | | 2.5~8.0 | 1.8~7.0 | | GB/T 256 |
| 凝点,℃　不高于 | 10 | 5 | 0 | −10 | −20 | −35 | −50 | GB/T 510 |
| 冷滤点,℃　不高于 | 12 | 8 | 4 | −5 | −14 | −29 | −44 | SH/T 0248 |
| 闪点(闭口),℃　不低于 | 55 | | | | 50 | | 45 | GB/T 261 |
| 着火性(需满足下列要求之一) | | | | | | | | GB/T 386 |
| 十六烷值　　　小于 | 49 | | | | 46 | | 45 | GB/T 11139 |
| 十六烷指数　　不小于 | 46 | | | | 46 | | 43 | SH/T 0694 |
| 馏程：<br>50%回收温度,℃　不高于 | 300 | | | | | | | GB/T 6536 |
| 90%回收温度,℃　不高于 | 355 | | | | | | | |
| 95%回收温度,℃　不高于 | 365 | | | | | | | |
| 密度(20℃),kg/m³ | 820~860 | | | | 800~840 | | | GB/T 1884<br>GB/T 1885 |

注：①总不溶物为出厂保证项目,每月应检测一次。在原油性质变化、加工工艺条件改变、调和比例变化及检修开工后等情况下应及时检测。对特殊要求用户,按双方合同要求进行检验。

②硫含量可用 GB/T 11131、GB/T 11140、GB/T 17040、GB/T 12700、GB/T 17040 和 SH/T 0689 方法测定。结果有争议时,以 GB/T 380 方法为准。

③蒸余物残炭可用 GB/T 17144《石油产品残炭测定法（微量法）》方法测定。结果有争议时,以 GB/T 265《石油产品残炭测定法（康氏法）》方法为准。若柴油中含有硝酸酯型十六烷值改进剂及其他性能添加剂时,10% 蒸余物残炭的测定,必须用不加硝酸酯及其他性能添加剂的基础燃料进行。柴油中是否含有硝酸酯型十六烷值改进剂可用本标准附录 A 中的方法检验。

④机械杂质可用目测法,即将试样注入 100 mL 玻璃筒中,在室温(20±5)℃下观察,应当透明、没有悬浮和沉降的水分及机械杂质。如果有争议时,按 GB/T 260《石油产品水分测定法》或 GB/T 511《石油产品和添加剂机械杂质测定法（称量法）》测定。

⑤润滑性指标磨痕直径为出厂保证项目,对特殊要求用户,按双方合同要求进行检验。

2）柴油的选用

车用轻柴油的选用主要考虑环境温度,并应遵循以下原则:

①根据柴油使用地区风险率10%的最低气温选用柴油牌号

风险率10%的最低气温应高于柴油的冷滤点。根据 GB 252—2000 标准要求,选用轻柴油牌号应遵照表5-5 的规定。

表5-5　柴油的选用

| 牌　　号 | 适用温度范围 |
|---|---|
| 10# | 适用于有预热设备的柴油机 |
| 5# | 适用于风险率为10%的最低气温在8℃以上的地区使用 |
| 0# | 用于风险率为10%的最低气温在4℃以上的地区使用 |
| −10# | 用于风险率为10%的最低气温在−5℃以上的地区使用 |
| −20# | 用于风险率为10%的最低气温在−14℃以上的地区使用 |
| −35# | 用于风险率为10%的最低气温在−29℃以上的地区使用 |
| −50# | 用于风险率为10%的最低气温在−44℃以上的地区使用 |

②在气温允许的情况下尽量选用高牌号柴油

③注意季节气温变化对用油的影响

### 5.1.3　车用替代燃料

汽车在给人类带来方便和财富的同时,也消耗了大量不可再生的石油资源,随着汽车保有量的不断增加,对人类的生存环境也产生了严重的污染。在这种双重作用下,开发和寻求污染少、经济便宜的车用替代燃料已成当务之急。

目前,有广阔前景的替代燃料主要有醇类燃料、乳化燃料、天然气、液化石油气、氢气等。

**(1)醇类燃料**

醇类燃料主要有甲醇和乙醇。它具有辛烷值高、蒸发潜热大、着火极限宽、热值低、腐蚀性大、易产生气阻、储存使用方便、排放污染低等特点,目前,它们在技术和成本方面已经达到实用阶段,在汽油机中可采用掺醇燃烧和纯醇燃烧。但由于醇类燃料的着火性差,在柴油机上使用还比较困难。

我国醇类燃料的资源比较丰富,可从多种原料中进行提取。煤炭作为提取甲醇的物质之一,储量丰富,以甲醇作为替代燃料,可弥补石油供应量不足。我国作为农业大国,长期库存积压的陈化粮可作为乙醇的提取原料,也可缓解我国石油紧缺的矛盾。

**(2)乳化燃料**

乳化燃料是指汽油和柴油等燃油与水相混合并经特殊处理后形成的一种相对稳定的乳化液。使用乳化燃料不仅能减少发动机排放的氮氧化物($NO_x$)等有害成分的含量,而且能有效地降低燃料的消耗。所以使用乳化燃料是节约能源和降低污染的良好措施之一。

乳化燃料的燃烧是个非常复杂的过程,其节能降污的原理尚在研究之中,其乳化的方法是借助具有乳化作用的表面活性添加剂,结合超声波法或机械混合法,使油和水混合变得相对容易,并可保证乳化液的稳定性。

**（3）天然气**

天然气是各种替代燃料中最早被广泛采用的一种。天然气汽车自20世纪30年代就开始在意大利使用,我国的天然气汽车工业始于20世纪80年代。目前,天然气汽车已受到各国政府的普遍重视,21世纪将是天然气汽车大发展的时代。

天然气主要成分是甲烷（$CH_4$）,其体积一般占天然气的80%～99%。与其他燃料相比,具有着火极限宽、与空气的理论混合气热值低、火焰传播速度低、点火能量高、抗爆燃性能好、密度小、排放污染小、携带性较差、发动机磨损小等突出特点。

由于产地的地理位置和地质结构不同,天然气可分为气田气和油田气两种。天然气作为车用燃料的替代品,有压缩天然气（CNG）和液化天然气（LNG）两种存在形式,并以此作为天然气汽车的分类依据。在使用天然气汽车中,应注意汽车天然气的储存、加注及合理运用等天然气汽车技术。

**（4）液化石油气**

液化石油气价格便宜,容易液化,储存和使用方便,其配套设施如加气站等建设费用也比较低。所以液化石油气作为替代燃料,近几年来发展较快。我国液化石油气资源包括油田和石油炼厂两个方面,但由于它是石油开采和石油精炼过程中的伴生物,它的来源受石油资源的限制,不能成为汽油、柴油的稳定替代能源。

液化石油气主要成分是丙烷和丁烷,作为车用替代燃料,具有抗爆性能高、排放污染小、火焰传播速度慢、点火能量高、与空气理论混合气热值低及便于携带的突出特点。

液化石油气汽车按燃料供给系统不同,可分为专用液化石油气汽车、液化石油气与汽油两用燃料汽车、液化石油气和柴油双燃料汽车等。

**（5）氢气**

氢气作为内燃机的替代燃料,有两个非常突出特点:一是其来源可用水制取,燃烧后又生成水,这种快速的资源循环,使得氢气取之不尽,用之不竭,这决定了它可能在未来资源耗尽时起主导作用;二是氢气非常的清洁,其燃烧物生成水,没有污染物。

氢气作为燃料,具有着火界限宽、点火能量低、与空气的理论混合气热值低、火焰传播速度高、自燃温度高、排放污染小、发动机热效率高、磨损小等突出特点。在其使用上可单独使用也可与汽油混合作为发动机燃料。

氢气的储存常用金属氢化物、高压容器、液氢三种方式。由于其自燃温度高,在储存和使用中一定要注意安全。但由于还存在液氢的保温、无廉价的制氢方法及燃氢所需的供给系统等技术难题,限制了其推广使用。但从长远和发展的观点来看,氢气是最有前途的替代燃料。

# 5.2  车用润滑材料

汽车在任何运行机构中,运动副的零件表面间都会产生摩擦,润滑材料的作用是减少摩擦机件的磨损,降低摩擦消耗的功率,冷却和清洁零件表面,保护机件不受腐蚀和密封摩擦机件间的间隙。车用润滑材料主要包括发动机润滑油、车辆齿轮油、车用润滑脂等。

### 5.2.1　发动机润滑油

**(1)发动机润滑油的作用**

润滑作用　在各种不同的发动机工况下,润滑油都能在摩擦表面上形成足够牢固的油膜或其他形式的抗磨保护膜,从而减少摩擦和磨损。

冷却作用　及时导出摩擦生成的热,使机件保持正常温度。

清洁作用　从摩擦面带走磨屑和其他外来的机械杂质。

密封作用　可靠地密封发动机润滑油存在的所有间隙。

防蚀作用　润滑油本身不具有磨蚀性,并且能保护发动机需要润滑油的零件不受外界腐蚀性介质的作用。

**(2)发动机润滑油的性能**

润滑性　在各种润滑条件下,发动机润滑油降低摩擦、减缓磨损和防止其金属零部件在正常工作中烧结损坏的能力。黏度是评定润滑性的重要指标。但对于边界润滑,主要是油性剂和极压剂作用,所以发动机润滑油的润滑性还必须通过相应的发动机润滑油试验来评定。

低温操作性　润滑油自身保证其在低温下容易冷启动和可靠地供给发动机润滑油的性能。其主要的评价指标是发动机润滑油的低温黏度、边界泵送温度和倾点等。

黏温性　润滑油黏度随温度升降而发生变化的性质。其评价指标是发动机润滑油的黏度指数。粘温性能好的润滑油,温度引起升降的黏度变化小。

清净分散性　发动机润滑油能抑制积炭、漆膜和油泥生成,或将已经生成的这些沉积物冲入润滑油中予以清除的性能。它主要通过相应的发动机润滑油试验来评定。

抗氧化性　在一定条件下,发动机润滑油抗氧化变质的能力。它也是通过相应的发动机润滑油试验来评定。

抗腐性　发动机润滑油抵抗腐蚀物质对发动机金属零部件腐蚀的能力。其评价指标是中和值或酸值,同时还要进行相应的发动机润滑油试验。

抗泡性　发动机润滑油抑制并消除其泡沫的性质。其评价指标为生成泡沫倾向和泡沫稳定性等两项。

**(3)发动机润滑油的分类和规格**

1)发动机润滑油的分类

目前我国的发动机润滑油按黏度和使用性能分类。

黏度分类参照美国汽车工程师协会 SAE J300—2000《发动机润滑油黏度分类》的标准确定,该分类标准包含字母"W"(与低温启动有关,着重于发动机润滑油的最低泵送温度及低于 0 ℃时的黏度)和不含字母"W"(只表示 100 ℃时的运动黏度以及高温剪切黏度)两组黏度等级系列。具体参照 GB/T 14906—1994《内燃机油的黏度分类》。

使用性能分类是非等效地采用美国 SAE J183—1991《发动机润滑油性能及发动机油使用分类》标准制订的,它规定了不包括铁路内燃机车柴油机和船用柴油机油的其他固定式内燃机润滑油的详细分类。汽油发动机润滑油第一个字母用 S 表示,柴油发动机润滑油第一个字母用 C 表示,具体参见 GB/T 7631.3—1995《内燃机油分类》。

发动机润滑油的命名和标记,应包括使用性能级别代号和黏度级别代号两部分。

2)发动机润滑油的规格

我国现行的有关标准中,GB 11121—1995《汽油机油》规定了 SC、SD、SE、SF 共 4 个级别的汽油发动机润滑油规格,详见表 5-6。GB 11121—1997《柴油机油》规定了 CC、DD 两个级别的柴油润滑油规格,详见表 5-7。GB 11121—1995《汽油机油》规定了 SD/CC、SE/CC 和 SF/CD 共 3 个级别的汽油/柴油发动机通用润滑油的规格,详见表 5-8。

表 5-6　汽油发动机润滑油的使用性能级别及其黏度级别

| 使用性能级别 | SC | SD | SE | SF |
|---|---|---|---|---|
| 黏度等级<br>（按 GB/T 14906 划分） | 5W/20,<br>15W/30,<br>15W/40,<br>30,40 | 5W/20,<br>10W/30,<br>15W/40,<br>20W/20,<br>30,40 | 5W/20,<br>10W/30,<br>15W/40,<br>20W/20<br>30,40 | 5W/20,<br>10W/30,<br>15W/40,<br>30,40 |

表 5-7　柴油发动机润滑油的使用性能级别及其黏度级别

| 柴油机油的性能级别 | CC | CD |
|---|---|---|
| 黏度等级<br>（GB/T 14906） | 5W/30,5W/40,10W/30,10W/40,<br>15W/40,20W/40,30,40,50 | 5W/30,5W/40,10W/30,10W/40,<br>15W/40,20W/40,30,40 |

表 5-8　汽油/柴油发动机通用润滑油的使用性能级别及其黏度级别

| 汽油/柴油发动机通用润滑油使用性能级别 | SD/SC | SE/CC | SF/CD |
|---|---|---|---|
| 黏度等级<br>（按 GB/T 14906 划分） | 5W/30,<br>10W/30,<br>15W/30,<br>20W/20,<br>30,40 | 5W/20,<br>10W/30,<br>15W/40,<br>20W/20,<br>30,40 | 5W/30,<br>10W/30,<br>15W/40,<br>30,40 |

汽油发动机润滑油及汽油/柴油发动机通用润滑油相关的理化性能要求和发动机试验要求均参照 GB11121—1995 的规定。柴油发动机润滑油相关的理化性能要求和发动机试验要求均参照 GB11121—1997 的规定。

3）发动机润滑油的选用

发动机润滑油是发动机的"血液"。其选择应遵循一定的原则,首先应根据发动机结构特点特性、工作条件和燃料品质来确定其合适的使用性能级别,然后再根据发动机使用的外部环境温度、工况和发动机润滑油的技术状况等选择质量级别中的黏度等级。

润滑油的选择一般还应该满足说明书的要求。

### 5.2.2　车辆齿轮油

车辆齿轮油用于车辆机械式变速器、驱动桥及转向器的齿轮、轴承及轴等零件的润滑。车辆齿轮传动装置(特别是双曲线齿轮)在工作过程中承受的载荷较大,因而对车辆齿轮油的性能要求也较高。其主要的功能是减少齿轮及轴承的摩擦与磨损,加强摩擦表面的散热作用,防止机件发生磨蚀和锈蚀。

**(1)齿轮油的性能**

润滑性和极压性 车辆齿轮油应具有合适的运动黏度,黏度不能过低,以保证形成油膜,实现液体润滑状态。黏度是齿轮油的重要使用性能之一,对油膜的形成影响很大。车辆齿轮油的极压性是指齿轮油中的极压抗磨剂在高压、高速、高温的苛刻工作条件下,能在齿面上与金属发生化学反应生成反应膜,防止齿面发生擦伤或烧结的性质,有时也叫承载能力或抗胶合性。对两种性能的评价除运动黏度外,还要通过四球挤压试验机或台架试验来评定。

低温操作性和黏温性 车辆齿轮油同发动机油一样,在低温下保持必要的流动性,以保证轴承和齿轮等零件的润滑。但同时高温时黏度不能太小,即有良好的黏温性。各种齿轮油的黏度随着温度的升高而下降的幅度越小,齿轮油的黏温性越好。除规定了倾点、成沟点和黏度等指标外,还采用了"表观黏度达 150 Pa·s 时的温度"这一指标。

热氧化安定性 是指齿轮油在空气、水分、金属的催化作用和热作用下抵抗氧化变质的能力,提高其性能的主要途径是加抗氧化添加剂。评定的试验方法是 CRC L-60 和 CRC L-60-1 台架。前者主要评定车辆齿轮油氧化后的黏度增长及不溶物含量,后者主要评定车辆齿轮油氧化后的积炭、漆膜及油泥情况。

抗腐性和防锈性 车辆齿轮油抗腐性是指齿轮油在金属表面形成保护膜,以防止磨蚀性物质侵蚀金属的能力;齿轮油的防锈性是指齿轮油保护齿轮不受锈蚀,保证齿轮的使用性能和延长齿轮使用寿命的能力。

抗泡沫性 齿轮油工作时在空气存在的情况下受到剧烈搅拌,会产生许多小气泡,一旦形成安定的泡沫,随油和空气一起到达润滑部位,油就不能充分供给,必然导致齿轮磨损和胶合等破坏。解决的方法一方面要用醇类来破坏已产生的泡沫,另一方面要采用添加剂来抑制泡沫的产生。

**(2)车辆齿轮油的分类与规格**

1)车辆齿轮油的分类

目前世界上广泛采用美国汽车工程学会(SAE)的车辆齿轮油黏度分类法和美国石油学会(API)的车辆齿轮油使用性能分类法对车辆齿轮油进行分类。

SAE 车辆齿轮油黏度分类按 SAE J306—1991《驱动桥和手动变速器润滑油黏度分类》的规定采用含后缀字母 W(冬用齿轮油,根据黏度达 150Pa·s 的最高温度和 100 ℃时的最小运动黏度划分)和不含后缀字母 W(夏用齿轮油,以 100 ℃时的运动黏度范围划分)两种黏度等级系列。代号由一组数字和字母 W(70W,75W,80W,85W)或一组数字(90,140,250)组成,共 7 种。

世界上广泛采用 API 的车辆齿轮油使用性能分类法根据齿轮的形式和负荷情况对车辆的齿轮油进行质量等级分类,该分类将车辆齿轮油分为 GL-1、GL-2、GL-3、GL-4、GL-5、GL-6,共六级。

目前我国车辆齿轮油的分类根据 GB/T 17477—1998《驱动桥和手动变速器润滑剂黏度分类》标准进行黏度分类,其方法同 SAE 黏度分类。包括 4 个低温黏度牌号(冬季用油)和 3 个高温牌号(春、夏、秋用油),凡满足冬季用油要求又符合春、夏、秋用油要求的润滑油称为多级油,常见的多级油有 80W/90、85W/90 等。而车辆齿轮油的使用性能只分为 CLC(普通车辆齿轮油)、CLD(中负荷车辆齿轮油)、CLE(重负荷车辆齿轮油)三类,分别与 API 的车辆齿轮油使用性能分类中的 GL-3、GL-4、GL-5 相对应。

2）车辆齿轮油的规格

我国现行的车辆齿轮油规格或安全技术条件有：

SH 0350—1992《普通车辆齿轮油》将普通车辆齿轮油分为了 80W/90、85W/90 和 90 号 3 个黏度牌号，主要由精制矿物油加抗氧剂、防锈剂、抗泡剂和少量极压剂等制成，适用于中等速度和负荷、比较苛刻的手动变速器以及弧齿伞轮齿驱动桥等。

JT 224—1996《中负荷车辆齿轮油安全使用技术条件》将中负荷车辆齿轮油分为 80W/90、85W/90 和 90 号三个黏度牌号，由精制矿物油加抗氧剂、防锈剂、抗泡剂和少量极压剂等制成，适用于在低温高扭矩、高速低扭矩下操作的各种齿轮，特别是客车和其他车辆的准双曲面齿轮。

GB 13895—1992《重负荷车辆齿轮油（GL-5）》将重负荷车辆齿轮油分为 75W、80W/90、85W/90、85W/140、90 号和 140 号 6 个牌号，由精制矿物油加抗氧剂、防锈剂、抗泡剂和少量极压剂等制成，适用于高速冲击负荷、高速低扭矩、低速高扭矩下操作的各种齿轮，特别是客车和其他车辆的准双曲面齿轮。

3）车辆齿轮油的选用

车辆齿轮油的选择包含齿轮油使用级和黏度级两个方面。一方面要环境最低温度和传动装置的运行最高温度，同时考虑车辆齿轮油换油周期较长等因素来确定黏度的最低等级；另一方面要严格按照汽车使用说明书中规定的齿轮油使用级，或根据传动机构工作条件的苛刻程度（主要指齿面压力、滑动速度和油温等）来选择齿轮油的质量等级。

车辆齿轮油选用注意事项：

①等级低的齿轮油不能用在要求较高的车辆上；等级高的齿轮油可以降低级别使用，但降级过多则在经济上不合算。

②齿轮油的黏度应以能保证润滑为宜，尽可能选用合适的多级齿轮油，如果黏度过高，会显著增加燃料消耗。

③不同等级的车辆齿轮油不能混用。

### 5.2.3　车用润滑脂

润滑脂（俗称黄油）　是将稠化剂分散于液体润滑剂中所形成的一种固体或半固体产品，其中可加入旨在改善润滑脂某种特性的添加剂及填料。润滑脂在常温下可附着于垂直表面不流失，并能在敞开或密封不良的摩擦部位工作，具有其他润滑剂不可替代的特点。

润滑脂主要是由稠化剂、基础油、添加剂三部分组成。一般润滑脂中稠化剂含量为 10% ~ 20%，基础油含量为 75% ~ 90%，添加剂及填料的含量在 5% 以下。

**（1）润滑脂的性能**

润滑脂的使用范围很广，工作条件也千差万别，不同的机械设备对润滑脂的性能要求也各不相同。其性能的评价，不但在生产上和研究上有决定性的意义，而且在使用部门对润滑脂的选择和检验上也是必不可少的。

稠度　在规定的剪力或剪速下，测定润滑脂结构体系变形程度以表达体系的结构性。稠度等级可用锥入度来表示，锥入度反映了润滑脂在低剪切速率条件下变形与流动性能，值越高，润滑脂越软，稠度越小，越易变形和流动。锥入度也是选用润滑脂的重要依据，我国用锥入度范围来划分润滑脂的稠度牌号，GB/T 7631.1—1987 和国际上广泛采用的美国润滑脂协会（NLG I）的稠度编号相一致。

高温性能    温度对于润滑脂的流动性具有很大影响,温度升高,润滑脂变软,使得润滑脂附着性能降低而易于流失,润滑脂的高温性能可用滴点、蒸发度和轴承漏失量等指标来评定。滴点可大致反映其使用温度的上限,润滑脂达到滴点表示它已丧失金属表面的黏附能力,一般润滑脂应在滴点以下 20 ~ 30 ℃或更低的温度下使用。蒸发度可定性反映润滑脂上限使用温度,从一定程度上表明润滑脂的高温使用性能。

低温性能    汽车与工程机械起步时温度与环境温度近乎一致,在寒冷地区使用时,要求润滑脂在低温条件下仍能保持良好的润滑性能,它取决于润滑脂在低温条件下的相似黏度及低温转矩。相似黏度是润滑脂在一定温度下随着剪切速度而变化的黏度,它也随温度上升而下降;低温转矩是表示润滑脂在低温条件下使用时阻滞低速度滚珠轴承转动的程度,它反映了润滑脂的低温使用性能。

极压性与抗磨性    涂在相互接触的金属表面间的润滑脂所形成的脂膜,能承受来自轴向与径向负荷的特性。目前普遍采用四球试验机来测定脂膜强度。润滑脂通过保持在运动部件表面的油膜,防止金属对金属相接触而磨损的能力称为抗磨性。

抗水性    表示润滑脂在大气湿度条件下的吸水能力,要求在储存和使用中,润滑脂不具有吸收水分的能力,否则会使稠化剂溶解而导致滴点降低,引起腐蚀,从而降低保护作用。

防腐性    是指润滑脂阻止与其相接触金属被腐蚀的能力。润滑脂的稠化剂和基础油本身不会腐蚀金属,但被氧化产生的酸性物质会引起润滑脂产生腐蚀作用。

胶体安定性    指润滑脂在储存和使用时避免胶体分解,防止液体润滑油析出的能力,可采用分油试验进行测定。

氧化安定性    润滑脂在储存和使用时抵抗大气作用而保持其性质不发生永久变化的能力称为氧化安定性,其很大程度上取决于基础油的氧化安定性。

机械安定性    也叫剪切安定性,是指润滑脂在机械工作条件下抵抗稠度变化的能力,如果该性能差,使用中易变稀甚至流失,影响润滑脂的寿命。

**(2)润滑脂的分类及牌号、规格**

润滑脂品种复杂,牌号繁多,可按组成和用途来分类。目前主要采用 GB/T 7631.8—1990 规定按使用要求对润滑脂进行分类,它适用于只起润滑作用的润滑脂,对起密封、防护等作用的专用脂不适用。润滑脂属于 L 类(润滑剂和有关产品)的 X 组(润滑脂)。

1)润滑脂的分类

实际上,GB/T 7631.8—1990 仅仅提供润滑脂按操作条件分组的一个代号,由 5 个大写英文字母组成。字母 1:X 系指润滑脂的组别代号;字母 2:系指最低操作温度;字母 3:系指最高操作温度;字母 4:系指在水污染的操作条件下,其抗水性能和防锈水平;字母 5:系指在高负荷或低负荷场合下的润滑性能,详见表 5-9。

2)润滑脂的牌号、规格

常用的润滑脂有钙基润滑脂、石墨钙基润滑脂、无水钙基润滑脂、复合钙基润滑脂、钠基润滑脂、钙钠基润滑脂、通用锂基润滑脂、汽车锂基润滑脂、合成锂基润滑脂、二硫化钼极压锂基润滑脂等。

①钙基润滑脂    是由动植物脂肪与石灰制成的钙皂稠化矿物润滑油,并以水作为胶溶剂而制成,按锥入度分为 1 号、2 号、3 号、4 号共四个牌号。可用在汽车、拖拉机、冶金和纺织等机械设备,使用温度 -10 ~ 60 ℃,滴点在 80 ~ 95 ℃之间,钙基润滑脂的规格如表 5-10 所示。

表 5-9　X 组（润滑脂）的分类

| 代号字母(字母1) | 总的用途 | 使 用 要 求 | | | | | | | | | 标　记 | 备　注 |
|---|---|---|---|---|---|---|---|---|---|---|---|---|
| | | 操作温度范围 | | | | 水污染 | 字母4 | 负荷EP | 字母5 | 稠度 | | |
| | | 最低温度/℃① | 字母2 | 最高温度/℃② | 字母3 | | | | | | | |
| X | 用润滑脂的场合 | 0<br>-20<br>-30<br>-40<br>< -40 | A<br>B<br>C<br>D<br>E | 60<br>90<br>120<br>140<br>160<br>180<br>>180 | A<br>B<br>C<br>D<br>E<br>F<br>G | 在水污染的条件下,润滑脂的润滑性、抗水性和防锈性 | A<br>B<br>C<br>D<br>E<br>F<br>G<br>H<br>I | 在高负荷或低负荷下,表示润滑脂的润滑性和极压性,用A表示非极压型脂;用B表示极压型脂 | A<br>B | 可选用如下稠度号:<br>000<br>00<br>0<br>1<br>2<br>3<br>4<br>5<br>6 | 一种润滑脂的标记是由代号字母X与其他4个字母及稠度等级号联系在一起来标记的 | 包含在这个分类体系范围里的所有润滑脂彼此相容是不可能的。而由于缺乏相容性,可能导致润滑脂性能水平的剧烈降低,因此,在允许不同的润滑脂相接触之前,应和产销部门协商 |

注:①设备启动或运转时,或者泵送润滑脂时,所经历的最低温度。

　　②在使用时,被润滑的部件的最高温度。

表 5-10　钙基润滑脂的规格（GB 491—1987）

| 指标项目 | | 质量指标 | | | | 试验方法 |
|---|---|---|---|---|---|---|
| | | 1# | 2# | 3# | 4# | |
| 外观 | | 淡黄色至暗褐色均匀油膏 | | | | 目测 |
| 工作锥入度,1/(10 mm) | | 310~340 | 265~295 | 220~250 | 175~205 | GB/T 269 |
| 滴点,℃ | 不低于 | 80 | 85 | 90 | 95 | GB/T 4929 |
| T2铜片,室温24 h,% | | 铜片上没有绿色或黑色变化 | | | | GB/T 7326 |
| 水分,% | 不大于 | 1.5 | 2.0 | 2.5 | 3.0 | GB/T 512 |
| 灰分,% | 不大于 | 3.0 | 3.5 | 4.0 | 4.5 | SY 2703 |
| 铜网分油,60 ℃,24 h,% | 不大于 | — | 12 | 8 | 6 | SY 2729 |

续表

| 指标项目 | 质量指标 | | | | 试验方法 |
|---|---|---|---|---|---|
| | 1# | 2# | 3# | 4# | |
| 延长工作锥入度(1 万次与工作锥入度差值),0.1 mm　　　　　　不大于 | — | 30 | 35 | 40 | GB/T 269 |
| 水淋流失量,38 ℃,1 h,%　　　　不大于 | — | 10 | 10 | 10 | SY 2718 及注 |
| 矿物油黏度 40 ℃,mm²/s | 28.8 ~ 74.8 | | | | GB/T 265 |

注:水淋后,轴承烘干条件为 77 ±6 ℃,16 h。

②钠基润滑脂　是以动植物脂肪酸钠皂稠化矿物润滑油制得的耐高温但不耐水的普通润滑脂。有 2 号和 3 号两个稠度牌号。滴点可达 160 ℃,钠基润滑脂的规格见表 5-11。

表 5-11　钠基润滑脂的规格 GB/T 492—1989

| 项　　目 | 质量指标 | | 试验方法 |
|---|---|---|---|
| | 2 号 | 3 号 | |
| 滴点,℃　　　　　　　　　　　不低于 | 160 | 160 | GB/T 4929 |
| 锥入度,1/10 mm<br>工作<br>延长工作(10 万次)　　　　不大于 | 265 ~ 295<br>375 | 220 ~ 250<br>375 | GB/T 269 |
| T2 铜片腐蚀(室温 24 h) | 铜片上没有绿色或黑色变化 | | GB/T 7326 乙法 |
| 蒸发量(99 ℃,22 h),%(质量分数)　不大于 | 2.0 | 2.0 | GB/T 7325 |

③钙钠基润滑脂　由动植物油钙纳基混合皂稠化中等黏度的矿物油而成,按锥入度分为 ZGN-1、ZGN-2 两个牌号。它兼有钙基的抗水性和钠基的耐热性,具有良好的输送性与机械安定性,滴点 120 ℃左右。

④通用锂基润滑脂　是由 12-羟基硬脂肪酸锂皂稠化中等黏度矿物油并加入抗氧化防锈添加剂制成,按锥入度分为 1 号、2 号、3 号三个牌号,详见表 5-12。

表 5-12　通用锂基润滑脂(GB 7323—1994)

| 项　　目 | 质量指标 | | | 实验方法 |
|---|---|---|---|---|
| | 1# | 2# | 3# | |
| 外观 | 浅黄色至褐色光滑油膏 | | | 目测 |
| 工作锥入度 1/10 mm | 310 ~ 340 | 265 ~ 295 | 220 ~ 250 | GB/T 269 |
| 滴点,℃　　　　　　　　　不低于 | 170 | 175 | 180 | GB/T 4929 |
| 钢网分油量(100 ℃,24 h),%　不大于 | 10 | 5 | 5 | SH/T 0324 |
| 蒸发量(99 ℃,22 h),%　　　不大于 | 2.0 | | | GB/T 7325 |
| 腐蚀(T2 铜片,100 ℃,)24 h | 铜片无绿色或黑色变化 | | | GB/T 7326 乙法 |

| 项　目 | 质量指标 | | | 实验方法 |
|---|---|---|---|---|
| | 1# | 2# | 3# | |
| 相似黏度( -15 ℃,10/s),Pa·s　　不大于 | 600 | 800 | 1 000 | SH/T 0048 |
| 氧化安定性(99 ℃,100 h,0.76 Mpa)压力降,MPa　　　　　　　　　　不大于 | 0.07 | | | SH/T 0335 |
| 延长工作锥入度(10 万次),1/100 mm 不大于 | 380 | 350 | 320 | GB/T 269 |
| 水淋流失量(38 ℃,1 h),%　　不大于 | 8 | | | SH/T 0109 |
| 防腐蚀性级(52 ℃,48 h) | 1 | | | GB/T 5018 |
| 显微镜杂质,个/cm³<br>10 μm 以上　　　　　　　　不大于<br>25 μm 以上　　　　　　　　不大于<br>75 μm 以上　　　　　　　　不大于<br>125 μm 以上　　　　　　　 不大于 | 5 000<br>3 000<br>500<br>0 | | | SH/T 0336 |

**(3)润滑脂的选用**

润滑脂的选择应根据车辆和机械设备使用说明书的规定,选用与用脂部位工作条件相适应的润滑脂品种和稠度牌号。所谓的工作条件主要指:

1)最低和最高操作温度

被润滑部位的最低温度应高于选用润滑脂的第二个字母所对应的低温界限,被润滑的部位的最高温度应低于选用润滑脂的第三个字母所对应的高温界限。

2)水污染

包括环境条件和防锈性。环境条件分干燥环境 L,静态潮湿环境 M,水洗环境 H。防锈性分为不防锈 L,淡水存在下防锈性 M,盐水存在下防锈性 H。综合环境条件的防锈性要求选择字母 4 所表示的水污染的级别。

3)负荷

指摩擦表面单位面积所受的压力,根据高低工作条件分别选用极压型 B,或非极压型 A。

4)稠度牌号

与环境温度及转速、负荷等因素有关。高速低负荷的部位应选用稠度牌号低的。若环境温度较高,稠度牌号可提高一级。汽车一般推荐使用 1 号或 2 号润滑脂。

# 5.3　车用工作液

车用工作液主要包括液力传动油、汽车制动液、液压系统用油、车用发动机冷却液、车用空调制冷剂、汽车挡风玻璃清洗液等。

### 5.3.1　汽车液力传动油

随着汽车结构的完善,传动系统操纵自动化便成为改善汽车结构的发展方向之一。液力传动油的作用是在液力变矩器内实现动力传递,在自动变速器内实现控制和动力传递及润滑有关摩擦副。

**(1)液力传动油的性能**

液力传动油主要用于液力变矩器和液力耦合器的工作介质。在自动变速器(AT)中液力传动油还在不断发展,还须满足齿轮机构的抗烧结性能及抗磨损性能;作为液压介质要求油品具有良好的低温流动性,作为离合器传递动力的工作介质则要求油品能适合离合器材质的摩擦特性、功率损失适当、温升不过高,具有较好的清净分散性。除此之外,为延长油品的使用寿命,还要求油品具有良好的氧化安定性、抗泡沫性、防锈性以及与橡胶密封件的适应性等。因此,液力传动油要求有比一般传动油更高的性能,液力传动油分为 L-HA 自动传动(变速器)油与一般液力变矩器和液力耦合器适用的 L-HN 液力传动油两种。

黏度　液力传动油的使用温度为 – 40 ~ 170 ℃,范围很宽。因自动变速器对其工作油的黏度极其敏感,所以黏度是液力传动油最重要的特性之一。

热氧化安定性　直接决定液力传动油的使用寿命和自动变速器的使用寿命。

抗泡沫性　自动变速器中的液力传动油在产生泡沫时可导致变矩器传递功率下降,泡沫的可压缩性导致液压系统压力波动和油压下降,严重时可使供油中断。

抗磨性　只有良好的抗磨性才能保证行星齿轮中各齿轮传动、离合器和制动器的工作效能和自动变速器的使用寿命。

与系统中橡胶密封材料的匹配性　不能有太明显的膨胀,也不能使之硬化变质。

摩擦特性　即换挡性能,是保证传动齿轮各件工作平顺的关键,并能降低噪声,延长寿命。

防腐蚀性　保证不会引起铜腐蚀以及传动装置和冷却器中的大量有色金属生锈。

储存安定性　在一定温度范围内和一定时间内应该保证均相、没有分解,而且液力传动油各成分不出现分层或析出等现象。

**(2)液力传动油的分类与规格**

在 ISO6743/A 分类标准中,把液力传动系统工作介质分为 HA 油(适用于自动传动装置)和 HN 油(适用功率转换器)两类。美国材料试验学会(ASTM)和石油学会(API)的分类方案,可将液力传动油分为 PTF-1、PTF-2、PTF-3 共 3 类。

我国目前尚未制订液力传动油详细分类的国家标准,现有的产品按中国石油化工总公司企业标准,按其100 ℃运动黏度分为 6 号普通液力传动油(Q/SH003.01.012—1988)和 8 号液力传动油(Q/SH003.01.012—1998)两种;另有一种拖拉机传动、液压两相油(Q/SH007.01.023—1987)。

**(3)液力传动油的选择与使用**

选择液力传动油时,应根据所使用的液力传动结构的特点,结合液力传动油类型进行相应的选择。在我国 6 号液力传动油用于内燃机车或载货汽车的液力变矩器,8 号液力传动油用于各种轿车、轻型客车的液力变速器。

使用时注意保持油温正常,要经常检查油平面,注意油液的状况,绝不能与其他油品混用,按车辆使用说明书的规定更换液力传动油和滤清器(或清洗滤网),同时拆洗自动变速器油底壳,并更换其密封垫。

### 5.3.2　汽车制动液

在轿车和轻型汽车上广泛采用液压行车制动系统。汽车制动液是汽车液压制动系统中所采用的传递压力以制止车轮转动的工作介质。由于制动液在液压制动系统中肩负着重要作用,故要求其安全可靠、质量高、耐性好。

**(1)汽车制动液的性能**

现代汽车制动液多为合成型制动液,按合成原料的不同分为醇醚型和酯型两种。汽车制动液的工作温度范围很宽,当气温低时,制动液的黏度会增大,低温流动性差。而现代汽车不断提高的车速使得汽车制动液的最高温度可达到 150 ℃以上,夏天汽车制动系制动液易产生气阻。制动液遇水后会使沸点下降。为保证汽车实现正常的制动效果,汽车制动液必须具有以下使用性能:

高温抗阻性　汽车在平坦路面上,制动液温度一般在 100~130 ℃,最高可达 150 ℃。多坡山间路面,由于频繁制动,制动液温度更高。沸点低的制动液在高温时产生气阻,引起制动失灵。因此高温抗气阻性是制动液使用性能的主要要求之一。

运动黏度和润滑性　汽车制动液在使用范围内应有良好的流动性,随温度改变而变化小即黏温性好;为了保持制动缸和橡皮碗间能很好滑动,还要求具有适当的润滑性。

金属腐蚀性　汽车制动液的缸体、活塞、导管、回位弹簧和阀门等主要采用金属制成,制动液不应引起金属腐蚀以防产生制动失灵。另外对渗入橡胶分子中抽出组分,对金属的腐蚀也要限制。

与橡胶的配伍性　为保证制动液不渗漏并能传递制动能源,所使用的橡胶等零部件要求制动液对其要有良好的橡胶适应能力,并不会对其造成显著的溶胀。

稳定性　制动液在高温与相溶液体混合后,平衡回流沸点的变化较小,在储存和使用过程中不应有分层、变质等现象,不形成沉淀物,不引起其他金属部件生锈、腐蚀。

溶水性　要求吸水后能与水互溶,不产生分离和沉淀。

抗氧化性　是制动液的重要化学性能,它是决定制动液储存期和使用寿命的重要因素。

**(2)汽车制动液的质量标准**

为保证汽车行驶安全,必须对其性能进行规范。各国根据自己汽车技术的发展水平对制动液的质量要求有所不同,但均对其各项性能指标进行了全面规定,形成了汽车制动液标准。

我国现行有效的制动液标准均为合成制动液标准,共有国家标准、行业标准、国家军用标准和企业标准四类,但国家标准为强制性标准。

国外汽车制动液的标准中,具有代表性的是美国汽车工程师协会(SAE)标准和美国联邦机动车辆安全标准(FMVSS),这也是世界公认的汽车制动液通用标准。

**(3)制动液的选择与使用**

1)制动液的选择

不同性能指标和不同类型车辆制动系统所要求使用的制动液的产品质量等级不同,但厂家在车辆使用说明书中一般都明确规定或推荐了该车辆制动系统应该使用的制动液的产品质量等级。

2）制动液的使用

制动液在使用中应注意：

①不同规格的制动液不能混用；

②在加注或更换时使用专业工具；

③防止水分和矿物油混入制动液中；

④制动缸皮碗不可敞开放置；

⑤汽车制动液多是以有机溶剂制成,易挥发、易燃,因此使用中注意防火；

⑥制动液一般有一定的毒性,更换时不能用嘴去吸；

⑦制动液对车身涂层有一定的破坏作用,会产生"咬漆现象",使用中要防止两者接触。

### 5.3.3 液压系统用油

由于液压油在当前汽车上的广泛应用,使其专用性越来越明显,液压系统在一些专用汽车上的应用也日渐广泛。而液压系统工作的可靠性和使用寿命,在很大程度上取决于液压油的性能和正确使用。

**（1）液压油的性能**

自卸汽车、汽车起重机等各种专用车辆的液压系统,使用液压油作为工作介质。这类液压油液流速度不大,但工作压力高。为保证其系统正常工作,对液压油的使用性能有两个基本要求:工作中的不可压缩性和良好的流动性,而空气释放性、起泡性、黏温性和抗剪切性能等实际上都是为保证上述两个基本要求的。

保持液压油的不可压缩性 指液体在外力作用下不易改变体积的性能,一方面要尽量防止空气混入液压系统,另一方面在液压油中加入抗泡沫剂。

良好的流动性 油液的流动性直接影响能量的传递效果,它与油液的倾点、黏度和粘温性等指标有关。倾点过高,低温黏度过大,冬季将使野外工作的液压泵不能正常吸油,造成磨损,甚至不能运转。

**（2）液压油的分类、选择和使用**

1）液压油的分类

液压油属 L 类（润滑剂和有关产品）中 H 组（液压系统）,并采用统一命名法,其一般形式为 L（类别）－HM（品种）－22（牌号）,见表 5-13。

2）液压油的选择及使用

液压油的选择一是根据液压设备的工作环境和运转工况,二是根据液压泵的类型、压力和工作温度。

使用时应注意保持清洁,严防沙尘等固体污染物侵入,换油时按液压油的换油指标进行,首先要将油箱中的剩油放掉,再拆卸总油管,严格清洗油箱和滤油器;然后启动发动机,以低速运转,使液压泵开始动作,分别操纵各机构;最后将总回油管与油箱连接,将各元件置于工作初始状态,向油箱中补充新液压油至规定液位。不同品种、不同牌号的液压油不能混用。

表 5-13　H 组(液压系统)液压油分类——流体静压系统(GB/T 7631.2—1987 摘录)

| 组别符号 | 总应用 | 特殊应用 | 更具体应用 | 组成和特性 | 产品符号 L- | 典型应用 | 备　注 |
|---|---|---|---|---|---|---|---|
| H | 液压系统 | 流体静压系统 | | 无抗氧剂的精制矿油 | HH | | |
| | | | | 精制矿油,并改善其防锈和抗氧性 | HL | | |
| | | | | HL 油,并改善其抗磨性 | HM | 高负荷部件的一般液压系统 | |
| | | | | HL 油,并改善其黏温性 | HR | | |
| | | | | HM 油,并改善其黏温性 | HV | 机械和船用设备 | |
| | | | | 无特定难燃性的合成液 | HS | | 特殊性能 |
| | | | 用于环境可接受的液压液场合 | 甘油三酸脂 | HETG | 一般液压系统(活动装置的) | ① |
| | | | | 聚乙二醇 | HEPG | | |
| | | | | 合成酯 | HEES | | |
| | | | | 聚 α 烯烃和相关烃类产品 | HEPR | | |
| | | | 液压导轨系统 | HM 油,并具有黏-滑性 | HG | 液压和滑动轴承导轨润滑系统合用的机床在低速下使振动或间断滑动(黏-滑)减为最小 | 这种液体具有多种用途,但在所有液压应用中不全有效 |
| | | | 用于使用难燃液压液的场合 | 水包油型乳化液 | HFAE | | 通常含水大于80% |
| | | | | 水的化学溶液 | HFAS | | 通常含水大于80% |
| | | | | 油包水乳化液 | HFB | | |
| | | | | 含聚合物水溶液 | HFC | | 通常含水大于35%② |
| | | | | 磷酸酯无水合成液 | HFDR | | ② |
| | | | | 其他成分的无水合成液 | HFDU | | |

注:①每个品种的基础液的最小含量应不少于 70%;

　　②这类液体也可以满足 HE 品种规定的生物降解性和毒性要求。

### 5.3.4　车用其他工作液

#### (1)车用发动机冷却液

汽车发动机在工作过程中,汽缸内的气体温度可达 1 700～1 800 ℃。为了保证发动机能够正常工作,就必须对在高温条件下工作的零部件进行冷却。目前汽车发动机广泛采用强制循环水冷冷却系统,冷却液就是冷却系统中带走高温零部件热量的工作介质。发动机冷却液与润滑油一样,是发动机正常工作必不可少的工作物质。

冷却液主要由水、防冻剂和各种添加剂所组成,能起到除了最基本也是最主要的冷却作用以外,还可以起到防腐、防冻和防垢的作用。

发动机最早使用水作为冷却液,它来源广、经济,比热容大,流动性好,冷却效果好。但一般水中含有大量的盐类,易对发动机冷却系的金属产生腐蚀,同时易形成水垢。结冰时体积膨胀使发动机部件冻裂。因此在水中需加入一种能降低水冰点的物质,使其具有防冻作用。现在使用最广泛的是乙二本醇型冷却液,它有效降低了水的冰点,在腐蚀抑制剂的存在下能长期防腐防垢,但缺点就是有毒,对金属有腐蚀作用,并对橡胶零件有轻度的浸蚀作用。

丙二醇型冷却液因毒性低,降解性能好,对人体和环境危害小,同时还具有良好的防冻和其他性能,作为冷却液的基础液,可获得与乙二醇相似的效果。近年来使用增多,特别是在注重环保的国家应用较广,但由于丙二醇原料价格较高,目前在我国应用尚少。

**(2)车用空调制冷剂**

汽车空调包括冷气、暖气、去湿和通风等装置。空调制冷剂是制冷装置完成制冷循环的媒介,又称制冷工质。空调在制冷循环中通过制冷剂的状态变化,进行能量转换,达到制冷目的。制冷循环的性能指标除了与工作温度有关外,还与制冷剂的热力、物化性质等有关,并且还要考虑对环境的影响。

制冷剂是用 R 后跟一组编号的方法来命名的,其中 R 是制冷剂(Refrigerant)第一个字母。现常用 CFC(由氯、氟、碳原子组成)、HCFC(由氢、氯、氟、碳原子组成)或 HFC(由氢、氟、碳原子组成)来代替 R 以表示制冷剂分子的书写。

按制冷剂组成成分的不同可分为三类:一类是无机化合物,如 $NH_3$(R717)、$CO_2$(R744)、$SO_2$(R764)等,另一类是氟里昂(饱和碳氢化合物的氟、氯和溴的衍生物总称),如 $CFCL_3$(R11)、$CF_2CL_2$(R12)、$CHF_2CL$(R22)、R134a 等,再一类就由两种或两种以上单一工质混合而成的混合工质。

**(3)汽车风窗玻璃清洗液**

汽车在行驶过程中,自身或其他车辆溅起的泥土、废气中含有的未完全燃烧的油气和道路沥青与雨水的混合物、抛光剂的蜡和雨水的混合物等会附在汽车的风窗玻璃上,严重影响驾驶员的视野。汽车风窗玻璃清洗液就是用来清洗这些妨碍视野、危害行车安全的物质。

汽车风窗玻璃清洗液中常添加表面活性剂、防雾剂、阻凝剂、无机助洗剂、有机助洗剂等,可以起到对浸透、乳化分散、溶解附着在风窗上的各种物质,以达到清洗风窗玻璃的作用,同时不腐蚀车辆刮水器,即便在低温下或高低温交变时也能正常使用。

# 5.4　汽车轮胎材料

汽车轮胎由外胎、内胎和衬带组成。汽车行驶时轮胎各部分受力情况不同,所起作用也不同,为此它们使用的材料也不同。这些材料使用是否恰当,将直接影响汽车轮胎的耐用性、工作安全性、承载能力、重量、成本和对汽车燃料、润滑料的消耗量。

### 5.4.1　轮胎橡胶

制造轮胎的主要橡胶料有:胎面胶、胎侧胶、帘布胶、内胎胶、垫带胶等。它们在轮胎各部分的应用如图 5-1 所示。

胎面胶　胎面胶直接与地面接触摩擦,它具有耐磨损、耐刺扎、缓冲以及防滑等使用性能。要求胎面胶应有较高的抗张强度、定伸强度、良好的抗撕裂性、优异的耐磨性,同时还应有较好的弹性,较低的摩擦生热和耐花纹裂口的性能等。

胎侧胶　胎侧胶必须具有很好的抗屈挠性和耐老化性以及较好的弹性。胎侧胶的主要作用是保护帘布层不受机械损伤和不受潮湿。

缓冲胶　缓冲层位于胎面与帘布层之间,起到加强胎面与帘布的结合,分散和部分吸收轮胎在行驶中受到的冲击。缓冲胶应具有高的弹性、耐疲劳、耐热老化、抗剪切撕裂、高的定伸强度、摩擦生热小、散热性好等性能。

帘布胶　帘布胶是各帘线及布层的黏结物,给帘线建立了弹性基础。它与帘布共同使胎体能够承担规定的负荷,减少冲击负荷对帘线的作用,防止帘线相互摩擦及局部受潮等。帘布胶应具有高的弹性、耐热性、抗撕裂性、低的摩擦生热及适当的定伸强度等性能。

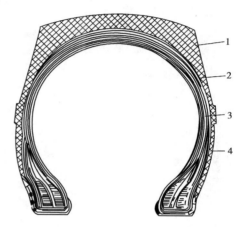

图 5-1　胶料在轮胎各部分的应用
1—胎面胶;2—缓冲胶;3—帘布胶;4—胎侧胶

内胎胶　内胎在使用过程中受到频繁的周期性伸张、压缩变形,并在较高的温度下工作。内胎胶应具有优越的气密性,高的弹性、耐屈挠、良好的耐撕裂、耐高温、耐疲劳、不易爆破等性能。

### 5.4.2　帘布、帆布、钢丝

帘布与普通的纺织品不同,它是以合股组成的帘线作经线,用细而稀的纬线将经线连接在一起制成的。帘布的经线主要是承受轮胎的全部负荷,纬线则用来连接经线,使经线排列均匀。

由于帘布在外胎中的工作条件非常复杂,要承受多次变形和高温的作用,因此要求帘布具有强度高和耐疲劳性能好、弹性大、永久变形小、良好的耐热性以及与橡胶良好的黏合性能等。

制造外胎用的帘布有棉纤维帘布、人造丝帘布、尼龙帘布和钢丝帘布。

棉纤维帘布是采用湿捻方法制成的。其特点是帘布紧密度大、弹性大、耐疲劳性能好、摩擦生热性小。

人造丝帘布性能优于棉纤维帘布,其高温强度大,耐疲劳性能好。

尼龙帘布比人造丝帘布好,耐用性高。主要优点是强度高、耐冲击、弹性大、耐疲劳,在同样条件下它的耐疲劳性能比棉纤维和人造丝高 7 ~ 8 倍,适合于载重汽车轮胎作帘布。尼龙帘布的缺点是弹性模数小、易变形、其热稳定性差,受热后易收缩。

近年来钢丝轮胎迅速发展。钢丝帘布轮胎与尼龙帘布胎相比,钢丝帘布强力高,可用 2 ~

4 层钢丝帘布层代替 8～14 层普通帘布层来制造重型汽车轮胎。因而能够大大减小帘布层厚度、生胶含量和滚动损失,并可增大胎面厚度,从而延长轮胎寿命。

帆布　制造轮胎所使用经纬线密度大的特制平纹布称为帆布,主要用作钢圈包布和胎圈包布。棉帆布的经纬线密度相同,且强度也相近。近年来也开始使用尼龙帆布。

钢丝　钢丝在轮胎中用作钢丝圈。作为胎圈的主体,制造钢丝用的钢丝表面不得有锈和疤痕,直经均匀一致,能承受弯曲,本身不扭动。为了提高钢丝与橡胶的附着力,钢丝表面应镀铜。

# 第 **6** 章
# 汽车电子控制技术

汽车工业的水平是一个国家工业化水平高低的重要标志,汽车已成为人们生活中必不可少的一种交通运输工具,因此对汽车的性能也提出了更高的要求,传统的技术已不能满足汽车发展的急需,特别是在节省能源、环境保护、安全性和舒适性等方面高标准和严格的法规限制,促使人们大量采用电子技术来提高汽车的性能和满足法规的要求,电子技术在汽车工业中得到了广泛的应用,开拓了电子技术的应用领域,并开创了当今的汽车电子时代。目前,汽车采用电子装置的情况已成为衡量汽车水平高低的一个重要标志,未来汽车市场的竞争可以说是汽车电子化的竞争。由于电子技术在当今汽车工业中所处的重要地位,本章将对汽车电子技术的发展及应用状况作一个简要介绍。

## 6.1 汽车电子技术的发展和现状

### 6.1.1 汽车电子技术的发展

纵观汽车技术发展的历史,从 20 世纪 60 年代以来,电子技术的应用使汽车技术取得了重大突破,为汽车工业的发展开创了美好的前景。汽车电子技术的发展大致经历了 3 个阶段:

第一阶段为 1974 年以前。生产技术起点较低的交流发电机、电压调节器、电子闪光器、电子喇叭、间歇刮水装置、汽车收放音机、电子点火装置、数字钟等,这些产品在部分国产汽车上也被采用。

第二阶段为 1974—1982 年,以集成电路以及 16 位以下的微处理器在汽车上的应用为标志。其产品主要有电子燃油喷射、自动门锁、程控驾驶、高速警告、自动灯光系统、自动除霜控制、制动防抱死系统、车辆导向、撞车预警传感器、电子正时、电子变速器、闭环排气控制、自动巡行控制、防盗系统、在车故障诊断、车下故障诊断、无线频率显示、数字车速计、数字转速计、电子自动计程仪、往返里程计等,这其间主要的是电子燃油喷射技术的发展和防抱死(ABS)技术的成熟,把汽车的主要机械功能用电子技术来控制,但是机械、电器的联接并不十分理想。

第三阶段为 1982 年以后,微机在汽车上的应用日趋可靠和成熟,并向智能化方向发展。此时开发的产品有:胎压控制、数字式油压计、防睡器、牵引力控制、全轮转向控制、直视仪表板、声音合成与识别器、电子负荷调节器、电子道路监视器、可热式挡风玻璃、倒车示警、高速限制器、自动后视镜系统、道路状况指示器及电子冷却控制等。

### 6.1.2　汽车电子技术的现状

现在汽车电子技术已发展到了一个新的阶段,微波系统、多路传输系统、32 位微处理器、数字信号处理方式的应用,使通讯与导向协调系统、自动防撞系统、自动驾驶与电子地图技术得到发展,智能化汽车将逐步出现。总的来说,汽车电子技术的现状主要表现在以下几个方面:

**(1)汽车电子技术**

汽车电子技术主要包括硬件和软件两方面的内容。硬件包括微机及其接口、执行元件、传感器等。软件主要是指以汇编语言及其他高级语言编制的各种数据采集、计算判断、报警、程序控制、优化控制、监控和自诊断系统等程序。目前国外汽车上使用的微机主要是 8 位、16位,少数汽车上使用的是 32 位微机,微机以通用机和单片机为主。也有用高抗干扰及耐振的汽车专用微机,其精度和速度要求不如计算用微机高,但能适应汽车振动大等恶劣环境。由单机控制(即一个微机控制一个项目)向集中控制、总线控制发展,这样不但降低了价格,缩小了尺寸,而且由于硬件的减少,使可靠性得到了更大的提高。除微机外,还有接口电路、放大电路、功率器件等也多采用高抗干扰性能的 IC 芯片、可控硅和大功率三极管等。

**(2)汽车电子控制理论的应用**

控制理论是编制应用和优化控制软件的理论基础,是研究自动控制规律的技术科学,也是汽车电子技术中的难点和重点。利用经典和现代控制理论而建立的开环、闭环、最优、自适应控制系统,国外在汽车优化控制中都有采用。建立这些控制系统首先要进行系统辨识,建立系统的数学模型,然后采用相应的控制方法进行优化控制。但有时对于结构很复杂的系统,则很难准确地推导出它的数学模型,此时要采用实验的方法确定其各工况下的最优参数。以点火提前角优化控制系统为例:由于发动机结构复杂,影响点火的因素很多,理论推导优化点火状态下的数学模型很困难,一般用实验的方法找出各种工况下的最佳点火提前角,然后存入微机内存,在实际控制过程中,微机不断检测发动机的工况(如发动机转速、功率等),用查表的方法查出该工况下的最佳点火提前角,修正后再通过微机接口、放大电路去控制点火。

**(3)汽车传感器的发展**

对汽车实行各种控制,都离不开检测汽车工况参数的传感器,传感器质量的好坏,寿命的长短,直接影响对汽车各部位的控制和检测质量,同时汽车传感器的工作环境恶劣。因此世界各国对其理论研究、新材料应用、产品开发都很重视。目前汽车用传感器技术迅速发展,敏感元件的种类越来越多,捕捉信息的范围越来越广,精度不断提高,寿命逐渐增长,价格有所下降,并且向固体化、集成化、数字化、智能化发展。非接触传感器也发展较快,如汽车速度传感器有的已用非接触式的雷达和光电传感器所代替,曲轴转矩非接触式传感器也已定型生产。目前,智能传感器也不断发展、应用和成熟。

**(4)软件**

汽车电子化所用软件主要由监控、管理、控制、计算、检测和自诊断等部分组成,语言主要以汇编语言和 C 语言为主,少数采用机器语言。汽车所用软件相对其他程序来讲,因为优化控制的数学模型建立困难或不精确,造成优化控制部分的算法、判断程序比较复杂而不够理想。且由于汽车的电磁干扰比较严重,用于抗干扰和提高可靠性的程序仍在逐渐提高中。

（5）电子技术的应用

随着科学技术的发展,电子在汽车上的应用也不断出现,如无线电、卫星和电子地图的导向行驶系统、光纤传输信息技术,为减少导线用量,节约空间的多路传输控制技术、声纳技术,各种无线防盗等先进技术都已用在汽车上。

### 6.1.3　电子技术在汽车上应用的优点

（1）减少汽车修复时间

汽车电气设备的故障约占汽车总故障的 1/3。由于汽车构造比较复杂,零部件比较多,工作环境不可控(如道路条件、环境的温湿度),加上人为的因素,使汽车的无故障间断时间短,而随着电气设备在汽车中比例的增加,它的故障比例还将增多。若采用电脑自诊断系统,可以缩短汽车的修复时间,带来很好的社会效益和经济效益。

（2）节油

汽车发动机采用微机综合优化控制,可以节约燃油 1/3 左右。汽车是一个较复杂的多参数控制系统,而且行驶条件随机变化。采用优化控制后,电脑可以将控制对象的有关参数(如温度、气压、转速、排气成分)进行适时采样,然后进行数据处理,最终控制汽车的执行机构。这样可使汽车在最佳工况下工作,以达到节油的目的。发动机各部件的优化控制有:电子点火装置、电子控制燃油喷射、混合气极限控制装置。此外还有发动机闭缸控制节油装置、怠速控制、废气再循环、爆震控制、自动变速等优化控制等。

（3）减少空气污染

采用发动机曲轴角度为反馈信号的电脑闭环控制系统,可以保证空燃比处于稀混合气极限附近工作,不但节约燃油,而且 HC 降低 40%,$NO_x$ 降低 60%。

（4）减少交通事故

电子技术在汽车安全方面应用后,使整车的安全性能提高。交通事故的成因有人的主观因素和客观因素两个方面。减少由于人的主观因素造成事故的电子装置有:防止酒后驾车、防驾驶员瞌睡的电子装置,检查人的心理状态、反应时间的电子仪器等。减少由于客观原因造成事故的电子装置有:制动防抱死系统、驱动防滑系统、制动力分配装置、汽车主要参数报警装置。所有这些都使汽车交通事故大大减少。

（5）提高乘坐舒适性

汽车的乘坐舒适性包括平顺性、噪声、空气调节和居住性等。通常所说的乘坐舒适性主要是指乘客对振动的适应程度。振动主要由路面、轮胎、发动机和传动系通过不同的途径传递到人体,其振幅和频率对人体影响较大。采用电子技术后,可以根据汽车的运行情况和路况适时控制减振器的阻尼等参数,以使振幅绝大部分时间小于人体适应极限,振动频率也避开人的谐振频率。车内温度、湿度、灯光等可根据环境条件及人的要求自动控制在合适的程度。

以上对汽车电子技术的发展和应用现状作了简要介绍。下面就电子技术及电子产品在汽车上的具体应用作一些介绍。

# 6.2 汽车发动机电子控制装置

发动机中的电子控制装置主要有：电子点火系统、电子控制燃油喷射装置、柴油机的电子控制、电子控制变速装置、电子自动行驶装置等。

## 6.2.1 电子点火系统

电子点火系统是利用半导体器件（如三极管、可控硅）替代传统点火系统的机械开关，接通或断开初级电流的点火系统。电子点火系根据储能方式不同可以分为电感点火系统和电容放电点火系统。两者又各有无触点和有触点两种类型。无触点电子点火系统在分电器内没有断电触点，而由各种形式的点火信号发生器（或称传感器）所代替，点火信号发生器按其工作原理的不同，又可分为磁电式、光电式、电磁振荡式点火信号发生器等。其中磁电式应用较多，按所用电子器件不同，又可分为分离元件、集成电路、微电脑构成的电子点火系统。下面仅举几例加以说明：

### (1) 磁电式无触点电子点火系统

磁电式无触点电子点火系统应用广泛。它主要由点火信号发生器、电子组件、分电器、点火线圈、火花塞等组成。如日本丰田汽车便采用的这种点火系统。磁电式点火信号发生器是利用电磁感应原理工作的，当通过信号线圈的磁通发生变化时，在信号线圈内便产生感应电动势，经放大后用以控制点火线圈的初级绕组的通和断，在次级绕组中产生点火用高电压，输给下级的电子组件可控制点火系统的工作。

此外，霍尔元件式、光电式和电磁振荡等形式的无触点电子点火系统基本和磁电式相同，只不过它们的点火信号发生器分别由霍尔式、光电式和电磁振荡式传感器所代替。

### (2) 微机控制点火系统

汽油发动机电火花点火后，混合气需要先经诱导期，然后才进入猛烈的明显燃烧期，即混合气在发动机汽缸内的燃烧不是瞬时，而需要一定的时间，所以要使发动机发出最大功率，混合气不应在压缩行程上止点处点火，而应适当地提早一些点火。即发动机应在最有利的时刻——最佳点火提前角点火。通常把发动机发出功率最大和油耗最少的点火提前角称为最佳点火提前角。影响最佳点火提前角的因素有：发动机转速、负荷、启动及怠速、水温、汽油的辛烷值、压缩比等，一般点火装置是无法达到最优控制的，只有用微机及自动控制技术才能使点火提前角控制在最优状态。

由于发动机本身结构复杂，影响点火因素较多，理论推导发动机运行状态下的数学模型比较困难，且很难真实描述实际的运行状态。因此，在实际的控制中，通过实验数据来建立出模型，从而求出最佳点火提前角。

点火提前角的微机控制系统由微机及接口、传感器、功率放大器、点火线圈、分电器、火花塞等部分组成。

微机是该系统的核心，它具有采集数据、存贮数据及处理数据等功能。该系统中只读存储器 ROM 中除存有监控、自查程序等外，还存储了该车型由实验得出的各种工况下的最佳点火提前角；随机存储器存入采集数据及中间处理数据，CPU 进行汽车工况的检测判断、查找最佳点火提前角、接通和断开点火线圈等核心工作。数字曲轴转角传感器把曲轴转过的角度或齿数变成电脉冲信号,如每转 2°或 1°产生一个电脉冲;标志位数字传感器主要是在活塞到达上止点或上止点前一定角度（如 70°）,产生作点火提前角的基准用标志脉冲;压差传感器把负压变成模拟电信号;温度传感器把温度也变成模拟电信号,最后把包括蓄电池在内的 4 种模拟信号通过 A/D 转换后分别送入 CPU 内。

该系统的控制原理是:发动机启动后,CPU 通过上述传感器把发动机的待测参数,采集到计算机内存 RAM 中,然后微机不断检测标志位脉冲,当微机收到标志信号后,立刻开始对曲轴转角脉冲的计数——即对点火提前角的计数,同时检测此时发动机的转速和负荷（真空度）,并修正到标准工况（即做最优提前角试验时的工况）。根据此标准工况对存储器进行二维查询,找出对应此时该发动机工况的最佳点火提前角。此后,微机一直在判断点火时刻是否到来,如查出的优化点火提前角等于计算机正在检测的曲轴转角,立即向功率放大器发出断开点火线圈及电流的指令,配电器将点火线圈产生的高压,按发动机点火次序分配到各缸火花塞进行点火,每个缸每次点火的次数可用软件控制。

上述提及的控制过程是指发动机在正常状态下点火时刻的控制。汽车在启动、怠速或滑行情况下,也有专门的控制方式,对于冷却水和进气的温度也应给予考虑,在发动机未启动或计算机发生故障时,则进行常规点火,有的还加上抗爆震控制,每当收到爆燃的信号后,自动减少点火提前角,然后复原,以防发动机发生爆震。

在微机控制的点火系统中,计算机是控制的核心,计算机要实现其控制不光需要硬件基础,还需要软件支撑,计算机的软件除系统软件外,还应具有处理点火过程的应用软件。由于该系统是一个实时控制系统,要求软件运行速度快,一般采用汇编语言进行编程。

**（3）带爆震控制系统的电子点火提前装置**

为获得最大功率和最佳经济性,需要加大点火提前角,但点火过于提前,又会引起燃烧爆震。爆震的主要危害,一是噪声大,二是可能使发动机损坏。在大负荷条件下,这种可能性更大。

输入存储器的点火提前角应有一个安全界限,以免发动机爆震。实际点火提前角调整值大大低于其理想调整值,但使用劣质燃油或因发动机磨损而改变点火提前要求时,发动机仍会进入爆震区。

采用爆震限制器后,就可以解决上述问题,采用此装置后可以使用比正常值大一点的点火提前角,从而改善发动机性能。

爆震控制系统由传感器、检测电路、控制电路和执行器（校正元件）组成。爆震传感器安装在发动机的适当位置,在爆震发生时,能测出通过发动机构件传来的声波。压电陶瓷片是爆震传感器的主要部件,当它受到机械震动时,能发出电压信号,经处理确定发生爆震后,控制线路即根据给定的程序推迟点火时间。

### 6.2.2　电子控制燃油喷射装置

早期汽油发动机通常采用化油器供油方式,由于化油器喉管处的真空度较低,特别是在低速、小负荷时更低,气流速度不高,此时燃油的雾化很差,有时油滴会沉积在发动机的进气管壁上,造成实际供给的混合气浓度与需要的不一致。加速时供油滞后,减速时回火放炮,使发动机动力性和经济性明显下降。

汽油机和柴油机尽管工作原理不一样,但它们都因供油装置或机械式自动调节器的精度不够,调节滞后时间长,自动化程度低,影响汽车经济性和动力性的提高,同时排气污染较大。因此,现代汽车发动机普遍采用电子控制燃油喷射装置取代化油器和喷油泵,这样既可获得最大功率,又可最大限度地节油和净化排放,是节约能源,减少污染的有效措施。

电子控制燃油喷射装置按用途可以为汽油机和柴油机电子控制燃油喷射装置,汽油机电子控制燃油喷射装置可分为以进气管压力为主控参数的压力型(也称 D 型)和以空气流量为主控参数的流量型(也称 L 型);按执行机构的不同可分为多点喷射和集中喷射。多点喷射即每缸安装一个燃油喷嘴,燃油直接喷射到各缸进气门前方。集中喷射是以一个或两个喷嘴安装在节气门后方。将燃油喷入进气歧管的进气气流中;按控制理论分为开环和闭环控制;按电子学观点又可分为模拟电子控制和数字电子控制(如目前所用微机控制的燃油喷射装置)。

尽管电子控制燃油喷射装置的具体结构多种多样,但其基本设计思想和控制原理是差不多的。

**(1)汽油机电子控制燃油喷射装置**

汽油机电子控制燃油喷射装置由传感器、微机控制装置和执行机构 3 部分组成。

其传感器包括:

1)可动叶片式空气流量传感器 它串联在汽车进气管道中,产生一个与进气管道中空气流量成正比的电信号,把该信号输送给微机。

2)曲轴转角及位置传感器 曲轴转角传感器每转过 1°,产生一个脉冲信号用于计算发动机转速;曲轴位置传感器在发动机某一缸上止点转过传感器时,产生一个电脉冲,用来控制喷油时刻。

3)氧传感器 它根据大气和发动机排气中的氧浓度之差而产生电动势。在理论空燃比前后输出一个类似开关信号的电动势(小于理论空燃比时传感器输出接近 1 V 的电势,在大于理论空燃比时输出接近 0 V 的电势),用这样一个类似的开关信号输给微机,对空燃比施以反馈控制。

4)温度传感器 是由热敏电阻构成的空气进气温度及发动机冷却水温度传感器。它输出与温度成正比的模拟电信号,再经 A/D 转换后进入微机进行喷油量的修正。

微机控制装置由集成电路组成,目前国外 CPU 多采用 8 位通用型芯片,少数集中控制用 16 位芯片,但也有高抗干扰、适用汽车恶劣环境的专用芯片。电子控制燃油喷射装置的基本油量的计算是依靠台架试验取得的数据,确定最佳基本供油量数据及各种修正量计算公式,将它们存入微机存储器中。发动机工作时,首先采集反映发动机各工况的各个传感器的输出值,再计算该时刻的最佳喷油量,最后由微机通过接口控制喷油量的多少。

执行机构因各个厂家的汽车而异。油箱的汽油靠油泵送给输油管,从油泵流出的具有一定压力的汽油,由衰减器减弱油流的波动,再经滤清器过滤后,流到各缸的供油管,一部分由喷油器喷向进气口,多余的汽油则经调压阀流回油箱。供油管的油压可通过调压阀予以调整。

**(2)柴油机的电子控制特征**

电子控制会使成本增加,因此,如果没有与成本增加相称的性能提高,生产企业是不会采用的。要是能凭借电子控制来改善柴油机的弱点,或者予以有效地解决,那么成本与性能之间就可以获得平衡。

1)冷启动性

由于柴油机是压燃式,发动机在冷状态时,着火相当困难,为此需使用预热塞。启动时,驾驶员先使发动机减压以提高转速,再返回压缩状态,启动预热塞使之迅速着火,这一系列操作十分麻烦。若操作不熟练,在启动反复失败的过程中,很容易导致蓄电池把电放完。电子控制能够以最佳的程序代替这种麻烦的启动操作。

2）控制 $NO_x$ 的排放

柴油机的 HC 与 $NO_x$ 的排放量比汽油机少,由于过量空气系数大,无法使用能够有效减少 $NO_x$ 的 3 元催化剂。因此,为了减少 $NO_x$,有必要采用 EGR（排气再循环）。而 EGR 会使烟度增加,其控制方法比汽油机要难得多。但是,这一工作若由电子控制承担,则将变得非常容易。

3）涡轮增压控制

柴油机的转速不易提高,要提高其输出功率,必须增大柴油机的转矩。因此,涡轮增压作为一种有效的手段而出现。可是为了用好增压柴油机,有必要对排气旁通进行细致的控制。

4）抑制烟度

油滴扩散燃烧时,燃料暴露在局部高温缺氧的环境中,产生热分解,不可避免地出现游离碳。低负荷时,游离碳不以黑碳的形态排出,因为它在膨胀过程中重新烧掉。

加速时供油量较大,踩加速踏板时会冒黑烟。依靠电子喷射,则可以配合速度的上升,把喷油量控制在不超过冒烟界限的适当范围内。同时调整喷油时刻,在加速性不致过分恶化的前提下尽可能抑制排烟。

5）游车

当发动机在负荷急剧变动的轻负荷低速运转时,会产生游车。这是由于喷油泵调速器的反馈控制系统的响应特性差而引起的。电子式反馈控制电路的响应特性很好,故不会产生游车。

6）怠速控制

怠速时发动机的负荷,不但随发动机温度和发动机的摩擦损失而改变,而且与动力转向装置用的油泵、空调器用的压气机等的接通与否有关。因此,为使怠速时不因负荷的增加而产生游车和发动机停转的现象,以往的做法是把怠速转速调得高一些。但是,在电子控制的情况下,无论负荷怎样增减,都能把怠速转速保持在最低的状态,从而能够改善柴油机的经济性。

7）功能的扩大

即使对发动机逐渐添上诸如 EGR 控制、海拔高度控制、冷启动补偿、怠速转速调节、变速器控制、故障诊断与安全功能等,也能够进行综合控制,一切都由计算机集中处理。

8）误差的修正效果

以往的机械式控制系统由于拟定错误和磨损等,使喷油时刻会产生误差。如果由水平低的工厂进行保修,就不能保证产品的质量。但是,在电子控制的情况下,例如喷油时刻,总是根据曲轴位置的基准信号予以检查,不存在产生失调的可能性。

9）开发迅速

新产品在开发过程中,其试制时间将使整个开发的日程显著延长。但在电子控制的情况下,通过变更控制装置内的存储,很容易改变控制特性。不需要机械加工,因此开发时间短,试验和改错的工作也变得简单。

10）适应性广

如果改换输入控制装置的程序和数据,一种喷油泵就能广泛用在各种柴油机上。这样做不需要增加机械加工,故可缩短开发周期,从整体上看,将有利于降低成本。

# 6.3 汽车底盘的电子装置

### 6.3.1 电子控制变速装置

**(1)概述**

目前各种中低档汽车上所装的变速器多为有级式齿轮变速器。这种有级式变速器少则3~5挡,多则8~10挡,在复杂的行驶工况下,驾驶员由于不能准确地换挡,因此造成动力不足,油耗过大,甚至发动机熄火;同时频繁的换挡和加减油门使驾驶人员易于疲劳,即使是熟练的驾驶人员能够及时换挡,但由于传动比是有级的,也很难保证发动机在最佳工况工作。

为了克服上述缺点,汽车上使用了液力机械自动变速器。它具有无级变速、变转矩,且转矩和转速能自动调节到与外负荷匹配、操作方便、过载保护性能好,且发动机不会因为阻力过大或操作不慎而熄火等优点,大大提高了车辆的性能。液力变矩器是通过泵轮使油获得速度,再使油流冲击涡轮转子以传递动力并无级变矩的一种离合器。这种液力变矩器内部损失较大,传动效率较低,所以近几年出现了电子控制的变速器。

**(2)电子控制变速装置**

目前电子控制自动变速装置向3个方向发展:

①改善液力耦合式变速器的传动效率,这种变速器,如同现有的变矩器加上行星齿轮那样。

②采用电磁离合器加上多级齿轮减速器式的自动变速器,实行电子控制。

③电子控制无级变速器等。

1)带有超速挡的锁止变矩器式自动变速器

为提高传动效率,首先是在原来自动变速器的基础上增加超速挡,希望在不需要大驱动功率的匀速行驶工况下,尽量降低发动机转速,以减小发动机磨损,同时使发动机工作在高效率区。

其次是采用锁止机构,在变矩器的转矩接近1的高速区,使变矩器处于直接联接状态,可使变速器的损失等于零。

这种超速和锁止机构用油压控制阀控制,使其在某种车速下能够进行从三速挡换到超速挡控制,而在某个更高的转速下,能使锁止机构起作用。

微机控制的带超速的全锁止式变矩器,可以从一挡速度到最高速,整个速度范围内都能实行锁止操作。

2)微机控制电磁离合器和最高速度比为1∶8的多级(6~8级)减速器

有的汽车上采用磁粉(铁粉)式离合器,它在驱动盘上装入励磁线圈,磁粉松散地放在驱动盘和从动盘的狭窄空间(磁粉间隙)内。励磁线圈没有通电时磁粉因离心力黏在磁粉间隙的外侧,离合器处于分离状态。励磁线圈一旦通电,磁粉竖起,呈锁状结合,把驱动盘和从动盘联接起来,电磁离合器的分离与接合时刻由微机根据传感器送来的反映汽车各工况状态的信号综合判断后决定。

3）微机控制无级变速器

目前研究较多的是皮带无级变速器,这是一种通过改变一对 V 形皮带的有效直径,连续改变变速比的装置。在减速时,主动轮的 V 形槽向两侧扩大,皮带轮的有效直径减小,从动轮则相反,这样就可达到减速的目的。增速只需反过来控制,使主动轮直径大于从动轮直径即可。

汽车在行驶过程中,微机通过各类传感器把各种工况及时地采集到 CPU,CPU 把根据事先通过实验得出的各种变速比或者说皮带轮的直径大小查询出来,再通过 D/A 转换、放大,驱动线性电磁阀控制油压的大小来调节皮带轮槽的宽度(直径),达到理想的速比。

### 6.3.2　电控防抱死制动系统(ABS)

汽车防抱死制动系统(Anti-Lock Brake System),简称为 ABS,是汽车上的一种主动安全装置,它主要由传感器、电子控制单元(ECU)和执行器三部分组成,用于汽车制动时防止车轮抱死打滑,以提高汽车制动过程中的方向稳定性、转向控制能力和缩短制动距离,充分发挥汽车的制动效能。

目前在国内外汽车上普及的电控 ABS 主要采用车轮的滑移率控制方式,滑移率 $S$ 表示的是汽车车轮在制动时既滚动又滑动状态下,一个定量描述汽车车轮运动状态的物理量,它表征的是车轮在运动中滑动成分所占的比例。其定义为:

$$S = \frac{v - v_w}{v} \times 100\% = \frac{v - rw}{v} \times 100\%$$

式中:$v$——车速,m/s;

$v_w$——车轮速度,m/s;

$r$——车轮半径,m;

$w$——车轮转动角速度,rad/s。

其中,汽车前进的速度及车轮的速度的测量均由传感器来实现。现普遍采用的是轮速传感器和减速传感器。

轮速传感器用于检测车轮的转速,并将转速信号输入 ECU。轮速传感器一般都安装在车轮处,但有些驱动车轮的轮速传感器安装在主减速器或变速器中。目前 ABS 系统的轮速传感器主要有电磁感应式轮速传感器和霍尔效应式轮速传感器两种形式。而减速传感器,也称 G 传感器,用于测量汽车制动时的减速度,识别是否是雪路、冰路等易滑路面。

整个 ABS 的工作原理实质上就是 ECU 接收轮速传感器及其他传感器输入的信号,进行放大、计算、比较,按照特定的控制逻辑,分析判断后输出控制指令,控制制动压力调节器通过电磁阀的动作,自动调节制动器制动压力。制动压力调节器主要有液压式、气压式和空气液压加力式等形式。以常见的液压式制动压力调节器为例,它的工作过程主要由常规制动、减压、保压、增压四个过程来实现。

### 6.3.3　汽车驱动防滑转系统(ASR)

随着对汽车性能要求的提高,不仅要求在制动过程中防止车轮抱死,而且要求在驱动过程中(特别是起步、加速和转弯过程中),防止驱动车轮滑转,使汽车在驱动过程中的方向稳定性、转向控制能力和加速性能都得到提高,因此采用了汽车驱动防滑转系统(Acceleration Slip

Regulation,ASR)。由于驱动防滑转系统是通过调节驱动车轮的牵引力实现对驱动车轮滑转的控制,因此也称牵引力(或驱动力)控制系统(Traction Control System,TCS),ASR 是 ABS 的完善和补充,ASR 可独立设立,但大多数与 ABS 组合在一起,常用 ABS/ASR 表示,统称为防滑控制系统。

同 ABS 一样,ASR 也是对车轮滑移率进行控制,其控制驱动轮最佳滑移率方式主要有三种,分别对发动机输出转矩,对驱动轮制动,对锁止差速器进行控制,除此之外,ASR 也需要轮速传感器信号等,因而一般将 ASR 与 ABS 组合在一起,构成具有制动防抱死和驱动防滑转功能的防滑控制(ABS/ASR)系统。

典型的 ABS/ASR 系统如图 6-1 所示,ASR 和 ABS 共用轮速传感器和 ECU,在通往驱动车轮制动轮缸的管路中增设了一个 ASR 制动压力调节装置,在由加速踏板控制的主节气门上方增设一个由步进电动机控制的副节气门,在主、副节气门处各设置一个节气门开度传感器,即可实现驱动防滑转控制。

如图 6-1 所示,ABS/ASR 中的 ASR 在汽车驱动过程中,ABS/ASR 的 ECU 根据各车轮转速传感器产生的车轮转速信号,确定驱动车轮的滑移率和汽车的参考速度。当 ECU 判定驱动车轮的滑移率超过设定的限值时,就使驱动副节气门的步进电动机转动,减小节气门的开度,此时,即使主节气门的开度不变,发动机的进气量也会因副节气门开度的减小而减少,使发动机的输出转矩减小,驱动车轮上的驱动力矩就会随之减小,如果驱动车轮的滑移率仍未降低到设定的控制范围内,ECU 又会控制 ASR 驱动压力调节器和 ABS 制动压力调节器,对驱动车轮施加一定的制动压力,就会有制动力矩作用于驱动车轮。

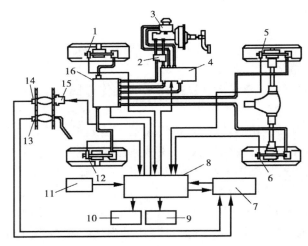

图 6-1　典型 ABS/ASR 组成

1—右前轮速传感器;2—比例阀和压差阀;3—制动主缸;4—AS 制动压力调节器;5—右后轮速传感器;
6—左后轮速传感器;7—发动机/变速器 ECU;8—ABS/ASR ECU;9—ASR 关闭指示灯;
10—ASR 工作指示灯;11—ASR 选择开关;12—右前轮速传感器;13—主节气门开度传感器;
14—副节气门开度传感器;15—副节气门驱动步进电动机;16—ABS 制动压力调节器

### 6.3.4　电子自动行驶装置

电子自动行驶装置实际上是一个带速度负反馈的微机自动控制系统,它由速度传感器、节气门开度传感器、微机系统(CPU,ROM,RAM,I/O 接口等)及执行机构——步进电机等组成。

电子自动行驶装置是一种自动恒速装置。在高速公路上长时间行驶时,若有自动行驶装置,驾驶人员一打开自动行驶开关,该系统将根据汽车行驶阻力的变化,自动地增减节气门开度,使行驶速度自动保持恒定。当汽车制动或变速器处于空挡位置时,节气门必须回到全闭状态。若此时自动行驶装置出现故障,而节气门却处于全开状态,汽车失控而飞驰,这是非常危险的,为此在执行机构的最后部分装有安全磁粉离合器,当踩下离合器或制动踏板,或在变速器处于空挡,或在驻车制动起作用时,CPU 接到离合器开关、制动开关、空挡开关、驻车制动开关等的信号时,立即启动安全磁粉离合器电路,使其分离,把自动行驶装置与节气门分隔开来。

为防止汽车失控而飞驰,备有高速、低速限制控制,同时还设置了车速控制幅度的限制。如当车速在 40 km/h 以下、100 km/h 以上时自动行驶装置将不起作用。这样不但可以节约用油,而且可以提高行车安全。

### 6.3.5　电控自动空调(AC)

汽车空调系统能在任何气候和行驶条件下,为乘员提供舒适的车内环境,并能预防或除去附在风窗玻璃上的雾、霜或冰雪,以确保驾驶员的视野清晰与安全行车。汽车空调采用暖风和冷气装置来保持车内适宜的温度;采用除湿和加湿装置来保持车内空气湿度适宜;采用通风装置和空气净化器来保持车内空气清新洁净。为使空调装置充分发挥作用,必须进行多方面的控制、协调,各种控制项目的内容及控制方法如表 6-1 所示。

表 6-1　汽车空调控制项目的内容和方法

| 序号 | 项　目 | 控制内容 | 控制方法 |
|---|---|---|---|
| 1 | 车外空气引入量 | 通风换气与防止车窗起雾,快速制冷与采暖时的内循环 | 转换内外空气风门 |
| 2 | 送风机速度 | 控制送风能力、温度分布、送风距离 | 改变电路电阻 |
| 3 | 制冷能力 | 控制制冷循环能力与防止蒸发器结冰 | 开、关压缩机,旁通法,固定蒸发压力 |
| 4 | 出风口温度 | 控制出风口温度和车厢内湿度 | 热水流量控制阀,再热法,空气混合法 |
| 5 | 配风工况 | 冷气、暖风出风口的转换、除箱、采暖的转换 | 转换风门 |

汽车空调的控制方法可分为手动控制和电控自动控制两种。手动控制汽车空调的鼓风机转速、出风温度及送风方式等功能是由驾驶员操纵和调节,车内通风的温度是由仪表板上的空气控制杆、温度控制杆、进气杆和鼓风机开关等来操纵通风管道上的各种风门实现的。但手动空调无法根据日光辐射强度、发动机和排气管热辐射及人体辐射等影响变化,及时对车内空气状况进行调节。随着电子技术的发展,越来越多的汽车上采用了电子控制的自动空调。电控

自动空调利用传感器随时检测车内温度及车外环境温度的变化,并把检测到的信号送给空调的电控单元(ECU),ECU 按预先编制的程序对信号进行处理,并通过执行元件,不断地对鼓风机转速、出风温度、送风方式及压缩机工作状况等进行调节,从而使车内温度、空气湿度及流动状况始终保持在驾驶员设定的水平上。电控自动空调通风系统的结构如图 6-2 所示,主要由冷气、热风、送风、操作、控制等部分组成,其中冷气系统中有压缩机、冷凝器、蒸发器;热风系统有加热器、水阀等;送风系统台风机、风道、吸入与吹出风门;操作系统有温度设定与选择开关;控制系统有传感器、ECU、各种转换阀门、执行元件等。

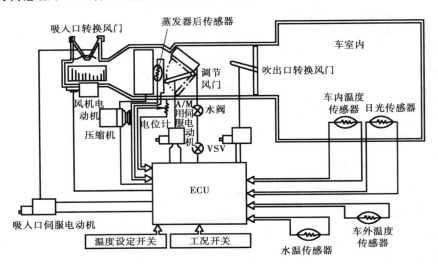

图 6-2　电控空调通风系统的组成

### 6.3.6　电控悬架系统

悬架是连接车身和车轮之间的一切传力装置的总称,主要由弹簧(如钢板弹簧、螺旋弹簧、扭杆等)、减振器和导向机构三部分组成。当汽车在不同的路面上行驶时,由于悬架系统实现了车身和车轮之间的弹性支承,有效地降低了车身与车轮的振动,从而改善了汽车行驶的平顺性和操纵稳定性。

汽车行驶的平顺性和操纵稳定性是衡量悬架性能好坏的主要指标,但二者性能要求又相互排斥。平顺性一般通过车身或车身某个部位的加速度响应来评价,操纵稳定性可借助车轮的动载来度量。例如,降低弹簧的刚度,可使车身加速度减小,平顺性变好,但同时会导致车体位移增加,对操纵稳定性产生不良影响;另一方面,增加弹簧刚度会提高操纵稳定性,但硬弹簧将导致汽车对路面不平度很敏感,使平顺性降低。因此,理想的悬架应在不同的使用条件下具有不同的弹簧刚度和减振器阻尼,既能满足平顺性要求又能满足操纵稳定性要求。被动悬架因具有固定的悬架刚度和阻尼系数,在结构设计上只能在满足平顺性和操纵稳定性之间进行折中,无法达到悬架控制的理想目标。

为克服传统的被动悬架系统对其性能改善的限制,现代汽车中采用了电子控制悬架系统。该系统可根据不同的路面条件,不同的载质量,不同的行驶速度等来控制悬架系统的刚度,调节减振器阻尼力的大小,甚至可以调整车身高度,从而使车辆的平顺性和操纵稳定性在各种行驶条件下达到最佳的组合。

电子控制悬架系统主要有半主动悬架和主动悬架两种。半主动悬架是指悬架元件中的弹簧刚度和减振器阻尼系数之一可以根据需要进行调节。为减少执行元件所需的功率,主要采用调节减振器的阻尼系数法,只需提供调节控制阀、控制器和反馈调节器所消耗的较小功率即可。主动悬架是一种具有做功能力的悬架,通常包括产生力和转矩的主动作用器(液压缸、汽缸、伺服电动机、电磁铁等)、测量元件(加速度、位移和力传感器等)和反馈控制器等。主动悬架需要一个动力源(液压泵或空气压缩机等)为悬架系统提供连续的动力输入。当汽车载荷、行驶速度、路面状况等行驶条件发生变化时,主动悬架系统能自动调整悬架刚度(包括整体调整和单轮调控),从而能同时满足汽车行驶平顺性和操纵稳定性等各方面的要求。电控悬架系统所要实现的功能主要由以下几个构件来实现。

1)减振器阻尼控制系统

常见的减振器阻尼控制系统有超声波悬架系统(SSS)、自适应阻尼控制系统(ADS)、自动行驶控制系统(ARC)及丰田电子控制悬架系统(TEMS)。可以实现正常的减振控制、防车尾下坐控制、防侧倾控制、防车头下沉控制、高速控制、预防换挡时车尾下坐(A/T 车型)等。

2)车身高度控制系统

车身高度控制装置可根据车内乘员或车载质量情况自动调整车身高度,以保持汽车行驶所需要的高度及汽车行驶状态的稳定。车身高度控制有两种类型,一种是对汽车全部 4 个车轮悬架系统进行高度控制;另一类型是仅对两个后轮的悬架系统进行高度控制。

车身高度传感器将车身高度转换成电信号,输送给 ECU。ECU 根据车身高度传感器输入的信号,控制压缩机及排气阀,以此增加或减少悬架主气室内的空气量,从而保持车身高度为一定值。因为减振器在行车过程中总是振动的,很难判定当时车身所处的区域,所以 ECU 每隔数 10 ms 就检测一次车身高度传感器输出的信号,并对一定时间内各信号所占区域的百分比进行计算,以此来判断车身实际所处的区域。

3)电控调节空气悬架(EMAS)

电控调节空气悬架能调节减振器减振力、弹簧刚度和车身高度,同时还具有故障自诊断和失效保护功能。

4)油气弹簧悬架系统

油气弹簧以气体作为弹性介质,而用油液作为传力介质,一般由气体弹簧和相当于液力减振器的液压缸组成。通过油液气室中的空气实现刚度特性,通过电磁阀控制油液管路中的小孔节流实现变阻尼特性。

### 6.3.7　安全气囊(SRS)

安全气囊(Supplemental Restraint System, SRS),也称辅助乘员保护系统。它是一种当汽车遇到冲撞而急剧减速时能很快膨胀的缓冲垫,可以保护车内乘员不致撞到车厢内部,是一种被动安全装置,具有不受约束、使用方便和美观等优点。近年来随着世界汽车市场的竞争愈演愈烈,以及安全气囊制造成本的降低,以往只在高档轿车作为选装件的安全气囊,已逐步发展到作为标准件安装到一些小型、紧凑型轿车上。

通常根据碰撞类型的不同,安全气囊可分为正面碰撞防护安全气囊系统、侧面碰撞防护安全气囊系统和顶部碰撞防护安全气囊系统。正面碰撞防护安全气囊系统在欧美轿车的驾驶员和副驾驶员处有较高的装车率,实际交通事故统计表明,安全气囊与三点式安全带配合使用,对正面碰撞事故中的乘员具有更好的保护效果。侧面碰撞防护安全气囊系统和顶部碰撞防护安全气囊系统也已装车使用。

现在普遍采用的电子式安全气囊主要由传感器、安全气囊组件和 ECU 等组成。它利用前碰撞传感器、中央碰撞传感器检测不同部位的碰撞激烈程度,根据情况确定是否接通搭铁回路;同时为防止因碰撞传感器短路而误膨开,采用闭合减速度稍小的保险传感器(也称触发传感器)起保险作用。在搭铁回路接通后,安全气囊组件中的气体发生器在点火器的引爆下,产生气体向安全气囊充气膨开,起到保护乘员的作用。而 ECU 则是所有这些运动的控制中心。

随着车辆技术的不断发展,虽然安全气囊系统对防止驾驶员和乘员遭受伤害有效,但它属于一次性装备,而且造价较高,因此为更有效保护驾驶员和乘员安全,降低耗费,部分高档车中装备了带座椅安全带收紧器的安全气囊系统。进入 21 世纪,又开始研制新一代具有多种自适应能力和智能型的安全气囊。

### 6.3.8　中央门锁与防盗系统

1)采用中央门锁系统的车辆,当驾驶员锁住驾驶员车门时,其他几个车门(包括后车门或行李箱门等)能同时自动锁住;当打开驾驶员车门时,其他几个车门能同时打开;乘客仍可用各车门的机械或弹簧锁开关车门。其控制组件的安装位置如图 6-3 所示。可以实现用门锁开关或钥匙控制锁门和开门,并有防止钥匙遗忘功能,行李箱门开启器控制,同时还能实现遥控门锁的开启与闭锁。

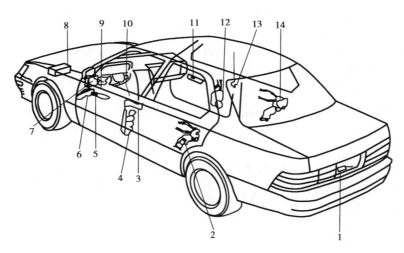

图 6-3　中央门锁系统控制组件的安装位置

1—行李箱门控器电磁阀;2—左后门锁电动机及位置开关;3—门锁控制开关;
4—左前门锁电动机、位置开关及门锁开关;5—左前门锁控制开关;6—NO.1 接线盒门控线路断路器;
7—防盗和门锁拔控制 ECU 及门锁控制继电器;8—NO.2 接线盒、DOME 熔丝;9—行李箱门控器开关;
10—点火开关;11—右前门锁控制开关;12—右前门锁电动机、位置开关和门锁开关;
13—右前门钥匙控制开关;14—右后门锁电动机及位置开关

2)汽车防盗系统可分为机械式与电子式两种,目前机械式已基本被淘汰,国际上流行的以电子式为主,它按功能可分为防止非法进入汽车,防止破坏或非法搬运汽车,防止汽车被非法开走三类,其主要由如图 6-3 所示的元件组成,当钥匙锁好所有车门时,系统在 30 s 内自检,之后系统指示器断续闪光,处于报警状态。此时,防盗器启动,只有通过遥控器发出开门信号被接收机 ECU 接收或用车钥匙插入锁孔开关,才能使防盗 ECU 解除警戒状态。若不通过上述手段开启车门,则防盗 ECU 根据各种开关信号及遥控 ECU 反馈信号判定为非法开启,于是接通线路和各种报警灯开关继电器进行报警。

# 6.4　汽车电子测试

为保证汽车的可靠性、安全性,一般要对汽车进行一些必要的定期测试,在测试中必须采用一些测试仪器、仪表。本节将对一些较新的先进仪器、仪表作一简单介绍。

### 6.4.1　BK-1 型汽车安全性能综合检测仪

该检测仪是一种应用计算机技术,专为汽车制动试验台、轴重计、侧滑试验台和速度表校验台的配套的新型智能化仪表,与目前国内外汽车检测线上普遍使用的单机式仪表相比有以下几个优点:

1)测量直观准确。仪器采用高亮度、大数码管组成显示屏,数字显示汽车轴重、制动力、侧滑、速度等各种测试数据,显示清楚、直观、准确。

2)有效地减少人为记录误差。测试数据的采集、存贮、计算、分析判断、记录等功能均由 8031 单片机完成。减少了操作者工作量,也避免了引进人为误差,提高了检测的科学性。

3)增强汽车制动力检测功能。测量制动力过程中,由于采用了计算机技术,在制动力抱死车轮时,由电脑控制滚筒停止转动,这样既保证测试准确性,又避免磨损轮胎,另一方面,由微机测量和计算,能将制动力全部变化过程以曲线形式记录下来,准确检验出左右车轮是否在同一瞬间同时达到最大制动力,避免高速行驶急刹车发生汽车突然转头的严重事故。

4)一机多用。用一两台 BK-1 型检测仪就可以实现整条汽车检测线数据采集、显示、打印自动化。

BK-1 型汽车安全性能综合检测仪的使用提高了检测的科学性,同时保留了手动汽车检测线安装费用低、操作维修方便的优点。BK-1 型检测仪为装配新型的混合型汽车检测线和改造现有的手动式汽车检测线提供了良好设备。

### 6.4.2　无负荷测功仪

发动机的功率是指示发动机技术状况、评价发动机制造和维修质量的一项重要综合性指标。在车辆的使用和维修中,常要求对发动机的功率进行测定。目前在该项目上使用的"无负荷测功仪",具有体积小、轻便,可以给维护、检修部门在检查或评价大修后及运行中的发动机技术状况提供方便。这种测功方式的优点在于:

1)不加负荷,发动机不需磨合,减小了因测功而影响发动机本身质量的可能性。

2)不需大型设备,凡是车辆维护、检修单位,都有条件配备。

3)与水力或电力测功相比,其精度虽然略差一些,但简便易行,车辆不需解体,既可在台架上测定,又可就车测定。

4)得出结果迅速,并能对一些故障所在作出判断。

### 6.4.3 SD2——通用数字电路五轮仪

汽车使用性能的好坏,对提高生产率,降低运输成本,保证行车安全和延长汽车使用寿命有重大影响。SD2——通用数字电路五轮仪可对汽车进行动力性能、制动性能、经济性能及底盘效率的测试。该设备测试精度及自动化程度较高,抗干扰能力较强,使用方便,测定项目多:

1)测定加速时间 $\Delta t$,评价汽车动力性能。

2)测定滑行距离,评价汽车底盘的传动效率。

通常用汽车在一定的车速下,脱挡滑行的距离 $S_{滑}$ 来表示传动效率的高低,因为汽车在一定的速度时,具有一定的动能,如果滑行距离 $S_{滑}$ 长,表示底盘各部分阻力小,情况较好,即传动效率较高,反之,传动效率低。

3)燃料经济性的评价

通过测定汽车在单位行程中的燃料消耗来评价该车的燃料经济性。

4)汽车制动性能的测定

通过上述叙述和例子说明,在当今的时代,电子技术在汽车工业中扮演了举足轻重的角色,而且随着汽车工业的发展,将发挥越来越大的作用。

# 第 7 章
# 汽车排污与噪声

## 7.1 汽车排放污染物与净化

### 7.1.1 汽车排放污染物的主要成分及危害

随着汽车工业的发展,汽车的保有量越来越多,汽车排放物对人类健康、社会和环境的危害是十分严重的。国外很多国家对车辆排放污染量制订了严格的限制。我国于 1983 年 9 月 14 日发布了"汽车污染物排放标准和测量方法"的国家标准,并已于 1984 年 4 月 1 日开始实施。后来又逐步制订要求更高的相关技术法规(参见第 10 章)。

汽车排放污染物主要由发动机排放造成,主要有害成分是:一氧化碳(CO)、碳氢化合物(HC)、氮氧化合物($NO_x$)、铅化物、碳烟等有害物质。据资料介绍,一辆汽车在运行过程中,平均每天约排出 CO 为 3 kg,HC 为 0.2~0.4 kg,$NO_x$ 为 0.05~0.15 kg。当然由于发动机类型、排量、燃料、技术状况、运行工况、运行时间等条件不同,上述数据会有很大的不同。像东京这样的大城市,1970 年时 CO、HC 和 $NO_x$ 的日排量分别达到 4 200 t,700 t 和 420 t;美国洛杉矶 1968 年时上述 3 种污染物的日排放量分别达 4 200 t,1 000 t 和 433 t。可见车辆的排污物的排放量是相当惊人的。

**(1)一氧化碳(CO)**

对于内燃发动机 CO 是因空气不足或其他原因造成不完全燃烧时产生的。CO 是无色无味的气体,吸入人体后,易与血液中的血红蛋白结合,其亲合能力较氧大 210 倍,故很快形成缺氧血色素,使血丧失输氧能力,致使人体缺氧,引起头痛、头晕、呕吐等中毒症状,严重时造成死亡。

**(2)氮氧化合物($NO_x$)**

$NO_x$ 是被高温燃气氧化成的 NO,$NO_2$ 等氮氧化合物的总称。$NO_x$ 由于氧化程度不同呈白色、黄色到暗褐色。$NO_x$ 进入肺后形成亚硝酸和硝酸,对肺组织产生很强的刺激作用,引起肺炎、肺水肿,吸入高浓度的氮氧化合物后甚至引起中枢神经的瘫痪及痉挛。

**(3)碳氢化合物(HC)**

HC 是指发动机废气中的未燃烧部分,约占有害污染物的 55%。近来研究表明,排气中的高分子重芳香烃可使人致癌,HC 也是产生光化学烟雾的重要成分。$NO_x$ 与 HC 受阳光照射后发生光化学反应,形成光化学烟雾,光化学烟雾中的光化学氧化剂超过一定的浓度时,具有明显的刺激性。

**(4) 铅化物(Pb)**

铅化物是作为抗爆剂加入汽油中的四乙铅经燃烧生成的化合物,它们以颗粒状排入大气。铅对人体十分有害,当人体吸入含铅微粒的大气时,铅积累到一定程度时,将阻碍血液中红血球的生长,使心、肺等处发生病变;侵入大脑时引起头痛、神经麻痹等症状。

**(5) 碳烟**

碳烟是柴油不完全燃烧的产物。在高压燃烧条件下,过浓混合气在高温缺氧区燃油被裂解成碳,主要由直径 $0.1 \sim 0.2~\mu m$ 的多孔性碳粒组成,碳烟能影响道路的能见度,并因含有少量的带有特殊臭味的乙醛,而引起人们恶心和头晕。

### 7.1.2 汽车排放污染物的净化

汽车排气净化的根本措施是采用低污染的动力源。完全没有排污的是电动汽车、太阳能

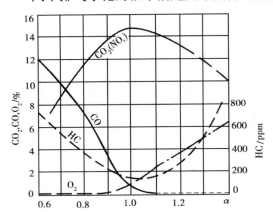

图 7-1 四冲程汽油机排气有害成分与 $\alpha$ 的关系

汽车。氢气发动机的燃烧产物中没有 CO 和 HC,但在大负荷工况范围内,$NO_x$ 排出量增加。转子发动机因汽缸中的燃烧温度低而 $NO_x$ 排出量很少。而且排出的 HC 和 CO 易处理。但这些新型动力装置在某些性能方面还存在严重缺陷,目前还不能推广。因此目前的防污措施主要是对现有发动机的排放进行净化。

从排气净化的角度出发,为了促进燃烧完全应使用较稀混合气和点火可靠。图 7-1 表明了四冲程汽油机排气有害成分与过量空气系数 $\alpha$ 的关系。CO 随着 $\alpha$ 值的增大而降低。当 $\alpha > 1$ 时理论上不会产生 CO,只是由于混合气的混合不充分等因素造成 CO 的存在,但 CO 排量相当少。HC 的浓度在标准混合气和经济混合气之间最低,即 $\alpha$ 在 $1.05 \sim 1.15$ 之间 HC 含量最少,而在稀、过稀和浓、过浓的混合气范围内,HC 浓度增大。这是因为过稀混合气燃料混合不均匀,分子间距离大,燃烧速度慢,而对于浓、过浓混合气,由于氧气不充分,使燃料燃烧不充分。$NO_x$ 的最大浓度处于标准混合气工况时,在浓混合气范围内,虽然温度高,但氧气的浓度低,使 $NO_x$ 生成量减少;在稀混合气范围内,虽然氧气充分,但燃烧温度低,使 $NO_x$ 产生量减少。

应该指出的是,各种因素对 HC,CO 及 $NO_x$ 的影响不尽相同,不能采用同一措施使 HC,CO 及 $NO_x$ 的排量同时减少。对控制排污的有利因素,往往会不同程度地引起动力性和经济性下降,在实际使用时应考虑各种因素带来的综合影响。

发动机排放污染物的净化方案有很多,现就常见的净化措施作一简单介绍。

**(1) 调节进气温度**

当汽油机在冷态启动和外界温度低的条件下运转时,由于燃油雾化不充分,往往供给较多的燃油,因而导致了燃烧不完全和 CO,HC 生成量的增加。采用进气温度自动调节式空气滤

清器以保证在外界气温变化较大时,调节
进气温度保持在 313 K 左右,从而得到较
稀的混合气。

图 7-2 和图 7-3 为这种温度调节机构
的工作示意图。

当自外界流入空气滤清器 4 的空气温
度低于某一规定值时,在双金属片式温度
传感器 5 的作用下,将真空阀 3 开启,节气
门 2 后方的真空度便经真空软管 9 传入真
空室 6。在真空度作用下,膜片 7 和连杆上
移,使进气控制阀 8 将冷空气进气口 A 关
闭,同时将热空气进口 B 开启,让经过排气
管预热的空气进入空气滤清器。当外界空
气温度高于某一规定值时,温度传感器将
真空阀关闭,切断化油器与真空室之间的
真空通道。在膜片弹簧的作用下,B 关闭
而 A 开启。当外界温度在规定值范围内,
则真空阀部分开启,膜片弹簧在某一平衡
位置,A,B 两口均保持适当开度。

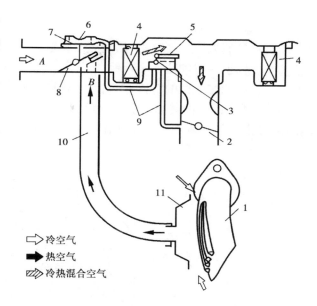

□⇒ 冷空气
■→ 热空气
▨⇒ 冷热混合空气

图 7-2　进气温度自动调节式空气滤清器示意图
1—排气管;2—节气门;3—真空阀;4—空气滤清器;
5—温度传感器;6—真空室;7—膜片;8—进气控制
阀;9—真空软管;10—热空气管道;11—排气管罩

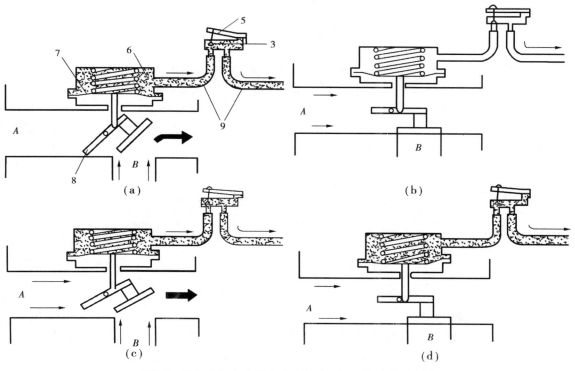

图 7-3　进气温度自动调节式空气滤清器工作过程示意图
(图注与图 7-2 相同)

213

**（2）废气再循环**

常见的装置有空气喷射、热反应器装置。

空气喷射装置如图7-4所示，空气泵2由发动机驱动，所产生的低压空气通过管道由空气喷管7喷射到排气门的背面，与高温废气接触混合，并流入高温的热反应器内燃烧，使废气中的HC和CO进一步燃烧完全。装置中设有防止因汽车减速时进气管内的高真空度作用于化油器，使混合气变浓而引起化油器回火的防回火阀10和防回火管3，以及防止废气倒流到空气压缩机去的单向阀4。

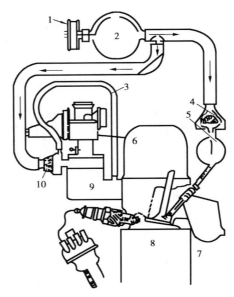

图7-4　空气喷射装置

1—空气滤清器；2—空气泵；3—防回火管；4—单向阀；5—空气分配管；
6—化油器；7—空气喷管；8—排气门；9—进气管；10—防回火阀

热反应器如图7-5所示。热反应器装在排气道出口处，废气在这里与新鲜空气混合燃烧，降低HC和CO的排量。热反应器必须能耐高温下的氧化和腐蚀作用。

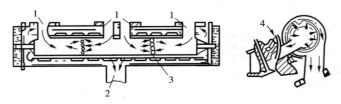

图7-5　热反应器

1—排气道出口；2—排气管；3—流通孔；4—喷射空气入口

**（3）防止曲轴箱窜气**

防止曲轴箱窜气的最简单办法是将曲轴箱与空气滤清器用软管相通，将由汽缸窜入曲轴箱的燃气吸入空气滤清器中，然后进入燃烧室燃烧。它的缺点是在大负荷运转时，不能有效地将窜气吸入空气滤清器，当机油和杂质分离不完全时，将会阻塞空滤芯。

目前常用的闭式曲轴箱通风装置，如图7-6所示。从空滤器引出的新鲜空气经 B 管和闭式通气口 6 进入曲轴箱,与窜气混合后,从汽缸盖罩经 A 管,由计量阀 3 计量后,吸入进气管,在缸内烧掉。这种装置的特点是,计量阀可随发动机运转状况自动调节吸入汽缸的窜气量,当发动机大负荷运转时,一旦窜气量过多而不能完全吸尽时,窜气会从曲轴箱倒流入空气滤清器,通过化油器吸入进气管。

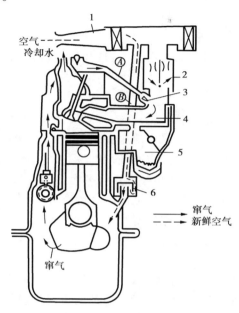

图 7-6   闭式曲轴箱强制通风装置
1—空气滤清器;2—化油器;3—计量阀;4—进气管;5—排气管;6—闭式通气口

### 7.1.3   汽车排放污染物检测标准

汽油车排放污染物的检测标准应符合 GB 3842—83《汽油车怠速污染物排放标准》的规定。

对于四冲程汽油机在海拔 1 000 m 的以下地区,在怠速工况下的排放标准为:

CO 的含量,新车应不大于 5%;在用车应不大于 6%。

HC 的含量,新车应不大于 0.25%;在用车应不大于 0.3%。

柴油车排放污染物的检测标准应符合 GB 3843—83《柴油车自由加速烟度排放标准》的规定。

其烟度值新车应不大于 Rb5.0;在用车不大于 Rb6.0。

# 7.2   汽车噪声

人们生活在声音的世界里,有各种各样的声音,既有动人、悦耳的,也有使人烦恼的。所谓噪声,是指人们不需要的,使人讨厌的干扰声。噪声的种类很多,包括交通噪声、工业噪声和生活噪声。交通噪声是城市噪声的主要来源,约占 75% 的比例。

汽车噪声一般为中等强度的噪声,为 60~90 dB,如公共汽车的噪声约为 80 dB,摩托车的噪声约为 90 dB。由于车辆的噪声为游动性的,影响范围大,干扰时间长。噪声会使人的听力减弱、视觉功能下降、神经衰弱、血压变化和胃肠道出现消化功能障碍。因此控制噪声污染越来越引起人们的重视。

### 7.2.1 汽车噪声的类型

汽车噪声不仅跟车辆和发动机形式有关,而且与使用过程的车速、发动机的转速状态、载荷及道路条件有关。

**(1)发动机噪声**

燃烧噪声 燃烧噪声是可燃混合气燃烧时,汽缸压力急剧上升而产生的。主要决定于燃烧的方式和燃烧的速度。它是柴油机噪声的主要来源。

机械噪声 机械噪声是由于运动副之间周期性变化的机械作用产生的,它与激发力的大小、运动件的结构等因素有关。发动机机械噪声主要有活塞敲缸噪声和气门噪声等。

活塞敲缸噪声 是由于活塞与汽缸壁之间有间隙存在,且作用在活塞上的力呈周期性变化,引起活塞敲击汽缸壁,从而产生的敲缸噪声。

气门噪声 是气门往复运动时,气门与气门座圈、气门杆与气门导管的冲击、碰撞发出的异响声。

进、排气噪声 进排气噪声是由于发动机在进、排气过程中的气体流动和气体压力波动引起的。它随发动机转速和负荷状态而改变。全负荷的进、排气噪声比无负荷时高 15~20 dB。对于涡轮增压发动机,进、排气噪声甚至比发动机本身噪声高出 5 dB。

风扇噪声 风扇噪声分为扇叶片切割空气所产生的回转声和风扇片发生的涡流声两种。它与风扇前后障碍物和风扇转速的关系很大。

**(2)汽车行驶的噪声**

传动机构噪声 传动机构噪声是汽车在行驶中,由于传动机构及来自路面的振动所引起的噪声。它包括变速器噪声、传动轴噪声及驱动桥噪声等,其中齿轮噪声占主要部分。产生齿轮噪声的原因是因为轮齿啮合时产生的碰击声,随着轮齿间滑动的变化和由于摩擦力变化造成的摩擦声,以及因齿轮误差与刚性的变化而引起的碰击声。

轮胎噪声 轮胎噪声包括因轮胎激振引起的噪声和由于轮胎与地面的作用而产生的噪声。花纹噪声是轮胎噪声的主要部分,汽车在行驶时,因轮胎花纹槽内的空气在接地时被挤压,离地时排出,引起周围压力变化而产生噪声。花纹不同,压缩、排气的难易程度也不同,故噪声也不同,载重汽车常用的烟头花纹轮胎就比普通花纹轮胎噪声大。除了轮胎花纹外,车速、负荷、路面状况等使用因素对轮胎噪声的影响也很大。

汽车的噪声除上述几种以外,还有在高速行驶时产生的车身干扰空气噪声、制动噪声、储气筒放气声、喇叭声以及专用车辆上动力装置噪声等。

### 7.2.2 汽车噪声检测标准

为了有效地控制汽车噪声,根据我国的具体情况制订了 GB 1495—79《机动车辆允许噪声》的汽车噪声控制标准。

汽车加速时,车外最大允许噪声级应符合表 7-1 的规定。表中所列各类机动车辆的变型车或改装车(消防车除外)加速行驶时的车外最大允许噪声级,应符合其基本型车辆的噪声规定。

车内最大允许噪声级不大于 82 dB。

喇叭允许噪声级:城市用机动车辆噪声级在距车前 2 m,离地面高1.2 m处应为 90 ～ 105 dB。

表 7-1　车外最大允许噪声级

| 车辆种类 | | 车外最大允许噪声级不大于/[dB(A)] | |
|---|---|---|---|
| | | 1985 年 1 月 1 日以前生产的产品 | 1985 年 1 月 1 日起生产的产品 |
| 载重汽车 | 8 t≤载质量＜15 t | 92 | 89 |
| | 3.5 t≤载质量＜8 t | 90 | 86 |
| | 载质量＜3.5 t | 89 | 84 |
| 轻型越野车 | | 89 | 84 |
| 公共汽车 | 4 t＜总质量＜11 t | 89 | 86 |
| | 总质量≤4 t | 88 | 83 |
| 轿车 | | 84 | 82 |
| 摩托车 | | 90 | 84 |
| 轮式拖拉机(44 kW 以下) | | 91 | 86 |

# 第**8**章
# 汽车驾驶技术

## 8.1 汽车驾驶基础知识

正确的驾驶姿势,能够减轻驾驶员的疲劳强度,便于正确运用各种驾驶操纵机件,观察汽车前后和左右的情况,观察各种指示仪表,从而能够正确、持久、灵活、安全地驾驶汽车。为此,驾驶员必须要有好的驾驶姿势,并坚持良好的习惯。

### 8.1.1 上车的动作

对于货车,左手开车门、随即把手移至门内侧窗框的下沿;左脚迈上脚踏板,右手拉住转向盘的左下方,利用左脚的踏力和右脚的弹力使身体的重心移上脚踏板,侧身进入驾驶室(先进臀部后进上身);右脚伸向加速踏板,收进左脚放在离合器踏板的左下方,随手关好车门;根据自己的身高调整座位和靠背以保持正确的驾驶姿势。

### 8.1.2 驾驶姿势

驾驶车辆时,身体对正转向盘,上身轻靠背垫,胸部略挺;头部端正,两眼平视,做到顾近看远,注意两边;双手分别握住转向盘的左、右两侧,两肘自然下垂;双膝分开,伸屈自如,始终保持精力充沛和操作自如的姿势。驾驶姿势如图 8-1 所示。

不正确

不正确

正确

图 8-1　驾驶姿势

### 8.1.3　座椅的调整

**（1）前后的调整**

座椅与操作机构过近或过远，都不利于驾驶员对转向盘和踏板的操作，容易引起操作失误而影响驾驶安全，同时，也增加了驾驶员的劳动强度。为获得最舒适的驾驶姿势，驾驶员可对座椅的前后位置进行调整：通常使用座位前下方的调整杆，扳动调整杆，使锁止装置松开，借身体的力量带动座椅前后滑动至所需位置，放下调整杆，使锁块固定，座椅的前后位置得以确定。

**（2）倾角的调节**

倾角的调节调节装置因车型而异，有的车型是在座椅的左侧设有调整杆，调整时，拉动调整杆，以背部的力量调节靠背倾角，调节至手掌能按住转向盘上段为宜，放松调节杆，即可固定。有的车型是在座椅的右侧设有调整杆，转动旋钮即可调节。

**（3）高度的调整**

把手柄向上扳，利用自身的重量往下压，到位以后，松开手柄即可。把手柄往上扳，人稍离开座椅，利用座椅的弹簧反力可将座椅高度往上调，到位后松开手柄即可。

**（4）头枕的调节**

特别的头枕设计，在发生事故时有助于减少头部受伤程度。调整时，按住座椅顶部中间，向上拉出头枕或向下压放头枕。

### 8.1.4　后视镜的调整

**（1）汽车内后视镜调整**

汽车内后视镜的作用是用来看清汽车正后方道路跟随的车辆。

车内后视镜一般有一个，安装在车内驾驶员座位右上方。车内后视镜正确的调整方法是：

1）对于小轿车，白天后视镜应调整到能够看清车后道路面积的 2/3 左右；晚上稍微向上调整，用来消除后车灯光照射所产生的眩目。

2）对于其他车辆，应调整到驾驶员能看清后视窗玻璃的大部分面积，如图 8-2 所示。

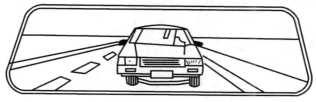

图 8-2　车内后视镜的调整

**（2）车外后视镜调整**

车外后视镜的作用是用来观察车外两侧行人的位置情况和后面车辆的行驶情况。如图 8-3 所示，车外后视镜为凸面镜，左右各有一个，安装在车窗前端两侧。正确的调整方法是：

1）车外左后视镜要调整到使它不与车内后视镜看到的情况相同，应能看到左后面的道路和所驾驶汽车的左侧面。

2）车外右后视镜的调整与车外左后视镜的调整要求相对称。

后视镜调整正确与否，可以这样检查：在所驾驶车辆超越或被超越时，后面车辆从车外后视镜或车内后视镜中消失，马上就出现在车内后视镜或车外后视镜上。

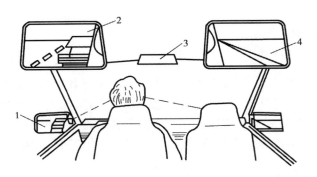

图 8-3　车外后视镜的调整

1—车外后视镜;2,4—车外后视放大镜;3—车内后视镜

### 8.1.5　下车动作

对于货车,下车时,先看后视镜,在没有来车的情况下,左手开车门,左脚踏上脚踏板,右手抓住转向盘的左下方,回头探视,确认安全后转身右脚落地;待左脚落地后,松开右手,随手关好车门;沿车辆左转绕回车厢。

在行车中途需要开门下车时,应先弄清汽车前后情况,确认无车辆临近时,方可开门下车。可先开一半车门,探头观察后再全开车门,不得一举推开车门,以防止突然超越的车辆及突然而来的自行车和行人与车门相撞。

### 8.1.6　操纵装置的运用

汽车的主要操纵装置,一般都布置在驾驶室内,包括"一盘、两杆、三踏板",即转向盘、变速杆和驻车制动器操纵杆、离合器踏板(自动变速车辆的操纵装置不设离合器踏板)、加速踏板和制动踏板,如图 8-4 所示。

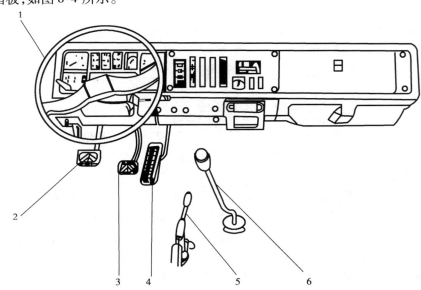

图 8-4　东风 EQ1092 型载货汽车驾驶室内部布置图

1—转向盘;2—离合器踏板;3—制动踏板;4—加速踏板;5—驻车制动操纵杆;6—变速杆

**（1）转向盘**

转向盘是转向器的操纵机件,当转动转向盘时,通过转向器和转向传动装置可改变汽车的行驶方向。

1）操作方法 转向盘有普通机械转向盘和动力转向盘两类。后者有助力器,转动时更柔顺、轻便。两者操纵基本相同,操作时,两手分别握住转向盘的左右两侧,四指由外向里握,拇指沿着转向盘的内侧自然伸直,靠住盘缘。驾驶左置转向盘式汽车时,左手握在"时钟"(把转向盘比作时钟的表盘)9～10 时的位置,右手握在 3～4 时的位置,如图 8-5 所示。这样当右手操纵其他机件时,左手仍能自如地左右转向。

图 8-5 转向盘的握法

在平直的道路上行驶,双手应平稳把持转向盘,保持直线行驶。修正方向时,以左手为主,右手为辅,做到柔和、早动、少回、缓动,要了解转向盘的游动间隙,掌握转向系统的虚量和实量,避免车辆不必要的晃动。

转弯时,一手推送,一手辅助拉接,转动的速度应与行驶速度和弯道的缓急程度相适应。连续快速转向时,运用双手大把交替操作。以右转弯为例,通常的做法是:左手向右推送、右手顺势拉动,左手推至"时钟"1～2 时,迅速腾开右手,从上方伸到 11～12 时位置接力拉动,并视转向需要反复进行。左转弯时,则双手的操作相反。

2）注意事项

①操纵转向盘时,不准猛推、猛拉或双手同时用力。

②禁止双手并握在转向盘的上端或下端;不准双手同时离开转向盘,否则会导致汽车行驶方向失控。

③禁止原地转动转向盘,以免造成轮胎磨损和机件损坏,特别是带助力器的转向器,严禁将转向盘向左或右打死,否则容易损坏助力器。

**（2）变速杆**

1）手动变速器的操作方法 操纵变速杆时,用掌心贴住球头,五指握向掌心,以手腕相对关节的力量为主,肩关节的力量为辅,按照一定的挡位轨道推入或拉出。东风 EQ1092 和桑塔纳 2000 型汽车挡位如图 8-6 所示。

2）自动变速器的操作方法 自动变速器分为有级变速和无级变速两种变速方式。无级变速主要用于小型摩托车上,用在汽车上的较少。有级变速的车辆上都装有选挡杆,如图 8-7所示。

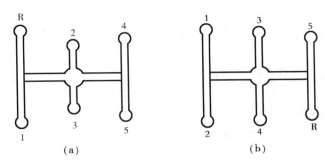

图 8-6　两种典型汽车的挡位布置

（a）东风 EQ1092 型；（b）桑塔纳 2000 型

图 8-7　自动变速器的选挡杆

P—停车挡；R—倒挡；N—空挡；D—前进挡；L—低挡；S—高挡

　　启动发动机时，应把选挡杆置于"P"位，否则启动电源将被切断而不能启动。此时变速器的输出轴被锁止，车辆不能前后移动。起步前，正常平路行驶，将选挡杆置于"D"位，先用左脚踩下制动踏板，然后选挂挡位。一般坡道，选用"S"位；坡度较大时用"L"位。

　　3）注意事项

　　①操纵变速杆时，用力要柔和，不得硬推、强拉。

　　②严禁俯视变速杆。

　　③自动变速器移动选挡杆时，要踩下制动踏板，防止汽车产生"蹿动"现象。

　　④挂倒挡对，应待车停稳后进行。一般需要压缩倒挡弹簧或提起倒挡按钮，以解除倒挡的锁止装置，才能挂入。

　　**（3）驻车制动器操纵杆**

　　驻车制动操纵杆，用于停车后固定车辆或上坡起步，紧急情况下还可配合脚制动减速行车。

　　操作方法是：四指并拢，拇指按在杆端的按钮上，将杆向上拉起即起制动作用。解除制动时，先稍拉操纵杆，再压下杆端上的按钮，向下推送到底，即解除制动作用。

　　**（4）离合器踏板**

　　离合器踏板用以控制发动机与传动系的接合与分离，从而实现动力的传递和断开。

　　操纵时，左脚掌踏在离合器踏板上，用膝关节和踝关节的伸屈力踏下或抬起。踏下离合器踏板，发动机与传动系分离，因此踏下踏板的动作应迅速并一次到底；抬起离合器踏板，发动机与传动系接合,要有一定的层次,可归纳为"两快、两慢、稍停顿"。刚抬踏板时,即踏板的空行程,速度应稍快;待离合器压盘接触从动盘时踏板应慢抬;当发动机声音变得低沉时动力开始传递(即离合器半接合状态),此时踏板应有所停顿;再平稳缓抬,使其接合更加平稳;待离合器完全接合后,仅剩踏板的自由行程,可较快抬起离合器踏板。

离合器踏板抬起的速度,要根据挡位的高低和车速的情况而定,一般低挡位慢车速时,抬放速度要慢一些;高挡位快车速时,抬放速度可快一些。无论抬放的速度快慢,抬放的层次必须清楚、连贯。

**(5)制动踏板**

制动踏板用于降速或停车。在踏下制动踏板产生制动作用的同时,接通制动灯开关,制动灯亮,以提示尾随车辆。

操作时用右脚掌踩在制动器踏板上,如系液压制动装置,以膝关节的伸屈力为主,如系气压制动装置则以踝关节为主踏下或抬起。踏下踏板的深浅和速度要根据制动的需要。如采用先轻踏再逐渐加重踏下或随踏随放的方式可平稳降速和停车;采用立即完全踏下的方式,仅在紧急制动时使用。

**(6)加速踏板**

加速踏板用于控制发动机节汽门的开度,以调节进入汽缸的可燃混合气数量;柴油汽车则用于控制燃油泵的供油量,使发动机的转速增高或降低。

操纵踏板时,以右脚后跟为支点靠在驾驶室底板上,用踝关节的伸屈动作踏下或放松。踏放踏板用力要柔和,不宜过急或忽踏忽放,做到轻踏缓抬。行驶或冲坡时,不得将加速踏板完全踏下,停车熄火前,不得猛踏加速踏板。

### 8.1.7　典型汽车仪表和信号显示系统的识别

为了监控发动机工作情况,使驾驶员随时能够正确掌握汽车各系统的工作状况,保证行车安全,提高汽车运行的可靠性,在驾驶室的仪表板上装置有各种指示仪表和指示显示器,构成了汽车的监控装置。

**(1)仪表的识别**

1)发动机转速表　用于显示发动机每分钟的转速。发动机在超过最高允许转速的情况下运行会使各部件急剧磨损,油耗猛增。因此,必须把发动机的转速控制在最高允许转速之内。如桑塔纳 2000 型轿车发动机的最高允许转速为 6 300 r/min。

2)机油压力表　用于显示发动机工作时润滑系主油道的润滑油压力。汽车在正常运行时,油压一般在 300 ~ 400 kPa,发动机怠速运转时油压不低于 150 kPa。润滑油压力过低时提示灯亮,警告驾驶员及时停车检修发动机润滑系故障。如果在发动机润滑油压过低的情况下继续行驶,将导致发动机损坏。

3)水温表　用来指示发动机汽缸体内冷却水的温度。当点火开关转至接通位置时水温表开始工作。温度在 50 ℃ 以下时,应避免发动机高速大负荷运转。汽车在正常行驶时,发动机水温一般在 85 ~ 90 ℃(现代高级车也有 100 ~ 105 ℃ 为正常)。各种发动机对水温的要求不尽相同,如柴油发动机的正常温度为 85 ~ 95 ℃,桑塔纳 2000 型轿车的正常水温为 70 ~ 110 ℃。水温表的调节是通过百叶窗操纵杆调节百叶窗的开度完成的(电控冷却装置的车辆,可根据发动机的温度由电磁离合器控制的电风扇自动调节)。如果操纵杆处于最高位置即百叶窗全开时,水温仍超过90℃时,应停车检查冷却系或监控装置。

4)燃油油量表 燃油油量表(图8-8)的功能是显示燃油箱内的燃油存储量。燃油油量表刻度盘上有三个刻度,0,1/2,1分别表示空箱、半箱和满箱三种情况。将点火开关旋至接通位置时,油量表就会显示出燃油的存储量。一般汽油燃油的续驶里程为400~600 km。

5)气压表 图8-9为双针式气压表。第一针(白针)用来表示主储气筒的气压值;第二针(红针)指示后桥的制动气压值。气压表的指示范围为0~1 000 kPa,在0~400 kPa为红色区域,在红色区域内禁止车辆起步,超过650 kPa后车辆方可起步。当储气筒内的气压在31~37 kPa时,低气压警告灯亮,同时低压蜂鸣器报警。

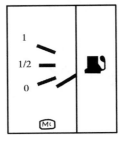 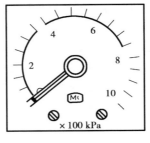 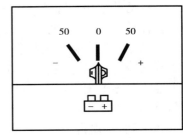

图8-8 燃油测量表示意图　　图8-9 双针式气压表示意图　　图8-10 电流表示意图

6)车速里程表及旅程表 车速里程表是复合仪表,车速表指针指示车辆的时速,里程表以km为单位,用来累积车辆的运行距离,为车辆检修和维护提供依据。有些汽车的车速里程表上装有旅程表,按动旅程表回位按钮,可使旅程表恢复零位,用以记录该次行车旅程的准确距离。

7)电流表 电流表(图8-10)是用以显示发电机和蓄电池的工作状况。发动机在中速以上,电流表应处于充电的范围(指针指向"+");如果发动机的转速在中速以上,电流表指针始终处在放电的范围(指针指向"-"),即全车用蓄电池供给,说明供电系统出现故障,要立即检查排除,否则蓄电池的性能将逐渐衰退,寿命也将大大缩短。

**(2)信号及信号控制**

在监控系统中,指示灯显示信号比较清楚、明白,能及时提醒驾驶员注意。所以指示灯显示信号越来越多地用在各种汽车上,并且形成了趋于统一的通用信号示意图案,如图8-11所示。

1)转向指示灯 当转向开关接通时,标有箭头的指示灯会不停闪烁,表示车头与车尾同一侧的转向灯正在工作。

2)驻车制动器信号灯 驻车制动器信号灯亮时,表示驻车制动系统在起作用。如果要起步,必须先放松制动器操纵杆。

3)充电指示灯 打开点火开关,充电指示灯亮,发动机正常运转后,充电指示灯应熄灭。车辆行驶中充电指示灯亮,如果提高发动机转速指示灯也不熄灭,则应停车检查并排除供电电路的故障。

4)机油压力指示灯 与充电指示灯相同,打开点火开关,机油压力指示灯亮,发动机发动后指示灯应熄灭。如果发动机在正常运转时灯亮,必须立即停车检修,以免损坏机件。

224

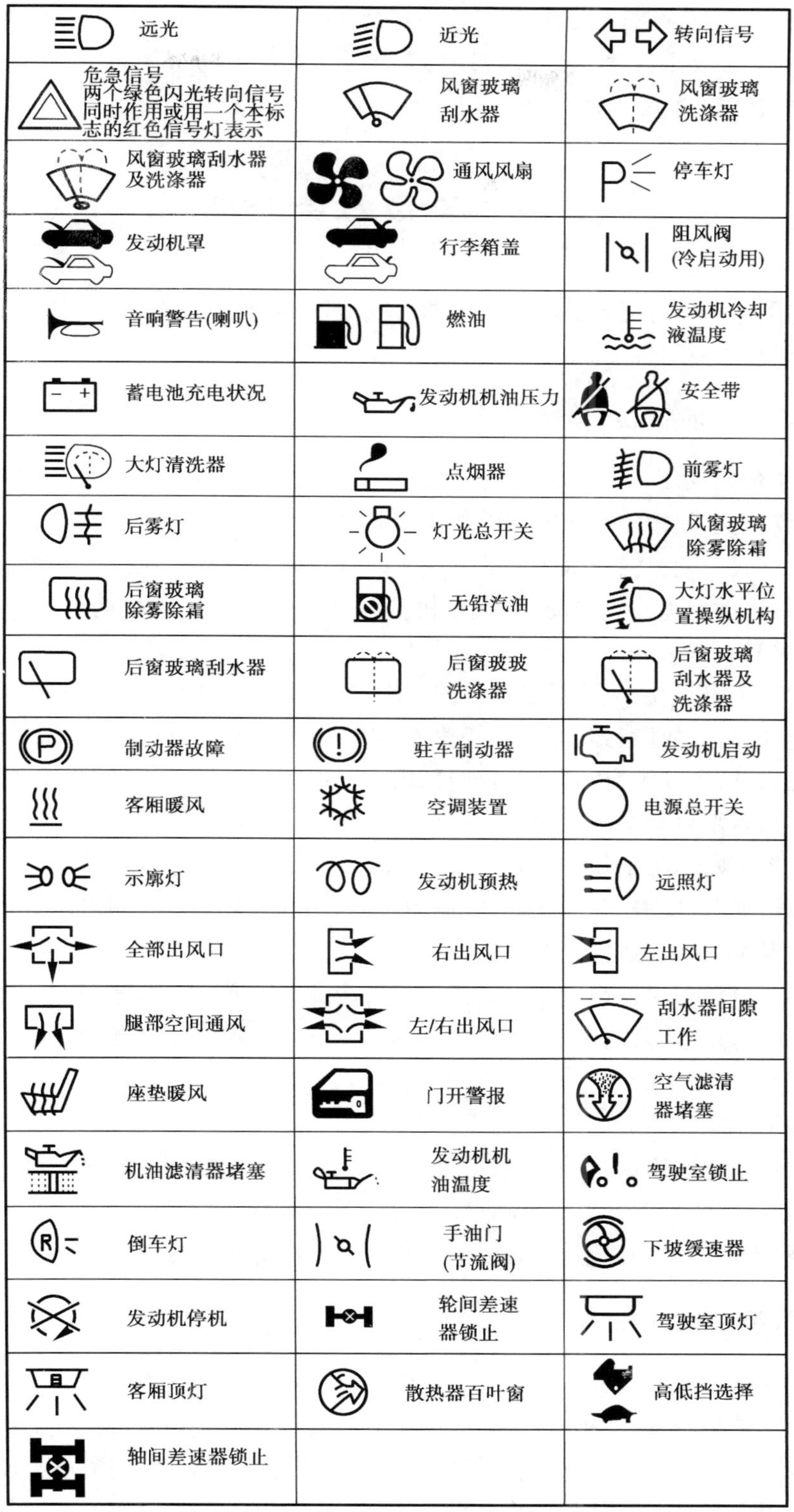

| | | |
|---|---|---|
| 远光 | 近光 | 转向信号 |
| 危急信号 两个绿色闪光转向信号 同时作用或用一个本标 志的红色信号灯表示 | 风窗玻璃 刮水器 | 风窗玻璃 洗涤器 |
| 风窗玻璃刮水器 及洗涤器 | 通风风扇 | 停车灯 |
| 发动机罩 | 行李箱盖 | 阻风阀 (冷启动用) |
| 音响警告(喇叭) | 燃油 | 发动机冷却 液温度 |
| 蓄电池充电状况 | 发动机机油压力 | 安全带 |
| 大灯清洗器 | 点烟器 | 前雾灯 |
| 后雾灯 | 灯光总开关 | 风窗玻璃 除雾除霜 |
| 后窗玻璃 除雾除霜 | 无铅汽油 | 大灯水平位 置操纵机构 |
| 后窗玻璃刮水器 | 后窗玻璃 洗涤器 | 后窗玻璃 刮水器及 洗涤器 |
| 制动器故障 | 驻车制动器 | 发动机启动 |
| 客厢暖风 | 空调装置 | 电源总开关 |
| 示廓灯 | 发动机预热 | 远照灯 |
| 全部出风口 | 右出风口 | 左出风口 |
| 腿部空间通风 | 左/右出风口 | 刮水器间隙 工作 |
| 座垫暖风 | 门开警报 | 空气滤清 器堵塞 |
| 机油滤清器堵塞 | 发动机机 油温度 | 驾驶室锁止 |
| 倒车灯 | 手油门 (节流阀) | 下坡缓速器 |
| 发动机停机 | 轮间差速 器锁止 | 驾驶室顶灯 |
| 客厢顶灯 | 散热器百叶窗 | 高低挡选择 |
| 轴间差速器锁止 | | |

图 8-11　常用标识符号

5)其他指示灯　有些汽车还装有燃油不足指示灯、冷却液温度过低指示灯、停车信号指示灯及门灯、制动防抱死装置失效指示灯、远近光指示灯等,驾驶车辆时一定要随时注意指示灯的变化,并采取相应措施以保安全。

# 8.2　汽车的起步与停车

汽车的起步与停车是驾驶员经常采用的驾驶程序,能够熟练地起步与停车可以减少机件的磨损,延长车辆的使用寿命。

## 8.2.1　发动机的启动与停熄

### (1)发动机的启动
发动机启动前必须按照相应车型的说明书要求的项目进行操作。

当大气温度或发动机温度低于或等于5 ℃时,启动称为低温启动;当大气温度或发动机温度高于5 ℃时,启动称为常温启动;当发动机温度高于40 ℃时(包括运行中暂时停车熄火后的启动),称为热机启动。

对于一般的常温启动,应注意启动机的使用,每次不得超过5 s,如果3~4次仍不能启动,则应检查油、电路有无故障,如有故障,待故障排除后再启动,不可勉强使用启动机。

对于低温启动,为改善启动性能,普遍采用了"预热升温,冷摇慢转"的方法以做好启动准备。启动操作与常温启动基本相同。

### (2)发动机启动后的运转和检视
冷发动机启动后,用略高于怠速的转速均匀运转,逐渐提高发动机温度,决不可猛踏加速踏板,以防因润滑不良使汽缸严重磨损。

汽油发动机升温到40~50 ℃,柴油发动机升温到50~60 ℃时,经低、中、高转速运转,润滑油压力和充电量正常、无漏油和漏水、无异响和异常气味、气压制动装置的气压达400 kPa以上时方可起步。

### (3)发动机的停熄
发动机的停熄比较简单,汽油机只需将点火开关关闭,并按电流表指针摆动情况检视其电路是否已经切断,关闭电源开关,并拉紧驻车制动器操纵杆,将变速杆挂入低速挡或倒挡。停熄时必须注意:不得猛踏加速踏板,以免浪费燃料和增加机件磨损。

## 8.2.2　汽车的起步和停车

### (1)起步
汽车起步按载重质量不同分为空车起步和重车起步,按车辆所处的不同道路分为平路起步和坡道起步。不管哪种情况下,汽车起步均需要较大转矩来克服车辆的静止惯性,因此,一般都采用低速挡起步。在平坦坚实的道路上,五个前进挡的车辆,轻车起步可用二挡,重车及拖挂车和五个以下前进挡的车辆起步应用一挡。

驾驶员上车前应环顾车上、车下周围的情况,起步时保持正确的驾驶姿势。

1)汽车起步的操作顺序

①启动发动机,观察各仪表信号是否正常,气压、油压、发动机温度应达到允许起步值。

②踏下离合器踏板,将变速杆挂入起步挡位(一挡或二挡)。

③开启左转向灯。

④鸣笛,同时观察车辆两侧(通过左、右后视镜)及前方是否有妨碍起步的情况。

⑤按离合器踏板的松抬层次抬起踏板,同时,松开驻车制动操纵杆,并徐徐踏下加速踏板,使车辆平稳起步。

2)手动变速器汽车起步的操作要领:车辆起步是离合器踏板、加速踏板和驻车制动器操纵杆三者的有机配合。如果离合器踏板抬起过慢,驻车制动器操纵杆松开过早,车辆易溜动,并将增加离合器摩擦片的磨损。离合器踏板抬起过快,驻车制动器操纵杆松开过晚或加速踏板踏下不够,会造成发动机熄火。初学驾驶起步时,往往不敢抬起离合器踏板,加速踏板却踏下过多,使发动机发生空转;当觉察到发动机空转现象时,又会发生快抬离合器踏板和松抬加速踏板的错误操作,而这时往往正是需要离合器踏板停顿和加速踏板适当踏下的时机,因而易造成起步熄火。为使学员尽快做到迅速而平稳地起步,必须掌握其操作要领:开始应快抬离合器踏板至半联动,当听到发动机声音变得低沉,车身稍有抖动时,将离合器踏板在这个位置上稍微停顿,并把驻车制动器操纵杆推送到底,在徐徐踏下加速踏板的同时,抬起离合器踏板,使车辆平稳起步。如感到动力不足,发动机将要熄火,应立即少许踏下离合器踏板,适当踏下加速踏板,重新起步。

3)操作要求:车辆起步应迅速而平稳,油量适中,无高速空转现象,无冲击,无振抖,不熄火。

**(2)停车**

手动变速器汽车停车分低速停车和高速停车两种。

1)低速停车　低速停车是在车速降到 10 km/h 以下时的停车,其停车顺序及方法如下:

①汽车距预定停车点 30~50 m 时开启右转向灯,松抬加速踏板,将右脚浮搁在制动踏板上(克服自由行程),让车辆滑行减速,同时徐徐踏下离合器踏板。

②转动转向盘使车辆靠向右边道路,保持车直轮正;轻踏制动踏板,待车辆即将停住时,稍抬制动踏板并稳住,使车辆平稳停住。

③停车熄火后,应拉起驻车制动器操纵杆,关闭右转向灯,将变速杆挂入低速挡。

2)高速停车　高速停车一般是指汽车在道路上行驶中的停车,其方法如下:

①选择安全停车地点,停车地点应无障碍,属于交通法规允许停车的地点。

②开启右转向灯,松抬加速踏板,观察车前及道路右侧情况。逐渐踏下制动踏板降低车速(踏下踏板的程度应视车速和预定停车距离而定),同时转向盘向右旋转,待车速降低至 10 km/h,车身应与路肩平直保持 3 cm 距离,踏下离合器踏板,在车辆即将停住时,逐渐放松制动器踏板,使车辆自然平稳地停住。

车辆停稳后,拉起驻车制动器操纵杆。将变速杆放入空挡,关闭右转向灯,松抬离合器踏板。停车熄火后应将变速杆挂入低速挡。

# 8.3 汽车的变速驾驶操纵

换挡操作在汽车运行过程中是相当频繁的。机械齿轮式变速器的换挡操作，是一项烦琐的劳动，正确、及时、迅速、平稳地换挡，可延长汽车使用寿命，提高机动性，保持平顺行驶，节约燃料，同时还可衡量一个汽车驾驶员的驾驶技术水平的高低。要更好地掌握并不断提高换挡技术，就必须了解换挡过程的有关知识。

## 8.3.1 汽车加挡操作

加挡其实质是改变传动比，即增速减扭。车辆起步后，只要道路条件和交通环境允许，就应迅速换入高一级挡位，直至最高挡，以提高车速及其经济性。

**（1）操作顺序**

1）加挡前视道路情况适当提高车速，当达到最佳换挡时机时迅速换入高一级挡位；换入高一级挡位后，应无动力不足（即"拖挡"）现象，也不应有动力"过剩"现象。

2）加挡时抬起加速踏板（右脚浮搁在踏板上），同时左脚迅速踏下离合器踏板，随即将变速杆推至空挡并置于高一级挡值前。

3）抬起离合器踏板，并随即踏下，将变速杆推入高一级挡位。

4）按要求抬起离合器踏板，同时适当踏下加速踏板，使车辆继续平稳前进。

**（2）加挡的要求及注意事项**

1）要求操作程序规范，动作层次清晰连贯，离合器踏板、加速踏板、变速杆三者的运动应协调。

2）加挡过程中，冲车应适当，无齿轮撞击声；加挡后应无前冲和动力不足现象，行驶应平稳。

3）挂错挡或挂不进挡时，应选择正确的挡位，加"空油"升速后重新挂入。

## 8.3.2 汽车减挡操作

车辆在行驶中遇到阻力增大，或因道路交通条件限制，使原有挡位难以提供足够的牵引力时，应迅速按要领由高一级挡位减入低一级挡位，此操作称为减挡。

**（1）操作顺序**

1）抬起加速踏板的同时踏下离合器踏板，并随即把变速杆移入空挡。三个动作要连贯。

2）抬起离合器踏板，随即适量、快速踏松加速踏板（加"空油"）。

3）踏下离合器踏板，挂入低一级挡位。

4）抬起离合器踏板，同时踏下加速踏板使汽车连续行驶。

**（2）减挡加"空油"的原理**

高挡换低挡中间加"空油"的原理是由于换入低一级挡位时，中间轴齿轮转速过慢，而第二轴的转速受后轮转动惯性的作用基本不变，因而必须加快中间轴齿轮的转速。因此，须加"空油"提高发动机转速，通过第一轴带动中间轴，使转速相对同步，达到无声啮合的目的。

**（3）减挡时机的掌握**

1）减挡分两种：一种为自然减挡，由于某种原因车速降低后，因动力不足需要减挡，这在实际行车中应用最普遍；另一种是通过发动机的牵阻作用降速减挡或采用制动降速后进行减挡。减挡过早，不但"空油"要大，浪费燃料、减挡也困难；减挡过晚，则惯性消失，甚至造成减挡后停驶。因此在操作中必须正确掌握减挡时机。

2）减挡除速度合适外，加"空油"的程度同样至关重要。车速快"空油"要多加，车速慢，"空油"要少加甚至不加；相邻挡位减挡时，减速比小，"空油"可少加，减速比大的"空油"要多加。

# 8.4　汽车方向与速度的控制

## 8.4.1　直线行驶

**（1）汽车直线行驶的目标选择**

初学驾驶的学员，对车辆前方路面的目测能力较差，行驶时方向极易跑偏，尤其是偏左行驶较为普遍，这是因为在驾驶室左边操作，对公路右边不能正确估计的缘故。为了纠正这一误差，学员必须尽快掌握直线行驶定位的方法，对车辆的空间位置做到心中有数。

目标点通常是车轮在路面上行驶轨迹的延长线，注视点的远近随车速的增加而前移，绝不可以始终盯着车前面。目标点的距离，通常以车速的 1/200 为宜。

**（2）汽车直线行驶时运用转向盘的要领**

直线行驶运用转向盘，一般以左手为主，右手为辅，坚持预转预回、少推少回、快转快回的原则，也就是要求转向盘的转动量要小。要做到转动量小就必须提前转动转向盘，要想提前转动转向盘就必须对情况分析准确。

汽车作直线运动时，转向盘的自由行程一般是两边平分的，如图 8-12（a）所示。当汽车右前轮的阻力大于左前轮时，这时转向盘即使不转动，它的自由行程也会自动移向右边，而左边的自由行程等于零，如图 8-12（b）所示，汽车行驶的方向就会逐渐向右偏移。一旦发现汽车有向右偏移的趋势，就要提前修正方向。当汽车左前轮受到的阻力大于右前轮时，所产生的现象就会同前者相反，如图 8-12（c）所示，也要提前向右修正转向盘。只有掌握提前修正方向的要领，才能保持汽车在平直的路面上沿着直线方向行驶。

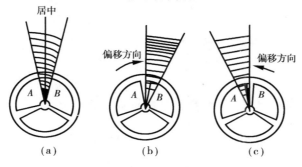

图 8-12　转向盘自由行程分布偏移情况

#### 8.4.2　曲线行驶

车辆在曲线弯道上行驶,由于弯道视线不良以及驾驶员需同时进行转向和换挡操作,所以比直线行驶容易发生碰撞事故。驾驶员在视线不良的弯道行驶时,要做到"减速、鸣号、靠右行"。

**(1)直角弯道**

通过直角弯道时,首先要降低车速,判断道路宽窄,缓慢驾驶。如果是向左转弯,应先靠路的右侧行驶,待车头接近内角点时开始转向,车头转至新方向时,逐渐回正方向盘,直线前进。如果是向右转弯,应适当偏向路中,待车头接近内角点时,迅速向右转向,车头转至新方向后,回正方向盘直线行驶。转弯时应特别注意对面是否来车。转弯会车时一定要各行其道。

**(2)回形弯道**

由于弯道曲率半径小,要想快速通过,减小行车的离心力,就得采用一些特殊技法才能完成。

1)"慢入快出"转弯法　慢入快出转弯法就是入弯前先减速,再进入弯道,然后从弯道处快速走出来的方法,如图 8-13 所示。

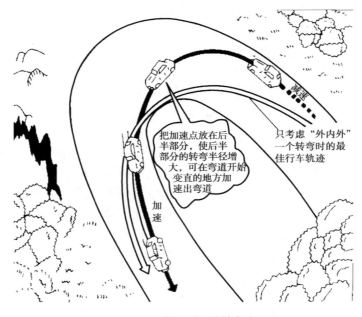

图 8-13　"慢入快出"转弯法

慢入。转弯前,放松加速踏板或稍踩制动踏板,然后将车靠向道路右侧沿弯道边线进入弯道,这就是最初的慢入。

快出。为了快出弯道,需在后半部分的弯道中,尽可能使汽车直线行驶,因此,选择切线点或加速点是快出的关键,切线点的位置通常放在弯道的约 1/3 处。当汽车行驶到弯道的 1/3 处时,便可迅速控制汽车由弯道内侧切入驶出弯道且逐渐加速。

这种通过方法改变了转弯的前半部分和后半部分的曲率半径,使前半部分的曲率半径比实际的要小,而后半部分则比实际的大。这样,就可以使汽车驶出弯道时基本沿直线行驶,从而快速驶出。

2)"外内外"转弯法　外内外转弯法是转弯前紧靠道路外侧,入弯后由外侧逐渐向内侧靠近,当行至弯道 2/3 处,又靠向道路外侧的方法,如图 8-14 所示。

外内外转弯法,就是尽可能地使汽车行驶轨迹的曲率半径增大,这样就可以用高速通过弯道,但在采用这种方法时,绝对不要超过中心线,而且要确定对面没有来车。

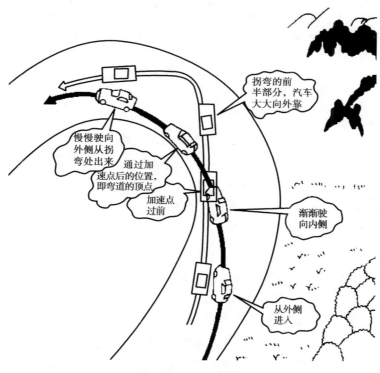

图 8-14　"外内外"转弯法

# 第**9**章
## 汽车车身、汽车附属设备及汽车整车电路

## 9.1　汽车车身

### 9.1.1　概述

汽车车身是汽车总体的主要组成部分之一,车身的主要作用是保证驾驶员便于操纵,为驾驶员、乘客提供舒适的乘坐环境或安全地容纳货物,并保护其免受风、沙、雨、雪的侵袭及恶劣气候的影响。随着社会的发展和科学技术的进步,人们对乘坐的舒适性和车身的美感要求越来越高。所以汽车除了作为交通运输工具之外,已经逐步成为美化市容、装饰自然环境的工艺美术品。纵观世界各国不同时期的车身造型,既富有民族风格又体现时代特征。近年来,各国汽车的车身造型趋向于向"大曲面、小拐角、薄顶盖、宽跨距"过渡,给人以轻快、挺拔、简练、流畅的感觉,这与现代城市中整齐、对称的高层盒式建筑群起到相互衬托、遥相辉映的效果。

汽车车身的设计方法与其他机械产品设计方法不同,车身设计需绘制 1∶5 外形尺寸控制图和车身内部尺寸布置图;绘制美术效果图及制作小比例和真实形状的模型,并加以反复修改。因此车身设计周期较长,生产准备工作量特别是冲压模具的工作量相当大,加之生产车身用的设备庞大繁多,工艺繁杂,因而车身的生产几乎成为汽车生产的质量和数量的关键。

车身生产所用的材料品种繁杂,归纳起来有优质薄钢板、轻合金、塑料、绝缘材料、油漆、玻璃、橡胶、皮革、硬纸板、化纤、棉织物及黏接剂等。车身所用材料如此多样化,是由它的三大组成部分(壳体、装饰及设备)的特性和需要所决定的。

### 9.1.2　车身壳体结构

壳体结构的分类:按照车身壳体的结构形式,分为有骨架式壳体、半骨架式壳体和无骨架式壳体三类。不言而喻,有骨架式壳体具有完整的骨架(或构架),车身蒙皮就铆(焊)在装配好的骨架上;半骨架式壳体只有部分骨架,如单独的立柱、拱形梁、加固件等,它们彼此之间直

接连接,或借助于蒙皮间接相连;无骨架式壳体则是利用各蒙皮板相互连接时所形成的加强筋来代替骨架,固定壳体形状。

按照受力方式,车身壳体结构又可分为承载式、半承载式及非承载式车身壳体结构。承载式车身全部载荷均由车身承受,底盘各部件可以直接与车身相连,而取消了车架。承载式车身又可分为底座承载式及整体承载式两种,前者底座部分较强,它承担大部分载荷;后者是整个车身形成一个承载的整体。后两种形式车身的下面都保留有车架,半承载式车身与车架为刚性连接而成为一体,此时车身壳体也承受部分载荷。非承载式车身与车架为弹性连接,车架的刚度大,载荷全部由车架承受。

轿车及货车驾驶室的结构:这两类汽车的车身壳体绝大多数是无骨架或半骨架的结构形式(见图9-1)。为了保证乘坐舒适和减轻底盘振动、噪声对车身的影响,高级轿车多采用非承载式车身壳体,它只承受驾驶员和乘客的重量,车身以橡胶软垫固装在车架上。为便于组织生产和装配,货车的驾驶室也多采用这种结构(见图9-2)。轻型轿车和微型汽车则广泛采用无骨架的承载式车身。这是由于对这类轿车的乘坐舒适性要求不高,而应当充分利用材料、减轻车辆的自重、尽量降低车身高度的缘故。中级轿车介于高级和轻型轿车之间,由于考虑的角度不同,有采用非承载式车身壳体的,也有采用半承载(少数)和承载式车身壳体的(见图9-3,图9-4)。近年来,中级轿车的车身壳体向着承载式车身的方向发展。

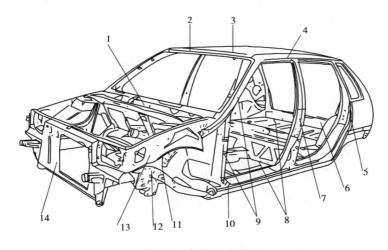

图 9-1　轿车车身结构

1—前围;2—前风窗框上横梁;3—顶盖;4—顶盖侧梁;5—侧门框总成;6—后围板;7—中立柱;
8—地板;9—前立柱;10—地板边框;11—挡泥板;12—前纵梁;13—前翼子板;14—散热器固定框

大客车的车身结构:现代大客车无论是小型、普通型或是大型的,由于均采用厢式外形,并且尺寸较大,形状较规则,易于构成完整的空间受力系统,故多采用有骨架的承载式车身壳体结构。

大客车的车身壳体结构是有个发展过程的。

早期的客车,是将带有骨架的壳体取代货箱安装在货车的车架上。如图9-5所示的骨架-非承载式车身。后来生产了供客车车身安装的专用车架,客车车身便制成驾驶员舱与乘客舱合一的,有完整骨架的整体式车身结构。这样便于组织协作生产和制成不同形式、不同用途的客车,但这仍然是骨架-非承载式车身。为了减轻客车的自重,将上述车架的横梁加宽到与客车车身等宽,并与车身骨架刚性连接,使车身和车架共同承载,形成了所谓骨架-半承载式车身(见图9-6)。

无论是骨架-非承载式车身还是骨架-半承载式车身,其客车底盘均保留有笨重的车架。

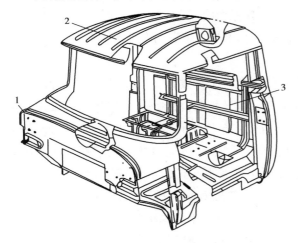

图9-2　无骨架式货车驾驶室结构
1—前围;2—顶盖;3—后围板

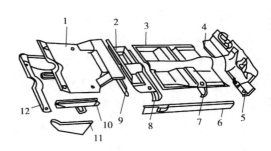

图9-3　轿车非承载式车身底座的结构
1—后地板;2—中地板;3—前地板;
4—前围板;5—前围侧板;6—地板内边梁;
7—前地板第一横梁;8—前地板第二横梁;
9—后地板前横梁;10—后地板加强梁;
11—后挡泥板;12—后地板后横梁

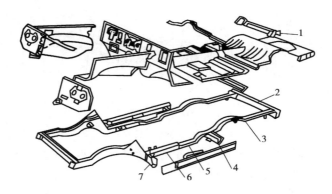

图9-4　轿车承载式车身底座的结构
1—后地板前横梁;2—后地板后横梁;3—地板后边梁;
4—后地板两侧延伸横梁;5—后边梁向前延伸部分;
6—前边梁向后延伸部分;7—前侧加强梁

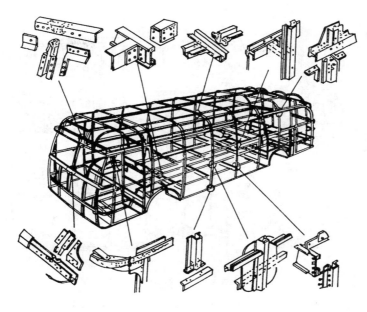

图 9-5 非承载式公共汽车车身骨架

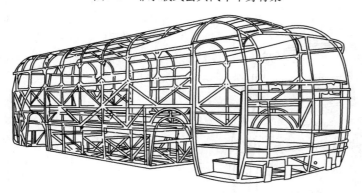

图 9-6 整体承载式客车车身骨架

为了进一步减轻客车的自重,人们便想到,利用薄钢板和薄壁管制成惯性矩较大的底架,取代沉重的车架,这种底架具有贯通的纵梁和一些与车身等宽的横梁,车身骨架与这些横梁刚性连接,使底架与车身骨架共同形成一个空间承载系统。这种结构多用于乘客不经常上、下车的城间或游览客车上,如图 9-7 所示,称为骨架-底架承载式车身。

### 9.1.3 车门

车门是车身上重要部件之一,按其开启方式可分为顺开式、逆开式、水平移动式、上掀式和折叠式(见图 9-7)等。

顺开式车门即使在汽车行驶时仍可借气流的压力关上,比较安全,而且便于驾驶员在倒车时向后观察,故被广泛采用。逆开式车门在汽车行驶时若关闭不严就可能被迎面气流冲开,因而用得较少,一般只是为了改善上下车方便性及适于迎宾礼仪需要的情况下才采用。水平移动式车门的优点是车身侧壁与障碍物距离较小的情况下仍能全部开启。上掀式车门广泛用作轿车及轻

图 9-7　车门的形式
1—逆开式;2—顺开式;3—折叠式;4—上掀式;5—水平移动式

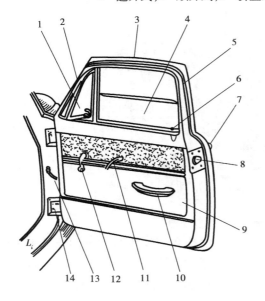

图 9-8　车门及其附件

1—三角窗;2—门内钣;3—门外钣;4—升降玻璃;
5—密封条;6—内部锁止按钮;7—门锁外手柄;
8—门锁;9—车门内护板;10—拉手;11—门锁内手柄;
12—玻璃升降器手柄;13—车门开度限位器;14—门铰链

型客车的后门,也应用于低矮的汽车。折叠式车门则广泛应用于大、中型客车上。

在有些大型客车上,还备有加速乘客撤离事故现场以及便于救援人员进入的安全门。

轿车、货车驾驶室的车门以及客车驾驶员出入的车门通常由门外钣、门内钣、窗框(有的车上还装有三角窗)等组成。门内钣是各种附件的安装基体。在其上装有:门铰链、升降玻璃及其导轨、玻璃升降器、门锁、车门开度限位器等附件(图9-8)。有的轿车门内还布置有暖气通风管道和立体声收放音机的扬声器等。

车门借铰链安装在车身壳体上。在汽车行驶时,车身壳体将产生反复扭转变形。为避免在此情况下车门与门框摩擦产生噪声,车门与门框之间留有较大的间隙,靠橡胶密封条将间隙密封。

汽车的前、后窗通常采用有利于视野而又美观的曲面玻璃,借橡胶密封条嵌在窗框上或用专门的黏合剂粘贴在窗框上。为便于自然通风,汽车的侧窗玻璃通常可上、下或前、后移动。在玻璃与导轨之间装有呢绒或植绒橡胶等材料的密封槽。某些汽车的侧窗还采用有利于汽车布置的圆柱面玻璃。侧窗玻璃采用茶色或隔热层可使室内保温并具有安闲宁静的舒适感。具有完善的冷气、暖气、通风及空调设备的高级客车常常将侧窗玻璃设计成不可移动的,以提高车身的密封性。

# 9.2　汽车附属设备

## 9.2.1　汽车仪表

为了使驾驶员能够随时掌握汽车及各系统的工作情况,在汽车驾驶室的仪表板上装有各种指示仪表及各种报警装置(见图9-9)。

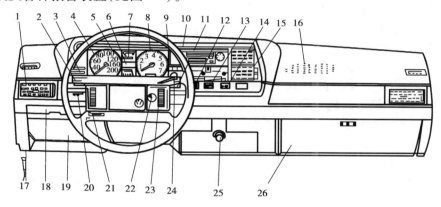

图 9-9　上海桑塔纳轿车仪表板

1—出风口;2—灯光开关;3—阻风门与制动信号灯;4—车速里程表;5—电子钟;
6—报警灯;7—水温表;8—带有燃油表的发动机转速表;9—暖风及通风控制杆;
10—收音机;11—空格;12—雾灯开关;13—后风窗加热开关;
14—紧急灯开关;15—出风口;16—喇叭放音口;17—发动机盖锁钩脱开手柄;
18—小杂物盒;19—熔断器保护壳;20—转向信号及变光灯拨杆开关;
21—阻风门拉手;22—转向器锁与点火开关;23—喇叭按钮;
24—风窗刮水器及风窗洗涤器拨杆;25—点烟器;26—杂物箱

**(1)电流表**

电流表用来显示蓄电池充、放电的电流大小。一般把其看成双向的,表盘中间为"0",两旁各有读数,并有" + "、" − "标记,充电时指针指" + ",放电时指针指" − "。

**(2)水温表**

水温表用来显示发动机冷却水的工作温度是否正常。发动机冷启动后,必须低速运转,预热升温,待冷却液温度达到 50 ℃ 以上时方可起步行驶,行驶中冷却液温度应在规定范围内。

**(3)油压表**

油压表用来显示发动机润滑系统工作是否正常。该表指示发动机主油道内润滑油的压力。对汽油车,行驶中润滑油压力应保持在 294 ~ 392 kPa,而柴油车则应在 392 ~ 441 kPa。

**(4)燃油表**

燃油表用来显示燃油箱内存油量的多少。"0"表示燃油箱内的燃油量有 10 L 左右,"$\frac{1}{2}$"表示燃油箱内燃油量为半满,"1"表示燃油箱内的燃油量是满的。

**(5)车速里程表**

车速里程表是用来指示汽车行驶速度和累计汽车行驶里程数的仪表,由车速表和里程表两部分组成。

**(6)发动机转速表**

发动机转速表用来测定发动机转速。

**(7)气压表**

气压表一般为双指针式,上指针指后轮制动用的储气筒气压,下指针指前轮制动用的储气筒气压。

**(8)驻车制动指示灯**

当驻车制动器操纵杆置于制动位置时,此指示灯亮,从而提醒驾驶员在进行汽车起步时及时松开操纵杆。松开操纵杆后指示灯灭。

**(9)气压警报灯**

当行车制动系统发生故障或管路漏气,储气筒气压下降至一定值时,此指示灯亮。行驶中若灯亮,必须停车检查、排除故障,灯灭方可行驶。

**(10)机油粗滤器堵塞指示灯**

当机油粗滤器的滤芯阻力增大,滤芯内外压差达到 147 kPa 左右时,此指示灯亮,用来提醒驾驶员及时更换滤芯。

**(11)电源指示灯**

当电源系统发生故障,发动机不发电时此指示灯亮,排除故障后,指示灯灭。

**(12)油压警报灯**

当发动机润滑油压力低于一定值时,此警报灯亮。行驶中若灯亮,必须停车检查、排除故障,灯灭方可行驶。

**(13)燃油指示灯**

当燃油箱中的燃油量少于规定值时,此灯亮,提醒驾驶员及时加油。

**(14)启动预热指示灯**

这种指示灯只用于柴油车。启动柴油车时,按下启动预热按钮,指示灯亮,完成启动后必须关闭此灯。

**(15)车速报警装置**

为了保证行车安全而在车速表内装设有速度音响报警系统。当汽车行驶速度达到或超过某一限定车速(例如 100 km/h)时,则车速表内速度开关使蜂鸣器电路连通,发出声音报警。

### 9.2.2　照明与信号系统

**(1)汽车照明灯**

1)前大灯

前大灯主要用来在夜间行车时道路照明之用。前大灯有远光和近光之分,远光和近光的光形必须按要求进行调整,调整时使车头距屏幕一定距离。若调整不当,则容易造成交通事故。在无对方来车的道路上,汽车以较高速度行驶时使用远光;近光主要用于会车,防止迎面来车的驾驶员目眩。

2)前雾灯

为适应有雾地区的需要,在保险杠两侧装有两只雾灯。雾灯采用黄色灯泡和黄色玻璃灯罩,其功用是在雾天行驶时照亮道路。

此外,车外照明还有倒车灯、牌照灯等。

车内照明有:室内灯(顶灯)、阅读灯(文件灯)、发动机室灯(工作灯)、行李箱灯、杂物箱灯、仪表照明灯及各种电器和开关的位置灯。这些灯的设置都是为方便驾驶员和乘客的。

3)发动机室灯

发动机室灯是用来检查与维修发动机及其他零部件照明而设置的,它安装在发动机罩盖板下,灯上装有开关。

4)行李箱灯

行李箱灯是用来提供在行李箱内存放或提取物品而设置的照明装置。利用装在行李箱后部的撞头开关来自动控制行李箱灯的点亮与燃灭,即在行李箱盖打开和关闭时,使灯亮和灭。

**(2)汽车信号系统**

为了保证车辆的行驶安全,在汽车上采用了各种信号灯和声响信号,并按其相应法规要求安装在汽车的不同部位,以警告行人和其他车辆注意。

1)转向灯

汽车转向时,驾驶员打开转向灯开关,指示转向方向,转向结束时,应立即关闭转向灯。

2)示宽灯

示宽灯的作用是夜间停靠时指示汽车的宽度,以防与其他车辆相撞。

3)制动信号灯

汽车在行驶中要减速或停车时,驾驶员踩到制动踏板,接通制动灯开关,使汽车后部的制动灯亮,以便引起后面的人注意。

4)喇叭

为警告行人和其他车辆驾驶员注意安全,汽车上都装有喇叭。按使用能源的不同,可将汽车用的喇叭分为电喇叭和气喇叭两种。

电喇叭可分为单音、双音和三音喇叭。当装用多音喇叭时,为减小通过喇叭按钮开关的电流和减小线路中的电压降,应加装喇叭继电器。

气喇叭也分为单音和双音两种,它的声响强度和指向性都比电喇叭强,并有一定的余韵,有利于山区的安全行车,城市内一般禁止使用。

5)倒车蜂鸣器

倒车蜂鸣器是一种间歇发声的小喇叭。当变速器挂入倒挡时,倒车开关触点闭合,使倒车灯和倒车蜂鸣器接通,倒车蜂鸣器则按规定的频率蜂鸣。

### 9.2.3　通风及暖气装置

**(1)通风装置**

在汽车行驶时必须保证室内通风,即对汽车室内不断充入新鲜空气,驱排混有尘埃、二氧化碳及其他来自发动机的有害气体。在寒冷季节还应对新鲜空气加热,以保证车内温度适宜。

不依靠风机而利用汽车行驶时的迎面气流进行车内空气交换的办法称为自然通风。在汽车行驶过程中,既要保证通风又要避免急速的穿堂风以免乘员受凉。自然通风可依靠车身上的进、出风口和装在车门上的三角窗来实现(图9-10)。进风口通常布置在风窗玻璃下沿的前方或车身前围的两侧;出风口通常布置在车身侧面向后部的拐角处。三角窗可绕垂直(或略倾斜)的轴线转动和调节开度。三角窗开启时在其附近形式空气涡流,迫使车内空气绕车窗循环流动。

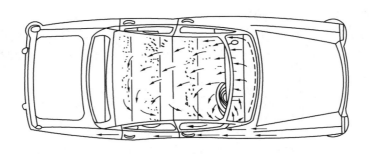

图 9-10　利用三角窗进行自然通风

图 9-11 所示是在普通级和中级轿车以及货车驾驶室中广泛采用的通风采暖联合装置。车外新鲜空气经进风口 2 被风机 3 压入车内以进行强制通风。在寒冷季节,则可将发动机中的高温冷却水直接导入采暖装置的散热器 8 对空气加热,再将加热后的空气引至内窗进行除霜并同时引至室内供暖。较温暖的室内空气可经由进口 12 导入该装置重新加热,形成内循环。与直接加热室外冷空气相比,内循环能较迅速地使车身室内温度上升。这种强制通风比自然通风更为有效,并可用过滤的办法保证空气更洁净。

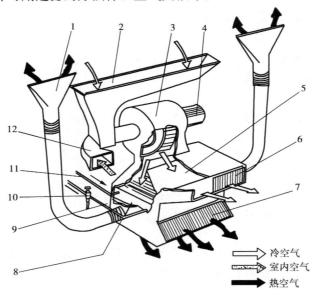

冷空气
室内空气
热空气

图 9-11　典型的通风采暖联合装置

1—除霜喷嘴;2—冷空气进口;3—风机;4—电动机;5—冷热变换阀门;6—冷空气出口;
7—热空气出口;8—散热器;9—出水管;10—放水龙头;11—进水管;12—内循环空气进口

图 9-12 所示是适用于大型客车的独立燃烧式通风采暖联合装置。其中采暖装置 4 的外形如圆筒状。其前部有电动机,其后部装有燃油泵、甩油杯、点火电阻丝及热交换器等。在温暖季节可使该装置的燃油供应停止,而风机仍可进行强制通风。

（2）冷暖气装置

某些轿车、客车和货车驾驶室常装有冷气装置,其作用是在车外环境温度较高时降低车内温度,使乘客感到凉爽。冷气装置工作时,必须使汽车的门窗紧闭以保证室内良好的密封。

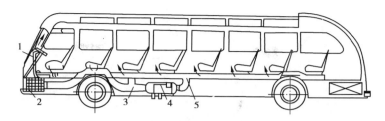

图9-12　用于大客车的独立式通风采暖联合装置

1—风窗除霜器;2—空气滤清器;3—内外循环变换阀门;4—采暖装置;5—分配导管

制冷原理可简述如下:液体气化时需要吸收热量,而气体液化时则放出热量。减小或加大压力也可以使液体气化或气体液化。为便于理解,可把制冷循环分成两个步骤:第一步是降低压力,使制冷工质从液态变为气态,同时吸收空气中的热量使空气降温,即制冷过程,第二步是将低压气态工质压缩并使之冷凝成液态,放出热量,亦即使工质还原为备用的液态的过程。

常用的制冷工质是氟里昂 F-12,亦即二氟二氯甲烷,具有沸点低、制冷能力强、不可燃、无腐蚀作用、无毒等特点。

图9-13 是汽车的冷气装置示意图。储液罐4 中的工质(F-12)在压缩机1 的作用下流经膨胀阀3。由于膨胀阀弹簧压力的阻滞(节流),膨胀阀出口处压力大大下降,使流出膨胀阀的工质得以在蒸发器2 中气化并使蒸发器周围的空气温度下降。低压气态工质由压缩机1 及冷凝器5 还原为高压液态并回到储液罐4。图中还表示了工质在物态转化过程中的压力和温度的大致数值。

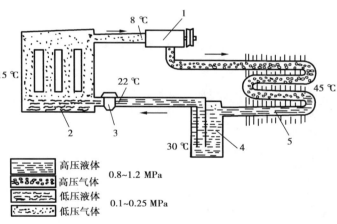

| | | |
|---|---|---|
| 高压液体 | | |
| 高压气体 | 0.8~1.2 MPa | |
| 低压液体 | | |
| 低压气体 | 0.1~0.25 MPa | |

图9-13　汽车冷气装置示意图

1—压缩机;2—蒸发器;3—膨胀阀;4—储液罐;5—冷凝器

图9-14 所示是高尔夫轿车的通风、采暖、冷气联合装置,其中冷气部分的结构如下:冷凝器3 置于汽车的最前部,压缩机4 右侧的皮带轮由发动机带动。皮带轮与压缩机主轴之间有电磁离合器,只有在制冷时方使主轴与皮带轮接合。在压缩机的作用下,制冷工质从储液罐2 经由管道5 通过膨胀阀7 进入蒸发器12,然后经由管道6 被吸入压缩机,再通过冷凝器3 回到储液罐2。车外空气在风机10 的作用下从进口1 经由过滤进口8 流过蒸发器12 进入分配箱13。在制冷系统工作时,分配箱可将冷却的空气导向出风口11、14 和15;制冷系统不工作时,出风口排出的是从室外导入的新鲜空气;在暖气系统工作时,分配箱还可将空气导向热交换器17,然后经由各出风口和除霜出口16 排出。

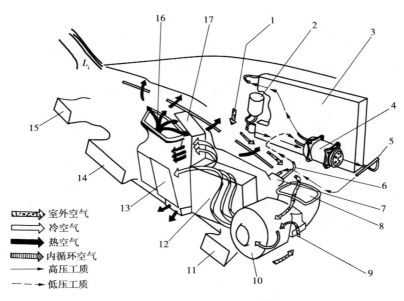

图 9-14　高尔夫轿车的通风、暖气、冷气联合装置

1—外部空气进口;2—储液罐;3—冷凝器;4—压缩机;5—高压管道;6—吸入管道;7—膨胀阀;
8—空气过滤进口;9—内部循环空气进口;10—风机;11—右出风口;12—蒸发器;13—分配箱;
14—中出风口;15—左出风口;16—除霜热空气出口;17—热交换器

# 9.3　汽车整车电路

汽车整车电路按车辆结构形式、电气设备的品种数量、安装位置不同而有差异。但一般整车线路符号有以下原则:

1)单线制,即从电源到用电元件只用一根导线连接,而汽车底盘、发动机等金属体为另一公共导线。汽车电路系统用负极搭铁,即蓄电池负极接在车架上。

2)各用电元件均为并联。

3)电流表能测量蓄电池充、放电电源,但对用电量大而工作时间短的启动机例外。

4)装有必要的保险装置,防止短路而烧坏电缆和用电元件。

如图 9-15 为奥迪轿车整车电路图。阅读整车电路可以参照以下几项,循序渐进地分析电路。

1)找出独立功能的电路系统,画出该系统简图。

2)查找各电气元件的功能及主要技术参数。如空调系统中的低压开关、高压开关处在一定压力时,触点才能闭合,接通压缩机电源,使压缩机工作。这样设计能够保护压缩机不致损坏。

3)开关多为组合开关,每个开关可控制多条电路,并有多种状态,应注意每种状态不同的导通情况。

4)在轿车电路中较多地使用了继电器。对于一般只含有线圈和触点的继电器,可以看成是由线圈代表的控制电路和触点控制的主电路组成。控制电路一般工作电流较小,而主电路往往通过较大的电流,需要继电器触点加以切换。

5)整车电路的线路较多,常常分成几部分印制(如图 9-15(a)、(b)、(c)、(d)所示)。部分接线不易在一张图内印全,故在接线端标有数字,表示此导线接到标有该数字的接线柱。

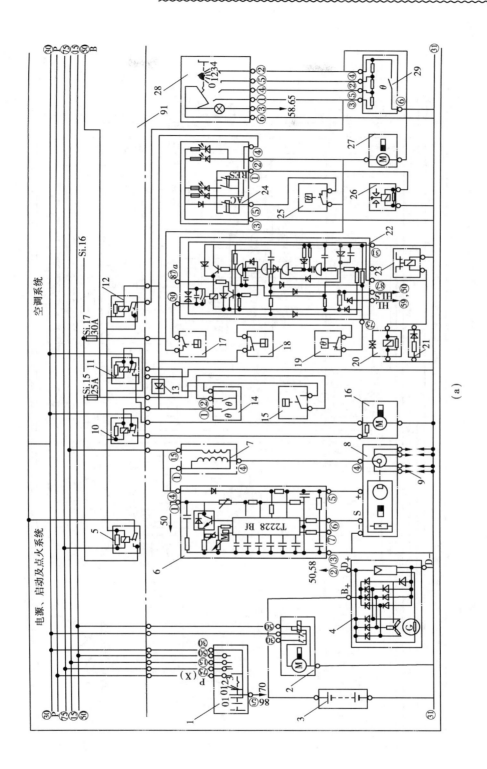

(a)

243

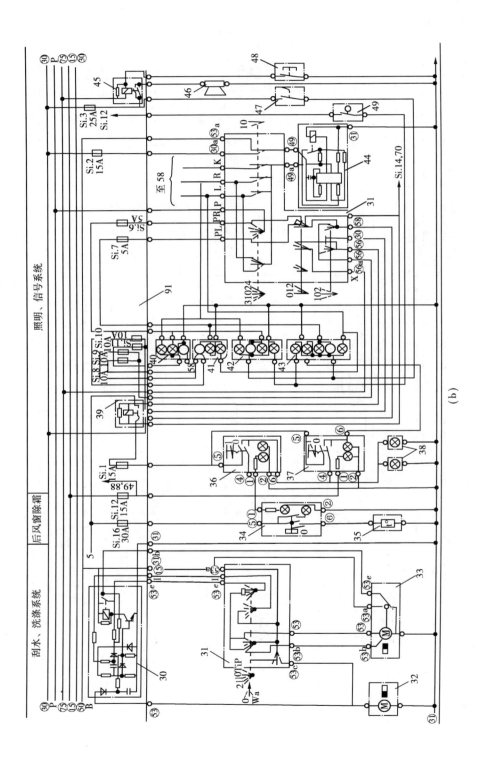

(b)

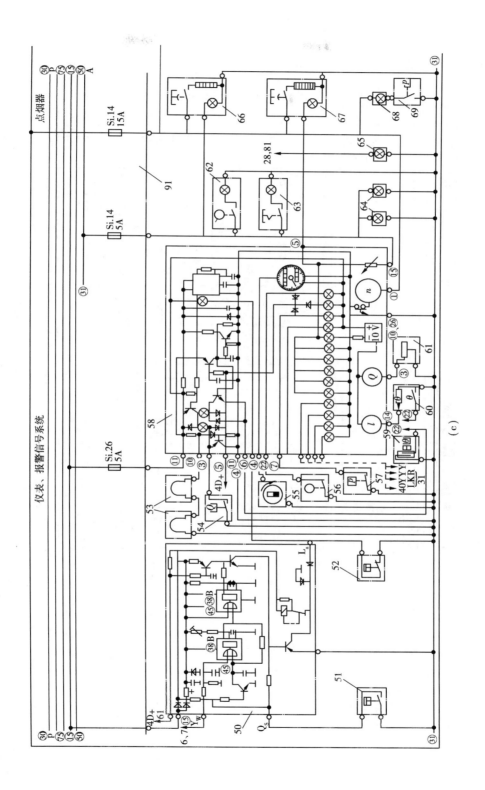

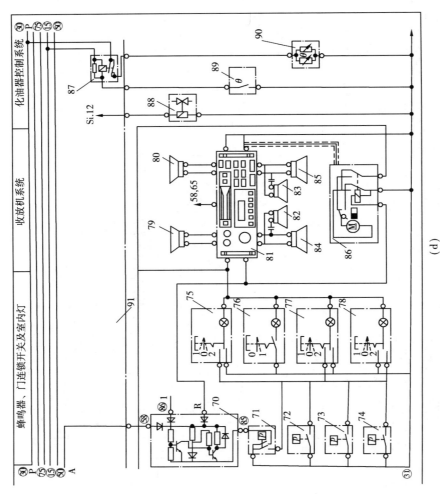

图 9-15　奥迪轿车整车的电路

（d）

246

# 第10章
# 汽车相关技术法规

## 10.1　汽车技术法规体系

随着汽车工业的迅速发展,汽车技术的长足进步,汽车生产量、销售量和保有量的大幅度增长,汽车的使用和普及带来的交通安全事故、排气污染和噪声以及石油短缺等问题,已越来越被各国所重视。为了满足有关安全、节能、环保等方面的要求,世界各国的有关立法部门或国际组织制订了若干规定和法律,并以强制性的"法规"形式加以颁布和实施。技术法规是汽车制造者、销售者以及使用者必须遵守的守则,并已成为汽车设计和制造的准则、汽车认证和进出口商品检验的主要技术壁垒和障碍。

### 10.1.1　汽车技术法规体系的内涵及特征

汽车技术法规主要包括安全、防公害(排放、噪声、电波干扰)和节约能源三个方面的法规。所谓技术法规体系是指汽车技术法规的范围内,由于其内在联系所形成的有机整体。其主要的特征如下:

强制性　例如,为净化大气,要求汽车厂在车上设置废气控制系统,势必要加大汽车成本;另外,车上的废气控制系统使质量增加,从而使汽车的油耗加大、功率降低。这些费用和损失是要由汽车使用者来负担的,所以废气控制只能由政府公布法规来强制执行才能见效。

地域性　汽车技术法规受各国的国情、经济条件和政策要求等诸多因素影响,它综合体现了国家、社会对汽车设计和制造的技术要求。

时间性　汽车技术法规随着汽车制造技术的发展、社会对汽车要求的提高、交通管理和国际贸易等的发展而发展,而不是一成不变的。总趋势:随着时间的推移,技术法规制订得越来越严格。

独立性　汽车安全法规和环境保护法规一般都自成独立的体系。

### 10.1.2　欧、美、日汽车技术法规体系简介

**(1)欧洲汽车技术法规体系**

联合国欧洲经济委员会(NU/ERE)以1958年签订的《关于采用统一条件批准机动车和部件互相承认批准的议定书》(《1958年协定书》)为法律依据,通过下属的车辆制造专业组(WP29)及其下设的各专家工作组制订 ECE 法规。专家组共有6个,即一般安全专家组(GRSG)、被动安全专家组(GPSP)、灯光及光信号专家组(GRE)、制动与行驶专家组(GPRF)、污染与能源专家组(GRPE)以及噪声专家组(GRB),分别负责有关汽车安全、环保、节能领域内的法规制订和修订工作。

所制订的 ECE 法规全部为《1958年协定书》的附件,法规本身从数字1开始按顺序排列,其中 R1 和 R2 合订在一起,作为《1958年协定书》的第一个附件,其他每个 ECE 法规都单独作为《1958年协定书》的一个附件。这样,到目前为止《1958年协定书》共有115个附件,总计ECE 法规116项,其中安全法规94项。

欧洲经济共同体 EEC(现为欧洲联盟 EC)也制订了强制执行的汽车技术指令。欧盟的EC 技术指令是根据《罗马条约》,针对各种有关安全、环保、节能的产品制订的。与 ECE 技术法规不同,EC 技术指令涉及国民经济的各行各业,有关车辆产品的 EC 技术指令只是其中的一部分。所有 EC 技术指令全部按年度、按印发时间统一编号。以第一次的为基础,以后对基础指令的所有修改本,都是单独的技术指令,独立编号。修改本一般都只是修改和补充的内容,不包括基本指令和以前修改本的内容。查阅某一 EC 技术指令修改本时,必须同时参阅基础指令以及以前的修改内容,而且 EC 技术指令在编号上批次之间没有关联。

欧盟有 EC 汽车技术指令56项,摩托车技术指令14项。此外,欧盟还发布了7项与车辆产品有关的技术指令。

尽管 ECE 技术法规和 EC 技术指令由两个不同的机构发布,但由于两大机构彼此之间有着极为密切的联系,几乎所有 EC 国家都是 ECE 的核心国。就两套法规技术内容而言,在 EC 技术指令有关汽车项目56项中,完全等同采用 ECE 法规59项,其他许多项目也具有很大程度的相似性。从1998年3月24日起,EC 作为一个独立的缔约方加入《1958年协定书》,被 EC 形式认证视为等同 EC 指令的 ECE 法规越来越多。因此,可将两者归入一个体系。两者的主要区别在于ECE 汽车法规在缔约国中是自愿采用的,而 EC 技术指令在成员国中是强制执行的。

**(2)美国汽车技术法规体系**

美国汽车技术法规体系主要由联邦机动车安全标准(FMVSS)、联邦机动车环境保护法规(EPA 法规)、联邦汽车燃料经济性标准法规等组成。

FMVSS 法规是在国家交通及机动车辆安全法的授权下,NHTSA(运输部国家公路交通安全管理局)制订的,被收录在"联邦法规集"(CFR)第49篇第571部分。它由两部分组成:第一部分为导则,包括适用范围、术语、参考文献、适用性及有效期等。第二部分列出了总共56项有关法规,共分5类:FMVSS100 系列(汽车主动安全),目前共计26项;FMVSS200 系列(汽车被动安全),目前共计23项;FMVSS300 系列(防止火灾),目前共计5项;FMVSS400 系列,目前共计1项;FMVSS500 系列,目前共计1项。

除 FMVSS 汽车安全技术法规外,美国运输部还制订了一系列管理性技术法规,以保证FMVSS 的修订工作和有效地实施。同样被收录在 CFR 第49篇中,其中比较重要的管理性技术法规主要包括:信息收集权、申请制订有关法规及申请发布确定缺陷与不符的命令、法规制

订程序、对 FMVSS 的暂时豁免、车辆识别代号(VIN)、制造商识别、认证、2 阶段和多阶段制造的车辆、消费者信息法规、记录的保持、里程表披露要求、保险杠标准、分阶段引入儿童约束固定系统的报告要求等。

EPA 法规是由美国环境保护署(EPA)负责制订的汽车排放和噪声方面的技术法规,被收录在 CFR 第 40 篇第 86 部分中。它主要按各种不同的车型及不同车型的车辆分为不同的法规部分。

汽车燃料经济性标准法规是美国运输部根据《机动车情报和成本节约法》的授权和规定而制订的,被收录在 CFR 第 49 篇中,它主要规定了制造厂商必须遵守的汽车平均燃料经济性指标。

美国除了有联邦法规外,各州根据自己的实际情况,还制订了州法规。但这些法规一般不得与联邦法规相抵触,其指标一般高于联邦法规,其中加利福尼亚州制订的 EPA 法规就是强化的环境保护法规。

**(3)日本汽车技术法规体系**

日本道路交通车辆安全法和根据该法制订的日本道路运输安全标准,形成了独特的日本汽车技术法规体系。日本汽车安全标准制订了汽车最低限度的构造、装置和性能标准,共 78 条(包括摩托车)以及 40 多项试验规程(TRIAS)和 26 项单项法规。

日本安全标准以汽车结构为序,从汽车标准体系中完全分列出来,形成了以结构为序封闭的大配套的体系。为了便于仲裁,日本将规范货摊试验方法和规程,使其与安全标准的性能要求一一对应。哪怕与日本工业标准(JIS)、日本汽车法规组织(JASO)的完全重复,也另搞一套。日本安全标准的模式和结构特征特别适合东方人的逻辑思维习惯。

日本的排放法规为 10 工况和 11 工况,是世界上独有的,其排放限值与美国一样严格。日本为了占领世界汽车市场,还主动按 FNVSS,ECE 和 EC 的要求检验汽车,并成立了日本汽车标准认证国际化研究中心(JISIC),于 1998 年 11 月加入了《1958 年协定书》,逐步向 ECE 靠拢,因此,在法规的具体实施上,尽管日本具有与众不同的认定和指定制度,但实际上仍等同于欧洲形式的认证,日本汽车技术法规作为国际三大典型汽车技术法规体系的特点正在不断被弱化。

### 10.1.3　汽车技术法规及其产品认证制度

**(1)我国的汽车技术法规**

我国至今还没有建立完整的汽车技术法规体系,对汽车产品管理的技术依据主要有国家标准、中国机动车设计规则(CMVDR—China Motor Vehicle Design Rule)和政府行政管理文件。新的技术法规 CMVDR 是参照 ECE 法规起草的。CMVDR 与 GB(国家标准)同时存在,原则上内容一致,如图 10-1 所示。第一项是 CMVDR294《汽车正面碰撞乘员保护的设计规则》。

**(2)汽车法规与产品认证**

目前,世界各国都对汽车产品采取统一的管理制度,即实施汽车产品的形式批准,可实现政府对汽车产品在安全、节能、环保方面的有效控制。形式批准的技术依据,主要看汽车产品是否符合技术法规要求。

1)汽车产品认证制度

国际上主要有两种。第一种是以美国为代表的"自我认证制度",企业新车上市不需要经过国家部门强制审批,政府只是事后监督,发现缺陷将强制召回,并处以重罚;第二种是以欧洲诸国为代表的"形式认证制度",有关部门对新车上市进行严格审查,并对企业的生产一致性进行监督,一旦发现缺陷,主要由企业自愿召回。

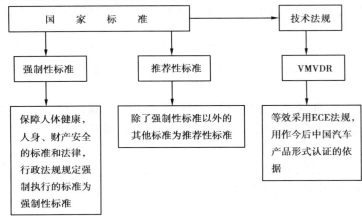

图 10-1　CMVDR 与 GB 的关系

形式认证　指汽车制造厂商和销售商提出的认证申请,只适于同一形式的汽车或零部件,当其类别、用途、车身形状、发动机种类及主要构件(传动系统、行驶系统、操纵装置、悬架、车架、车轴、制动系统等)不相同时,即认为不是同一形式。对不同形式的汽车或零部件必须分别进行认证申请,不得任意扩大认证范围。

国外产品认证主要有 8 种。国际上通用的、推荐的形式试验再加上对工厂质量保证体系进行评定,并根据质量管理和从工厂以及市场抽样的核查,进行监督。它能证实持续不断的生产过程是否合格,是一种可靠、彻底、适应性很强的办法,类似我国的定型试验、定期试验,再加上质量保证体系的评定。

2)汽车强制性标准体系

我国目前还没有国际通行的汽车技术法规,强制性标准是目前我国较为系统的技术法规的主要表现形式。汽车主管部门主要依据我国的汽车强制性标准,对汽车产品实施强制认证及公告管理。

我国的汽车强制性标准体系总项目 99 项,其中主动安全 27 项,被动安全 26 项,一般安全 29 项,环保和节能项目 17 项。已制订完成的 80 项中,主动安全 25 项,被动安全 19 项,一般安全 22 项,环保和节能 14 项,另有 1 项目前是以推荐性国家标准形式制订的。

3)我国汽车新产品的强制认证与公告管理

国家认证认可监督管理委员会(简称国家认监委,为质检总局下属机构)于 2001 年 12 月发布了 CNCA—02C—023:2001《机动车辆强制性认证实施规则——汽车产品》。至 2003 年 5 月 1 日所有没通过 CCC 认证要求的汽车产品不得生产和销售。

国家经贸委(发改委)近年来也对国内汽车管理从目录转为公告制度,并将逐步向形式认证制度过渡。

CCC 认证:CCC 为中国强制性认证的英文缩写,CNCA—02—023:2001 要求对汽车产品实施形式试验＋初始工厂审查＋获证后监督的认证模式。形式试验共进行 47 个检测项目的检验,初始工厂审查按该规则附件 4《汽车产品强制性认证工厂质量保证能力要求》进行,监督审查每年进行一次,四年覆盖全部 10 个要素,第五年进行全部要素审查。通过不断的监督审查维持认证证书的有效性。

汽车产品公告管理　原机械部等在汽车产品必须进行定型试验的基础上开始实施汽车产品强制性检查项目的检验。检验项目已从最初的 12 项逐步增加到目前的 48 项,国家经贸委 2001 年对原目录管理制度进行改革,以发布《车辆生产企业及产品公告》的方式对车辆产品进行管理。2003 年起每月发布一次公告,使新品上市的时间大为缩短。

# 10.2　汽车技术法规基本内容

## 10.2.1　安全法规

汽车道路交通事故已成为全球范围内的一大公害,每年全世界约有 120 万人命丧于汽车车轮下。为了保障汽车的安全性能,减少交通事故的发生,世界各汽车大国都依据各国不同的国情制订了严格的汽车安全法规和标准。

美国和日本从 20 世纪 60 年代开始就对汽车排放进行控制,美国排放法规要求最严,日本紧跟美国。美国 1994 年开始执行极其严格的低污染汽车法规(LEV)后,美、日之间的距离略为拉开。欧洲控制排放比美、日晚,而且标准要求较松,但是到 1992 年实施欧洲第 1 阶段(欧 I)排放法规后,步伐加快,已超过日本,接近美国 LEV 计划。美国、日本和欧洲的汽车排放法规形成当今世界 3 大汽车排放法规体系。我国的汽车排放法规主要参照欧洲。

### (1)欧美的汽车安全法规

表 10-1　美国 FMVSS 中有关被动安全的法规

| 编　号 | 内　　　容 | 编　号 | 内　　　容 |
|---|---|---|---|
| 201 | 乘员撞车身内饰件 | 215 | 保留 |
| 202 | 头部约束 | 216 | 顶部碰撞保护 |
| 203 | 驾驶员撞转向机构 | 217 | 公共汽车紧急出口和车窗定位及开启 |
| 204 | 转向机构后移量 | 218 | 摩托车头盔 |
| 205 | 窗玻璃材料 | 219 | 风窗玻璃区域的侵入 |
| 206 | 门锁及约束部件 | 220 | 校车翻滚保护 |
| 207 | 座椅系统 | 221 | 校车车身连接点强度 |
| 208 | 乘员碰撞保护 | 222 | 校车乘员座椅和碰撞保护 |
| 209 | 安全带部件 | 223 | 追尾碰撞保护装置 |
| 210 | 安全带固定点 | 224 | 追尾碰撞保护 |
| 211 | 保留 | 301 | 燃油系统完整性 |
| 212 | 风窗玻璃安装 | 302 | 内饰材料易燃性 |
| 213 | 儿童约束系统 | 303 | 压缩天然气汽车燃油系统完整性 |
| 214 | 侧撞保护 | 304 | 压缩天然气汽车容器完整性 |

美国是最早进行机动车安全性研究的国家,至今已经拥有一整套详尽的安全法规——美国联邦机动车安全法规(FMVSS),见表 10-1。在美国,由于道路设施比较好,车、人混杂的路面比较少,车速比较高,发生事故时车内乘员受到伤害的比例比较高,因此就比较注重乘员保

护方面。美国人认为"汽车是任何人都可以坐的软垫",因此美国的安全法规侧重于汽车被动安全性,在汽车发生碰撞时,仅对作为最终指标的乘员伤害指标等内容进行了规定,没有详细规定车身结构的碰撞性能。

FMVSS 法规主要包括了防止事故发生的安全标准、事故发生时乘员保护方面的安全标准和事故发生后的受损减轻标准三部分,有关被动安全的法规(FMV200 系列)26 项(表),还有汽车主动安全、防止火灾等30 项。

欧洲汽车安全法规(ECE)(见表 10-2)同美国的 FMVSS 一样,也是世界上最具代表性的法规之一,但欧洲人认为"汽车是技术熟练者使用的工具",其安全法规侧重于汽车主动安全性。就汽车的碰撞问题,除规定了车辆在事故情况下的性能等级,在 ECE R33 还规定了正面碰撞中被撞机动车辆车身的结构性能,以确保乘员的生存空间。

**表 10-2 列出了 ECE 法规对整车碰撞安全性的各项规定**

| 编　号 | 内　容 |
|---|---|
| 12 | 防止转向机构对驾驶员伤害的认证规定 |
| 29 | 商用汽车驾驶室乘员保护认证规定 |
| 32 | 追尾碰撞中被撞机动车辆结构调整认证规定 |
| 33 | 正面碰撞中被撞机动车辆结构性能认证规定(不包括转向轮中心在全车长 1/4 内的汽车) |
| 34 | 燃油系统完整性规定 |
| 94 | 正面撞乘员保护认证规定 |
| 95 | 侧撞乘员保护认证规定 |

### (2)日本的汽车安全法规

日本在 1951 年就根据道路运输车辆安全法制订了安全标准,比美国安全法规 FMVSS(1966 年)、欧洲安全法规 ECE(1969 年)早 10 多年,但当时水平不高。随着日本的经济和科学技术的发展,对安全标准进行了 40 多次的修订,而且吸收了 ECE、FMVSS 的一些项目,形成了一套先进而又独具特色的技术法规。由于日本国土狭窄,特别注重汽车与行人、摩托车之间的安全,详细规定了汽车外部突出物的限制,近年来又增加了安全带、头枕等法规项目。

### (3)我国的汽车安全法规

我国还没有建立真正意义上的汽车安全法规体系。

在汽车安全方面,我国原机械工业部曾公布了一系列强制性标准,基本采用了与 FMVSS 和欧洲 ECE 安全法规中相同的内容。1999 年 10 月 28 日,原机械工业部正式公布了 CMVDR294"关于正面碰撞乘员保护的设计规则",规定新生产的 M1 类 2.5 t 以内的乘用车,必须于 2000 年 1 月 1 日起达标,否则不能上目录和销售。要达标就必须进行汽车整车碰撞试验,全面考核汽车安全性。

### 10.2.2 排放法规

汽车在带给人类方便的同时,也带来了一系列负面问题,形成了一个流动的污染源。大气污染中,汽车废气中排出的 CO(一氧化碳)、HC 和 $NO_x$(碳氢化合物和氮氧化物)、PM(微粒,碳烟)等有害气体,是导致城镇居民死亡率增高的一个原因。1943 年的洛杉矶光化学烟雾事件,几千人受害,400 人死亡。由于汽车废气污染所带来的酸雨也成为世界性的灾难。目前,几乎所有的工业国家都已颁布了排放法规,对新车进行排放试验,规定了一定试验工况和试验条件、一定的取样方法、一定的排放分析仪器为基准设定的有害物排放量。

(1)美国的排放标准(Federal Standards)

美国是世界上最早执行排放法规的国家,也是排放控制指标种类最多、排放法规最严格的国家。美国的汽车排放法规分为联邦排放法规即环境保护局(EPA)排放法规和加利福尼亚州空气资源局(CARB)排放法规。联邦排放法规落后加利福尼亚州排放法规 1~2 年。

美国加州 1960 年立法控制汽车排气污染物,在 1963 年美国政府颁布《大气净化法》,当年,加州开始控制曲轴箱燃油蒸发物排放;1966 年加州颁布实施"7 工况法"汽车排放法规,1968 年联邦采用"7 工况法"控制汽车排放;1970 年加州开始控制轿车燃油蒸发物排放,美国联邦政府从 1970 年开始制订一系列车辆排放控制法规,1972 年采用 LA-4C(FPT-72)测试循环,并增加对 $NO_x$ 的控制,1975 年改用 LA-4CH(FPT-75)测试循环;1975 年起到 80 年代,美国排放法规大幅度加严,特别强化对 $NO_x$ 的限值,同时再提高对 HC 和 CO 的控制。1990 年美国国会对《大气净化法》做了重大修订,对汽车排放提出了更高的要求。针对轻型货车规定了两套标准,第一阶段(Tier 1)和第二阶段(Tier 2)。第一阶段标准 1991 年 6 月 5 日最终定稿发行,并于 1997 年开始全面执行,见表 10-3。第二阶段标准 1999 年 12 月 21 日采纳,于 2004 年开始执行。第一阶段轻型车标准适用所有整车质量(gross vehicle weight rating,GVWR)低于 8 500 磅(约 3 856 千克)的车辆。第二阶段标准适用于所有车辆,增加了 8 500 磅 < GVWR < 10 000磅的中型乘用车 MDPV,MDPV 主要包括多功能运动车、SUV 和轻型客车,见表 10-4。

表 10-3　美国环保局乘用车和轻型卡车第一阶段排放标准,FTP75,g/mile

| 类　别 | 50 000 英里/5 年 | | | | | | 100 000 英里/10 年[1] | | | | | |
|---|---|---|---|---|---|---|---|---|---|---|---|---|
| | THC[2] | NMHC[3] | CO | $NO_x$ 柴油 | $NO_x$ 汽油 | PM | THC | NMHC | CO | $NO_x$ 柴油 | $NO_x$ 汽油 | PM |
| 乘用车 | 0.41 | 0.25 | 3.4 | 1.0 | 0.4 | 0.08 | — | 0.31 | 4.2 | 1.25 | 0.6 | 0.10 |
| LLDT, LVW < 3 750 磅 | — | 0.25 | 3.4 | 1.0 | 0.4 | 0.08 | 0.80 | 0.31 | 4.2 | 1.25 | 0.6 | 0.10 |
| LLDT, LVW > 3 750 磅 | | 0.32 | 4.4 | — | 0.7 | 0.08 | 0.80 | 0.40 | 5.5 | 0.97 | 0.97 | 0.10 |
| HLDT, ALVW < 5 750 磅 | 0.32 | — | 4.4 | — | 0.7 | — | 0.80 | 0.46 | 6.4 | 0.98 | 0.98 | 0.10 |
| HLDT, ALVW > 5 750 磅 | 0.39 | — | 5.0 | — | 1.1 | — | 0.80 | 0.56 | 7.3 | 1.53 | 1.53 | 0.12 |
| 1:重型轻型车所有标准和轻型车总碳氢化合物标准都基于 11 万或者 12 万英里的寿命期<br>2:THC—总碳氢<br>3:NMHC—非甲烷碳氢<br>LVW:装有负载的车辆总重(车辆净重加 300 磅)<br>ALVW:调整的 LVW(车辆净重和毛重的数学平均)<br>LLDT:轻型卡车(毛重低于 6 000 磅)<br>HLDT:重型轻型卡车(毛重超过 6 000 磅) | | | | | | | | | | | | |

表 10-4　第二阶段排放标准，FTP 75，g/mile

| 类　别 | 50 000 英里 | | | | | 120 000 英里 | | | | |
|---|---|---|---|---|---|---|---|---|---|---|
| | NMOG | CO | NO$_x$ | PM | HCHO | NMOG | CO | NO$_x$* | PM | HCHO |
| 临时级别 | | | | | | | | | | |
| MDPV$^c$ | | | | | | 0.280 | 7.3 | 0.9 | 0.12 | 0.032 |
| 10$^{a,b,d,f}$ | 0.125 (0.160) | 3.4 (4.4) | 0.4 | — | 0.015 (0.018) | 0.156 (0.230) | 4.2 (6.4) | 0.6 | 0.08 | 0.018 (0.027) |
| 9$^{a,b,e}$ | 0.075 (0.140) | 3.4 | 0.2 | — | 0.015 | 0.090 (0.180) | 4.2 | 0.3 | 0.06 | 0.018 |
| Permanent Bins | | | | | | | | | | |
| 8$^b$ | 0.100 (0.125) | 3.4 | 0.14 | — | 0.015 | 0.125 (0.156) | 4.2 | 0.20 | 0.02 | 0.018 |
| 7 | 0.075 | 3.4 | 0.11 | — | 0.015 | 0.090 | 4.2 | 0.15 | 0.02 | 0.018 |
| 6 | 0.075 | 3.4 | 0.08 | — | 0.015 | 0.090 | 4.2 | 0.10 | 0.01 | 0.018 |
| 5 | 0.075 | 3.4 | 0.05 | — | 0.015 | 0.090 | 4.2 | 0.07 | 0.01 | 0.018 |
| 4 | — | — | — | — | — | 0.070 | 2.1 | 0.04 | 0.01 | 0.011 |
| 3 | — | — | — | — | — | 0.055 | 2.1 | 0.03 | 0.01 | 0.011 |
| 2 | — | — | — | — | — | 0.010 | 2.1 | 0.02 | 0.01 | 0.004 |
| 1 | — | — | — | — | — | 0.000 | 0.0 | 0.00 | 0.00 | 0.000 |

＊—厂商车队平均氮氧化物标准值为 0.07 g/mile

a — 2006 车型年废止，对较重的轻型卡车，2008 车型年废止

b—较高的临时 NMOG、CO 和 HCHO 值仅仅适用于较重的轻型卡车，2008 车型年后失效

c—限制 MDPV 的额外的临时级别，2008 车型年后失效

d—可选的临时 NMOG 标准 0.195 g/mile(50 000 miles)和 0.280 g/mile(120 000 miles)只针对达到相关标准的 LDT4 和 MDPV

e—可选的临时 NMOG 标准 0.100 g/mile(50 000 miles)和 0.130 g/mile(120 000 miles)只针对达到相关标准的 LDT2

f—50 000 mile 标准可供达到标准 10 的柴油车选择使用

　　2000 年 11 月 21 日，美国国家环保总局发布了 2007 年及以后重型交通工具发动机的排放标准。PM-0.01 g/kW·h(微粒排放)，NO$_x$-0.20 g/kW·h(氮的氧化物)，NMHC-0.14 g/kW·h(非甲烷碳氢化合物)。PM 排放标准于 2007 年起全面生效，氮氧化物和非甲烷碳氢化合物排放标准在 2007—2010 年间逐步采用。

　　2007 年 9 月 27 日，美国发布新机动车排放标准，针对北美地区使用的所有重型柴油发动机。从 2011 年以后的型号开始，除非车辆被证明符合加利福尼亚州排放标准(加利福尼亚 CCR 标题 13)，机动车生产商、经销商或其他人不能在新墨西哥州(USA)供应、要约出售、销售、进口、交付、购买、租借、租赁、获取、接收或注册新的客车、轻型卡车、中型客车、中型车。

　　1994 年加利福尼亚州制订的低污染汽车排放法规，将轻型车分为过渡低排放车 TLEV(CO:2.13 g/km，HC:0.078 g/km，NO$_x$:0.25 g/km)、低排放车 LEV(CO:1.06 g/km，HC:0.025 g/km，NO$_x$:0.125 g/km)、超低排放车 ULEV 和零排放车 ZEV，并且规定从 1998 年起销售到加州的轻型车应有 2% 为无污染排放(零排放)，2001 年为 5%，2003 年达到 10%，在 2004 年进一步强化汽车排放法规(SULEV)，限值为 ULEV 的 1/4。

**（2）日本的排放标准**

日本是世界上第 2 大汽车生产国,其现行的排放试验规范有:用于模拟汽车在城市道路的平均行驶状况的 10-15 工况循环(Mode Cycle);用于模拟汽车冷启动后由郊外向市中心前进的平均行驶模式的 11 工况循环;用于重型汽油、柴油及液化石油气货车及客车的排放值测量的 13 工况循环,共 3 种。排放限值有最高值和平均值 2 种,每一辆车的排放量不得超过最高值,平均值指每一季度测得的各辆车的平均值不得超过排放法规规定的平均值限值。

日本从 1966 年起开始控制汽车排放污染,对新车进行 4 工况检测,规定控制 CO 小于3% ,1969 年加严到 2.5% ;1971 年规定小型车 CO 小于 1.5% ,轻型车 CO 小于 3% ;1973 年采用 10 工况法,增加 HC 和 $NO_x$ 作为排放控制指标;1986 年对柴油轿车排放进行控制,对在用车实施定期车检法规;1991 年起新车采用 10-15 工况法试验,排放限值不变;1993 年开始对所有柴油车排放进行控制。

1)乘用车

表 10-5 为 2005 年标准,给出了针对新柴油驱动的乘用车的排放标准。测试方法为一种新的 10-15 测试工况(针对毛重小于 3 500 千克较轻的机动车的新测试工况),该工况将于2011 年全部被采用。在 2005 年到 2011 年的过渡阶段,排放将通过对不同的工况进行权重平均得到,具体方法如下:2005 年 88% 使用10-15工况,12% 使用 11 工况;2008 年 25% 使用新冷启动工况,75% 使用 10-15 工况;2011 年 25% 使用新冷启动工况,75% 使用新热启动工况。对2005 年标准,机动车使用 50 ppm 硫含量的燃油测试。

表 10-5　日本柴油乘用车排放标准,g/km

| 机动车重量 | 日期 | 测试工况 | CO | HC | $NO_x$ | PM |
|---|---|---|---|---|---|---|
| | | | 平均(最大) | 平均(最大) | 平均(最大) | 平均(最大) |
| < 1 250 kg* | 1986 | 10-15 工况 | 2.1 (2.7) | 0.40 (0.62) | 0.70 (0.98) | |
| | 1990 | | 2.1 (2.7) | 0.40 (0.62) | 0.50 (0.72) | |
| | 1994 | | 2.1 (2.7) | 0.40 (0.62) | 0.50 (0.72) | 0.20 (0.34) |
| | 1997 | | 2.1 (2.7) | 0.40 (0.62) | 0.40 (0.55) | 0.08 (0.14) |
| | 2002ª | | 0.63 | 0.12 | 0.28 | 0.052 |
| | 2005ᵇ | 新工况ᶜ | 0.63 | 0.024ᵈ | 0.14 | 0.013 |
| > 1 250 kg* | 1986 | 10-15 工况 | 2.1 (2.7) | 0.40 (0.62) | 0.90 (1.26) | |
| | 1992 | | 2.1 (2.7) | 0.40 (0.62) | 0.60 (0.84) | |
| | 1994 | | 2.1 (2.7) | 0.40 (0.62) | 0.60 (0.84) | 0.20 (0.34) |
| | 1998 | | 2.1 (2.7) | 0.40 (0.62) | 0.40 (0.55) | 0.08 (0.14) |
| | 2002ª | | 0.63 | 0.12 | 0.30 | 0.056 |
| | 2005ᵇ | 新工况ᶜ | 0.63 | 0.024ᵈ | 0.15 | 0.014 |

　* — 等效惯性重量(EIW);机动车重量为 1 265 kg
a—2002.10 对国产乘用车生效,2004.09 对进口乘用车生效
b—2005 年年底完全执行
c—2011 年完全采用
d—非甲烷碳氢化合物

2）商用车

表 10-6 和表 10-7 分别摘录了新型柴油驱动的轻型商用车和重型商用车排放标准（底盘测功机测试）。轻型卡车和客车基于 10-15 工况测试，重型发动机的测试方式是 13 工况，该工况取代了早先的 6 工况。

2005 年标准介绍了两个过渡阶段的测试方法：针对毛重小于 3 500 千克机动车的测试工况和针对超过 3 500 千克机动车的 JE05 工况。对轻型车，新的测试工况将和乘用车的标准过渡安排一致，在 2011 年之前逐渐过渡。对重型车，新的重型车测试工况（热启动）2005 年开始生效。机动车和发动机都使用 50 ppm 硫含量的燃料进行 2005 标准测试。

为降低乘用车、卡车及公共汽车等新车排放的 $NO_x$ 及 PM，日本国土交通省加强了尾气排放规定，制订了全球最为严格的规定——"后新长期规定"，将于 2009 年 10 月起实行。

在柴油车方面，规定将 $NO_x$ 降低 40% ~65%、将 PM 降低 53% ~64%，基本上与汽油车达到相同水平。汽油车方面，对于可能排放 PM 的、带 $NO_x$ 吸附还原催化剂的直喷发动机汽车，将实施与柴油车同等水平的 PM 规定。由于不使用汽油、LPG、轻油的车辆的基准值与柴油车相同，所以将随着柴油车标准的强化而更加严格。

从加强规定带来的效果来看，如果适用对象车辆全都符合新规定，那么与以前符合 2005 年规定的车相比，$NO_x$ 将从 27 万吨减少到 10 万吨（约减少 62%），PM 将从 3 800 吨减少到 1 400 吨（约减少 63%）。

表 10-6　轻型商业车柴油机排放标准,毛重≤2 500 kg（≤3 500 kg,2005 年开始执行）

| 机动车重量* | 日期 | 测试工况 | 单位 | CO | HC | $NO_x$ | PM |
| --- | --- | --- | --- | --- | --- | --- | --- |
| | | | | 平均（最大） | 平均（最大） | 平均（最大） | 平均（最大） |
| ≤1 700 kg | 1988 | 10-15 工况 | g/km | 2.1 (2.7) | 0.40 (0.62) | 0.90 (1.26) | |
| | 1993 | | | 2.1 (2.7) | 0.40 (0.62) | 0.60 (0.84) | 0.20 (0.34) |
| | 1997 | | | 2.1 (2.7) | 0.40 (0.62) | 0.40 (0.55) | 0.08 (0.14) |
| | 2002 | | | 0.63 | 0.12 | 0.28 | 0.052 |
| | 2005[b] | 新工况[c] | | 0.63 | 0.024[d] | 0.14 | 0.013 |
| >1 700 kg | 1988 | 6 工况 | ppm | 790 (980) | 510 (670) | DI: 380 (500)<br>IDI: 260 (350) | |
| | 1993 | 10-15 工况 | g/km | 2.1 (2.7) | 0.40 (0.62) | 1.30 (1.82) | 0.25 (0.43) |
| | 1997[a] | | | 2.1 (2.7) | 0.40 (0.62) | 0.70 (0.97) | 0.09 (0.18) |
| | 2003 | | | 0.63 | 0.12 | 0.49 | 0.06 |
| | 2005[b] | 新工况[c] | | 0.63 | 0.024[d] | 0.25 | 0.015 |

*— 毛重（gross vehicle weight,GVW）

a—1997 年:手动挡机动车;1998 年:自动挡机动车

b—2005 年年底完全执行

c—2011 年完全采纳

d—非甲烷碳氢化合物

表 10-7  重型商用车柴油机排放标准,毛重 >2 500 kg ( >3 500 kg,2005 年开始生效)

| 日期 | 测试工况 | 单位 | CO | HC | NO$_x$ | PM |
|------|---------|------|-----|-----|--------|-----|
| | | | 平均(最大) | 平均(最大) | 平均(最大) | 平均(最大) |
| 1988/89 | 6 工况 | ppm | 790 (980) | 510 (670) | DI: 400 (520)<br>IDI: 260 (350) | |
| 1994 | 13 工况 | g/kWh | 7.40 (9.20) | 2.90 (3.80) | DI: 6.00 (7.80)<br>IDI: 5.00 (6.80) | 0.70 (0.96) |
| 1997[a] | | | 7.40 (9.20) | 2.90 (3.80) | 4.50 (5.80) | 0.25 (0.49) |
| 2003[b] | | | 2.22 | 0.87 | 3.38 | 0.18 |
| 2005[c] | JE05 工况 | | 2.22 | 0.17[d] | 2.0 | 0.027 |

a—1997 年:GVW≤3 500 kg;1998 年:3 500 < GVW≤12 000 kg;1999 年:GVW >12 000 kg

b—2003 年:GVW≤12 000 kg;2004 年:GVW >12 000 kg

c—2005 年年底完全执行

d—非甲烷碳氢化合物

**(3)欧盟的排放标准**

欧洲标准是由欧洲经济委员会(ECE)的排放法规和欧共体(EEC)的排放指令共同加以实现的,欧共体(EEC)即是现在的欧盟(EU)。排放法规由 ECE 参与国自愿认可,排放指令是 EEC 或 EU 参与国强制实施的。

欧洲经济委员会(ECE)从 1970 年开始以 ECE R15 法规(15 工况 4 循环法)的形式对轻型汽油车排放污染物和曲轴箱污染物排放进行控制,以后每隔 3~4 年修订加严一次,形成了 ECE R15—01(1975)、ECE R15—02(1977)、ECE R15—03(1979)系列排放法规。在 1975 年前执行的 ECE R15 和 ECE R15—01 法规只限制 CO 和 HC 的排放量,从 1977 年的 ECE R15—02法规开始增加了对 NO$_x$ 的限值要求。为控制 NO$_x$ 的排放,1982—1985 年实施的 ECE R15—04 法规对 HC + NO$_x$ 的总量作为一个限值来控制;从 1988 年起排放法规细分为 ECE R83(88/76/EEC)和 ECE R15—04 两部分,其中 ECE R83 适用于最大总质量不大于 2 500 kg或定员 6 人以下的燃油(含铅汽油、无铅汽油、柴油)汽车,ECE R15—04 适用于最大总质量大于 2 500 kg 而小于 3 500 kg 的汽车。为了达到 ECE R83 法规要求,1989 年起 ECE 开始使用无铅汽油。ECE 在 1991 年修改了 ECE R83—00 法规,制订了欧Ⅰ排放法规,从 1992 年开始实施。该法规积极向美国排放法规靠拢,大大加严了排放限值。考虑道路交通情况的变化,及时修改了试验规范,改为 ECE15(城区)工况 + EUDC(城郊)工况试验循环;1996 年起执行欧Ⅱ排放法规,排放法规限值已接近美国过渡低污染车(TLEV)的限值水平,欧Ⅱ法规中不仅在形式认证时对汽车排放限值加严,而且生产一致性检查时排放限值与形式认证的限值相同。2000 年执行的欧Ⅲ排放法规,对 HC 和 NO$_x$ 分别给出限值,在欧Ⅱ基础上将其限值再降低 1/2,排气测量方法改为发动机启动后立即采样,同时加严对 HC、CO 的限制。以前的方法都是在发动机启动后 40 s 才开始采样,而 70% 的 HC 都是在启动后 125 s 内生成的,原来启动后 40 s 内不采样,使冷启动时约有 30% 的排放污染物未测到;还新增如低温冷启动排放试验、OBD 系统功能检查、LPG/NG 汽车排放试验、8 万 km 内的在用车工况法排放一致性检查、替代用催化器的认证试验等项目,确保在用车排放量的持续达标要求。随后 2005 年起开始实施欧Ⅳ。

表 10-8 ~ 表 10-11 为欧洲各阶段的轻型汽车排放法规限值一览表。

表 10-8　欧盟乘用车排放标准(M1 类 * ),g/km

| 阶　段 | 日　期 | CO | HC | HC + NO$_x$ | NO$_x$ | PM |
|---|---|---|---|---|---|---|
| 柴油车 | | | | | | |
| Euro 1 | 1992.07 | 2.72 (3.16) | — | 0.97 (1.13) | — | 0.14 (0.18) |
| Euro 2, IDI | 1996.01 | 1.0 | — | 0.7 | — | 0.08 |
| Euro 2, DI | 1996.01$^a$ | 1.0 | — | 0.9 | — | 0.10 |
| Euro 3 | 2000.01 | 0.64 | — | 0.56 | 0.50 | 0.05 |
| Euro 4 | 2005.01 | 0.50 | — | 0.30 | 0.25 | 0.025 |
| 汽油车 | | | | | | |
| Euro 1 | 1992.07 | 2.72 (3.16) | — | 0.97 (1.13) | — | — |
| Euro 2 | 1996.01 | 2.2 | | 0.5 | | — |
| Euro 3 | 2000.01 | 2.30 | 0.20 | — | 0.15 | — |
| Euro 4 | 2005.01 | 1.0 | 0.10 | — | 0.08 | — |

不包括超过 2 500 kg,满足 N1 类标准的乘用车

括号内数值指生产一致性限值(conformity of production, COP)

a 在 1999.09.30 之前(之后 DI 发动机必须达到 IDI 限值)

表 10-9　欧盟轻型商用车排放标准(N1 类),g/km

| 类　别 | 阶　段 | 日　期 | CO | HC | HC + NO$_x$ | NO$_x$ | PM |
|---|---|---|---|---|---|---|---|
| 柴油车 | | | | | | | |
| N1, Class Ⅰ < 1 305 kg | Euro 1 | 1994.10 | 2.72 | — | 0.97 | — | 0.14 |
| | Euro 2, IDI | 1998.01 | 1.0 | — | 0.70 | — | 0.08 |
| | Euro 2, DI | 1998.01$^a$ | 1.0 | — | 0.90 | — | 0.10 |
| | Euro 3 | 2000.01 | 0.64 | — | 0.56 | 0.50 | 0.05 |
| | Euro 4 | 2005.01 | 0.50 | — | 0.30 | 0.25 | 0.025 |
| N1, Class Ⅱ 1 305 ~ 1 760 kg | Euro 1 | 1994.10 | 5.17 | — | 1.40 | — | 0.19 |
| | Euro 2, IDI | 1998.01 | 1.25 | — | 1.0 | — | 0.12 |
| | Euro 2, DI | 1998.01$^a$ | 1.25 | — | 1.30 | — | 0.14 |
| | Euro 3 | 2001.01 | 0.80 | — | 0.72 | 0.65 | 0.07 |
| | Euro 4 | 2006.01 | 0.63 | — | 0.39 | 0.33 | 0.04 |

续表

| 类　别 | 阶　段 | 日　期 | CO | HC | HC + NO$_x$ | NO$_x$ | PM |
|---|---|---|---|---|---|---|---|
| 柴油车 | | | | | | | |
| N1，Class Ⅲ<br>>1 760 kg | Euro 1 | 1994.10 | 6.90 | — | 1.70 | — | 0.25 |
| | Euro 2，IDI | 1998.01 | 1.5 | — | 1.20 | — | 0.17 |
| | Euro 2，DI | 1998.01ᵃ | 1.5 | — | 1.60 | — | 0.20 |
| | Euro 3 | 2001.01 | 0.95 | — | 0.86 | 0.78 | 0.10 |
| | Euro 4 | 2006.01 | 0.74 | — | 0.46 | 0.39 | 0.06 |
| 汽油车 | | | | | | | |
| N1，Class Ⅰ<br><1 305 kg | Euro 1 | 1994.10 | 2.72 | — | 0.97 | — | — |
| | Euro 2 | 1998.01 | 2.2 | — | 0.50 | — | — |
| | Euro 3 | 2000.01 | 2.3 | 0.20 | — | 0.15 | — |
| | Euro 4 | 2005.01 | 1.0 | 0.1 | — | 0.08 | — |
| N1，Class Ⅱ<br>1 305 ~ 1 760 kg | Euro 1 | 1994.10 | 5.17 | — | 1.40 | — | — |
| | Euro 2 | 1998.01 | 4.0 | — | 0.65 | — | — |
| | Euro 3 | 2001.01 | 4.17 | 0.25 | — | 0.18 | — |
| | Euro 4 | 2006.01 | 1.81 | 0.13 | — | 0.10 | — |
| N1，Class Ⅲ<br>>1 760 kg | Euro 1 | 1994.10 | 6.90 | — | 1.70 | — | — |
| | Euro 2 | 1998.01 | 5.0 | — | 0.80 | — | — |
| | Euro 3 | 2001.01 | 5.22 | 0.29 | — | 0.21 | — |
| | Euro 4 | 2006.01 | 2.27 | 0.16 | — | 0.11 | — |
| 对 Euro 1/2,对应的重量级别为 Class Ⅰ <1 250 kg, Class Ⅱ 1 250 ~ 1 700 kg, Class Ⅲ >1 700 kg<br>a 在 1999.09.30 之前(之后 DI 发动机必须达到 IDI 限值) | | | | | | | |

注:1. N1( <1 250 kg)、N2(1 250 ~ 1 700 kg)、N3( >1 700 kg)的车,使用标准的1/8。

2. 试验规范为:IDI 表示直喷,DI 表示直喷。

表 10-10　欧盟重型柴油机排放标准,g/kWh

| 名　称 | 时间和种类 | 试验循环 | CO | HC | NO$_x$ | PM | 烟度/m$^{-1}$ |
|---|---|---|---|---|---|---|---|
| Euro Ⅰ | 1992，<85 kW | ECE R-49 | 4.5 | 1.1 | 8.0 | 0.612 | |
| | 1992，>85 kW | | 4.5 | 1.1 | 8.0 | 0.36 | |
| Euro Ⅱ | 1996.10 | | 4.0 | 1.1 | 7.0 | 0.25 | |
| | 1998.10 | | 4.0 | 1.1 | 7.0 | 0.15 | |
| Euro Ⅲ | 1999.10，EEVs only | ESC & ELR | 1.5 | 0.25 | 2.0 | 0.02 | 0.15 |
| | 2000.10 | ESC & ELR | 2.1 | 0.66 | 5.0 | 0.10<br>0.13① | 0.8 |
| Euro Ⅳ | 2005.10 | | 1.5 | 0.46 | 3.5 | | 0.5 |
| Euro Ⅴ | 2008.10 | | 1.5 | 0.46 | 2.0 | 0.02 | 0.5 |

注:①用于每个汽缸的净体积小于 0.75 dm$^3$ 和额定功率点转速高于 3 000 r/ min。

表 10-11　欧盟柴油机和重型汽油及气体发动机的排放标准, g/kWh

| 名　称 | 时间和种类 | 试验循环 | CO | NMHC | CH$_4^a$ | NO$_x$ | PM$^b$ |
|---|---|---|---|---|---|---|---|
| Euro Ⅲ | 1999.10, 仅对 EEVs$^d$ | ETC | 3.0 | 0.40 | 0.65 | 2.0 | 0.02 |
|  | 2000.10 | ETC | 5.45 | 0.78 | 1.6 | 5.0 | 0.16<br>0.21$^c$ |
| Euro Ⅳ | 2005.10 |  | 4.0 | 0.55 | 1.1 | 3.5 | 0.03 |
| Euro Ⅴ | 2008.10 |  | 4.0 | 0.55 | 1.1 | 2.0 | 0.03 |

注:a—仅适合于天然气发动机。

b—不适用于 2000—2005 年的气体燃料发动机。

c—用于每个汽缸的净体积小于 0.75 dm$^3$ 和额定功率点转速高于 3 000 r/ min。

d—EEVs( Enhanced Entiromentally Friendly Vehicle) :超环境友好车。

欧洲议会新推出的欧 V 标准将于 2009 年 9 月 1 日开始实施,要求柴油轿车每公里氮氧化合物的排放量不应超过 180 mg,比目前标准规定的排放量减少了 28%,颗粒物排放量比目前标准规定的减少了 80%。而将于 2014 年 9 月在欧洲实施的欧 Ⅵ 标准则更加严格,要求柴油轿车每公里氮氧化物的排放量不应超过 80 mg,比目前标准规定的排放量减少 68%。

(4)我国的排放标准

在欧盟轿车排放标准中,汽油发动机是没有欧 Ⅰ 和欧 Ⅱ 这个标准的,汽油发动机只有 Euro 3 和 Euro 4,他们实施的年份分别是 2000 年和 2005 年,而柴油发动机才有 Euro 1 ~ Euro 4 排放标准。在我国并无确切一套机动车废气排放标准,我国也是在借鉴欧盟的排放标准,我国的机动车污染防治工作始于 20 世纪 80 年代。1999 年,国家环保总局制订了车用汽油有害物质控制标准和相当于欧洲 1 号和欧洲 2 号排放法规的国家第一、二阶段轻型汽车和重型车用压燃式发动机排气污染物排放标准,使我国的汽车污染物排放标准的控制水平向前推进了 20 年。从 2007 年 1 月 1 日和 7 月 1 日起,我国分别对总重大于 3.5 t 的柴油车、天然气汽车及液化石油气汽车和总重小于 3.5 t 的汽车实施了国家第三段机动车排放标准,并给予按第二阶段标准生产的机动车产品一年的过渡期进行销售和注册登记。从 2008 年 1 月 1 日和 7 月 1 日起,达不到第三阶段标准的新车一律不得销售、注册登记和投入使用。我国将在 2010 年 7 月 1 日起实施国家第四阶段机动车排放标准。

我国现行的国 3 排放标准等效采用了欧洲第三阶段机动车排放控制标准,达到"国 3 标准"的车辆有两大突出特点:一是可大幅度削减单车的污染物排放,其排放污染物总量比达到国 2 标准的车辆减少 30% 以上;二是加装了车载排放诊断系统。

其主要包含的排放标准如下:

①2007 年 7 月 1 日实施的 GB 18352.3—2005《轻型汽车污染物排放限值及测量方法(中国 Ⅲ, Ⅳ 阶段)》

②2007 年 7 月 1 日实施的 GB 17691—2005《车用压燃式,气体燃料点燃式发动机与汽车排气污染物排放限值及测量方法(中国 Ⅲ, Ⅳ, Ⅴ 阶段)》

③2005 年 7 月 1 日实施的 GB 11340—2005《装用点燃式发动机重型汽车曲轴箱污染物排放限值》

④2005 年 7 月 1 日实施的 GB 14763—2005《装用点燃式发动机重型汽车燃油蒸发污染物排放限值及测量方法(收集法)》2005 年第 21 号(2005-05-30)

⑤2005 年 7 月 1 日实施的 GB 3847—2005《车用压燃式发动机汽车排气烟度排放限值及测量方法》

⑥2005 年 7 月 1 日实施的 GB 18285—2005《点燃式发动机汽车排气污染物排放限值及测量方法(双怠速法及简易工况法)》

### 10.2.3　噪声法规

**(1)欧洲**

ECE 于 1969 年 3 月 1 日首次发布了噪声法规 ECE R《机动车辆在噪声方面形式认证的统一规定》,当时内容涉及两轮、三轮和四轮的机动车辆,后有些车型单立法规,其中影响最大的是 ECE R51《至少有四轮的汽车在噪声方面形式认证的统一规定》,规定了汽车加速行驶车外噪声的限值及测量方法,于 1982 年 7 月 15 日生效。后按欧洲经济合作发展组织(OECD)的一次降低交通噪声的大会要求,于 1985 年后又降低车辆噪声 5 ~ 10 dB(A)。

ECE R51 中也规定了汽车定置噪声的测量方法,但没有规定限值,测得的声级是为该车型投入使用后在用车主管部门检查时提供一个参考值。如果检查测得值超过参考值一定的值,则该车就要维修或淘汰。现在,该法规还规定了装有空气制动系统车辆的压缩空气噪声限值,即 72 dB(A)(7 m 处)。

EEC 最早颁布汽车噪声法规是在 20 世纪 70 年代初,即 70/157/EEC《欧共体形式认证指令——汽车噪声》,其相关内容与 ECE R51 是等效的,各阶段的限值变化和实施日期与 ECE R51 基本上同步。其修订版本号和新限值的实施日期是:77/212/EEC,1980 年 4 月 1 实施;84/424/EEC,1988 年 10 月 1 实施;92/97EEC,1995 年 10 月 1 实施。

**(2)日本**

日本对汽车噪声控制较早,1951 年就制订了《道路车辆法》。那时对车辆等行驶噪声和排气噪声就作了规定,笼统规定在 85 dB(A)以下。1967 年又颁布了《公害对策本法》,把噪声正式列为公害。后来根据该法制订了《噪声控制法》,于 1968 年 6 月 1 日颁布。

为进一步限制城市交通噪声,日本自 1970 年开始限制车辆的加速行驶噪声,在《机动车辆安全标准》中按车辆类型规定了限值,如表 10-12 所示。1976 年中央环境污染控制委员会提出了加速噪声的目标限值,分两个阶段实施。第一阶段目标值在 1979 年达到,第二阶段则是按车型在 1982 年以后陆续达到,如表 10-12 所示。

由表 10-12 可见,日本的汽车加速噪声限值经历了四个阶段,大型车已由当初 92 dB(A)降低了 9 dB(A),中型车和轻型车降低了 8 dB(A),小型车也降低了 6 dB(A)。

中央环境污染控制委员会在 1992 年 1 月的报告中又提出了下一步的加速噪声限值,有的要求 10 年达到,有的是 6 年,如表 10-12 所示。现在,运输省已修订了道路车辆安全法规中关于噪声限值的标准,分别从 1998、1999 或 2002 年 10 月 1 日起实施。

实际上,日本的法规中对车辆还规定了等速行驶和定置噪声限值。

表 10-12　日本汽车加速噪声限值的变化

| 汽车分类 | | | 71年 | 76年 | 77年 | 79年 | 82年 | 83年 | 84年 | 85年 | 86年 | 87年 | 88年 | 90年 | 1992年11月后[?年]目标 |
|---|---|---|---|---|---|---|---|---|---|---|---|---|---|---|---|
| 重型车 | GVM>3.5 t P>150 kw | 全轮驱动车等 | | | | | | | ← | ← | ← | ← | 83 | ← | [10] 82 |
| | | 载货车 | 92 | 89 | ← | 85 | ← | ← | | 83 | ← | ← | ← | ← | [10] 81 |
| | | 客车 | | | | | | | | 83 | ← | ← | ← | ← | [6] 81 |
| 中型车 | GVM>3.5 t P<150 kw | 全轮驱动车等 | | | | | | | | | | | | | [10] 81 |
| | | 载货车 | 89 | 87 | ← | 86 | ← | | 83 | | | | | | |
| | | 客车 | | | | | | | | | | | | | [10] 80 |
| 轻型车 | GVM<3.5 t | 全轮驱动车等 | | | | | | | | 78 | | | | | [10]76 GVM<1.7 t 时 [7] |
| | | 载货车 | 86 | ← | 83 | 81 | ← | ← | | | | | | | |
| | | 客车 | | | | | | | 78 | ← | ← | ← | ← | ← | |
| 小型车 | S≤10 | S>6 | 84 | ← | 82 | 81 | 78 | ← | | ← | ← | | | | [7] 76 |
| | | S≤6 | | | | | | | | | | | | | [6] 76 |

注:GVM——最大总重量;S——包括驾驶员的乘员数。

**(3) 美国**

美国的汽车噪声法规包括联邦的和各洲、市自立的。20 世纪 60 年代后期,美国部分州出现地方性噪声控制法规。1967 年首次批准制订了 SAE J988《小客车和轻型载货车噪声级》,其中包括加速噪声的测量方法和限值。1969 年又批准制订了 SAE J366《重型载货汽车和客车的车外噪声级》,其包括中、重型货车和大客车的加速噪声测量方法和限值。在 1970 年批准的 SAE J988 修订版中对小客车和轻型货车规定的限值是 86 dB(A),在 SAE J366 中对中、重型货车和大客车的限值 88 dB(A)。后来,这些 SAE 标准中取消了限值的规定,而改在相应的法规中规定。

1972 年美国政府规定了《噪声法》(Noise Act of 1972),以后又制订了有关机动车辆的联邦法规(CFR)。对于新型中、重型载货车(GVM10 000 1b)的噪声限值分两个阶段实施:第一阶段是 83 dB(A),1978 年 1 月 1 日生效;第二阶段是 80 dB(A),原来规定 1982 年 1 月 1 日生效,但因技术开发周期较长和成本上升,一直推迟到 1988 年 1 月 1 日生效。目前,这个限值标准仍保持在这个水平上。后来这些法规中也包括了大客车噪声限值。联邦法规实际上起到了用统一的国家法规代替地方法规的作用。但美国联邦法规从来没有对小客车和轻型载货车的噪声进行限值,只是州或市的地方法规对此有规定,有的即将把限值降到 80 dB(A),方法是基于 SAE J986 的。一些地方(如加利福尼亚州等)也将采用或建议限值是 75 dB(A),甚至低到 70 dB(A)。

20 世纪 70 年代,美国环保局(EPA)建立了降噪控制的管理机构并开展了许多研究。但 1982 年政府削减了噪声研究的预算,使这个管理机构关闭,从基础上结束了美国汽车噪声法规的进一步发展。这与其他国家相比有较大差别。

**（4）中国**

我国汽车噪声控制工作开始于 1979 年,当时发布了两项国家标准 GB 1495—79《机动车辆允许噪声》和 GB 1495—79《机动车辆噪声测量方法》。现行标准为 GB 1495—2002《汽车加速行驶车外噪声限值及测量方法》（表 10-13）和 GB 16170—1996《汽车定置噪声限值》。

表 10-13　汽车加速行驶车外噪声限值

| 汽车分类 | 噪声限值/dB（A） | |
|---|---|---|
| | 第一阶段 | 第二阶段 |
| | 2002.10.1—2004.12.30 期间生产的汽车 | 2005.1.1 以后生产的汽车 |
| $M_1$ | 77 | 74 |
| $M_2$（GVM≤3.5 t）,或 $N_1$（GVM≤3.5 t）: GVM≤2 t<br>2t < GVM≤3.5 t | 78<br>79 | 76<br>77 |
| $M_2$（3.5 t < GVM≤5 t）,或 $M_3$（GVM >5 t）: P < 150 kW<br>P≥150 kW | 82<br>85 | 80<br>83 |
| $N_2$（3.5t < GM≤12 t）,或 $N_3$（GVM >12 t）: P < 75 kW<br>75 kW≤P≤150 kW<br>P≥150 kW | 83<br>86<br>88 | 81<br>83<br>84 |

说明:

a）$M_1$、$M_2$（GVM≤3.5 t）和 $N_1$ 类汽车装用直喷式柴油机,其限值增加 1 dB（A）。

b）对于越野汽车,其 GVM >2 t 时:

　　如果 P < 150 kW,其限值增加 1 dB（A）;

　　如果 P≥150 kW,其限值增加 2 dB（A）。

c）$M_1$ 类汽车,若其变速器前进挡多于四个,P > 140 kW,P/GVM 之比大于 75 kW/t,并且用第三挡测试时其尾端出线的速度大于 61 km/h,则其限值增加 1 dB（A）。

### 10.2.4　油耗法规

**（1）美国的平均油耗法**

20 世纪 70 年代的两次石油危机使得美国能源部开始介入汽车工业管理。1975 年政府颁布了"能源政策和储备法",成为了制订"平均油耗法"的依据。所谓平均油耗法,就是规定了每个汽车公司销售的轿车和轻型载货汽车的平均油耗标准。美国自轿车平均油耗法实施以来,使车主一年节约 3 000 美元左右的汽油费,成为国家推动汽车技术进步的好杠杆,同时促进了代用燃料的开发,相信这一法规一直会用到汽车不烧汽油的一天。

2005 年,随着国际原油期货价格突破 70 美元,高油价时代已经来临。美国政府率先提出新的轻卡油耗技术标准。主要内容是要求美国汽车制造商提高皮卡车、小型面包车和多数家用多功能车(SUV)等车辆的油耗标准。例如,小型面包车每加仑的行驶里程将从目前要求的21 英里(一英里约合 1.609 千米)提高到 23.3 英里。这一计划从 2008 年起开始实施,并在 2011 年全面实施新的油耗标准。这一计划的实施最终可以使美国每年减少汽油消费 100 亿加仑。

**(2)日本等国提高燃料经济性目标**

日本、英国、德国、法国和瑞典等国都有提高燃料经济性的目标。这目标政府和厂家协商确定,具有法规的作用。

日本在 1979 年颁布了"能源合理消费法",并以公告形式公布"制造者等关于改善机动车性能的准则",但没有规定控制汽车油耗的限值。1999 年 3 月颁布的新公告中,分别规定了2005 年和 2010 年乘用车及车辆总质量小于 2.5 t 货车的油耗限值,见表 10-14;要求 2010 年汽油车油耗限值比 1995 年降低 20%以上,见表 10-15。

**表 10-14　日本 2005 年和 2010 年乘用车油耗限值**

| 汽油乘用车油耗限值(2010 年) | | | | | | | | |
|---|---|---|---|---|---|---|---|---|
| 整备质量,kg | ≤702 | 703 ~ 827 | 828 ~ 1 015 | 1 016 ~ 1 265 | 1 266 ~ 1 515 | 1 516 ~ 1 765 | 1 766 ~ 2 015 | 2 016 ~ 2 265 | ≥2 266 |
| 限值,km/L | 21.2 | 18.8 | 17.9 | 16.0 | 13.0 | 10.5 | 8.9 | 7.8 | 6.4 |
| 柴油乘用车油耗限值(2005 年) | | | | | | | | |
| 整备质量,kg | ≤1 015 | | | 1 016 ~ 1 265 | 1 266 ~ 1 515 | 1 516 ~ 1 765 | 1 766 ~ 2 015 | 2 016 ~ 2 265 | ≥2 266 |
| 限值,km/L | 18.9 | | | 16.2 | 13.2 | 11.9 | 10.8 | 9.8 | 8.7 |

欧洲到目前为止还没有控制汽车油耗的正式法规,在 EEC 一些关于燃油消耗量的指令中,只规定了燃油消耗量的测定方法,并没有规定限值。

**(3)我国的《乘用车燃料消耗量限值》**

我国于 2004 年 10 月 28 日颁布了首个控制汽车燃料消耗量的强制性标准——《乘用车燃料消耗量限值》(以下简称《限值》),并于 2005 年 7 月 1 日起正式实施。该《限值》的规定主要借鉴了日本按质量分等的方法,所不同的是中国采用的是按照汽车整车整备质量(指已添满燃料、冷却液、润滑油和随车工具时的汽车质量)进行分等。

《限值》将分两个阶段实施。对于新开发车型,第一阶段的执行日期为 2005 年 7 月 1 日。从 2008 年 1 月 1 日起,乘用车新定型车型的燃料消耗量将执行第二阶段限值标准,对在产车型则从 2009 年 1 月 1 日起执行第二阶段限值标准。

表 10-16 是《乘用车燃料消耗量限值》,从中可以看出各种整备质量车辆相对应的油耗限值标准。例如某型号整车整备质量为 1 100 ~ 1 140 kg,那么其手动挡车在燃料限值第一阶段是 8.9 L/100 km,第二阶段是 8.1 L/100 km;自动挡车在燃料限值第一阶段是 9.4 L/100 km,第二阶段是 8.6 L/100 km。

表 10-15　日本 2005 年和 2010 年货车油耗限值

| 汽油货车油耗限值（2010 年） | | | | |
|---|---|---|---|---|
| 类　别 | 整备质量（RW），kg | | 限值，km/L | |
| | | | 自动变速器 | 手动变速器 |
| 微型货车 | RW≤702 | 乘用车派生 | 18.9 | 20.2 |
| | | 其　他 | 16.2 | 17.0 |
| | 703≤RW≤827 | 乘用车派生 | 16.5 | 18.0 |
| | | 其　他 | 15.5 | 16.7 |
| | 828≤RW | | 14.9 | 15.5 |
| 小型货车 | RW≤1 015 | | 14.9 | 17.8 |
| | 1 016≤RW | | 13.8 | 15.7 |
| 轻型货车 1 700＜总质量≤2 500 | RW≤1 265 | 乘用车派生 | 12.5 | 14.5 |
| | | 其　他 | 11.2 | 12.3 |
| | 1 266≤RW≤1 515 | | 10.3（RW≥1 266） | 10.7 |
| | RW≥1 516 | | | 9.3 |
| 柴油货车油耗限值（2005 年） | | | | |
| 小型货车 | 总质量≤1 700 kg | | 15.1 | 17.7 |
| 轻型货车 1 700＜总质量≤2 500 | RW≤1 265 | 乘用车派生 | 14.5 | 17.4 |
| | | 其　他 | 12.6 | 14.6 |
| | 1 266≤RW≤1 515 | | 12.3 | 14.1 |
| | 1 616≤RW≤1 765 | | 10.8 | 12.5 |
| | RW≥1 766 | | 9.9 | |

表 10-16　《乘用车燃料消耗量限值》（GB 19578—2004）

| 整车整备质量（CM） | 第一阶段 | 第二阶段 | 第一阶段* | 第二阶段* |
|---|---|---|---|---|
| CM≤750 | 7.2 | 6.2 | 7.6 | 6.6 |
| 750＜CM≤865 | 7.2 | 6.5 | 7.6 | 6.9 |
| 865＜CM≤980 | 7.7 | 7.0 | 8.2 | 7.4 |
| 980＜CM≤1 090 | 8.3 | 7.5 | 8.8 | 8.0 |
| 1 090＜CM≤1 205 | 8.9 | 8.1 | 9.4 | 8.6 |
| 1 205＜CM≤1 320 | 9.5 | 8.6 | 10.1 | 9.1 |
| 1 320＜CM≤1 430 | 10.1 | 9.2 | 10.7 | 9.8 |
| 1 430＜CM≤1 540 | 10.7 | 9.7 | 11.3 | 10.3 |
| 1 540＜CM≤1 660 | 11.3 | 10.2 | 12.0 | 10.8 |
| 1 660＜CM≤1 770 | 11.9 | 10.7 | 12.6 | 11.3 |
| 1 770＜CM≤1 880 | 12.4 | 11.1 | 13.1 | 11.8 |

续表

| 整车整备质量(CM) | 第一阶段 | 第二阶段 | 第一阶段* | 第二阶段* |
|---|---|---|---|---|
| 1 880 < CM ≤ 2 000 | 12.8 | 11.5 | 13.6 | 12.2 |
| 2 000 < CM ≤ 2 110 | 13.2 | 11.9 | 14.0 | 12.6 |
| 2 110 < CM ≤ 2 280 | 13.7 | 12.3 | 14.5 | 13.0 |
| 2 280 < CM ≤ 2 510 | 14.6 | 13.1 | 15.5 | 13.9 |
| 2 510 < CM | 15.5 | 13.9 | 16.4 | 14.7 |

注:1. *指具有以下一种或多种结构特征的车辆:a)装有自动变速器;b)具有三排或三排以上座椅;c)符合GB/T 15089—2001 中 3.5.1 规定条件的 M1G 类汽车。M1 类指包括驾驶员座位在内,座位数不超过 9 座的客车。M1G 指 M1 类越野车,即指包括驾驶员座位在内,座位数不超过 9 座的越野客车。

2. "整车整备质量"(CM)栏目下的数值单位为千克(kg)。"第一阶段""第二阶段"栏目下的数值单位为升/100 千米(L/100 km),即指行驶 100 千米所消耗的燃油量。

# 主要参考文献

［1］吴植民. 汽车构造（上、下册）［M］. 北京：人民交通出版社,1993.

［2］余志生. 汽车理论［M］. 北京：机械工业出版社,1994.

［3］肖盛云,徐才明. 汽车运用工程基础［M］. 重庆：重庆大学出版社,1994.

［4］上海市教育局,上海市交通运输局,上海市公共交通总公司. 汽车构造［M］. 上海：上海科学技术出版社,1993.

［5］秦书贵. 汽车导论［M］. 湖北：湖北科学技术出版社,1991.

［6］张建俊. 汽车诊断与检测技术［M］. 北京：人民交通出版社,1991.

［7］《汽车百科全书》编纂委员会. 汽车百科全书［M］. 北京：机械工业出版社,1992.

［8］上海市教育局,上海市交通运输局,上海市公共交通总公司. 汽车常用材料及加工工艺［M］. 上海：上海科学技术出版社,1993.

［9］李承德,等. 汽车外形的发展［M］. 北京：人民交通出版社,1991.

［10］孙存真,等. 轿车的结构与维修［M］. 沈阳：吉林科学技术出版社,1992.

［11］王建. 交通美学理论与实践［M］. 北京：科学技术文献出版社,1992.

［12］汽车工程全书编辑委员会. 韩德恩,郭玉元,译. 汽车的传动装置［M］. 北京：人民交通出版社,1993.

［13］刘世恺. 汽车的传动系［M］. 北京：人民交通出版社,1989.

［14］张洪欣. 汽车设计［M］. 北京：机械工业出版社,1992.

［15］郑家祥,陆玉新. 电子测量原理［M］. 北京：国防工业出版社,1980.

［16］袁希光. 传感器技术手册［M］. 北京：国防工业出版社,1986.

［17］李令举. 汽车工程电子新技术［M］. 北京：人民交通出版社,1995.

［18］王月霞. 微型计算机控制技术［M］. 北京：人民邮电出版社,1985.

［19］李行善. 计算机测试与控制［M］. 北京：航空航天大学出版社,1990.

［20］王宝玺. 汽车拖拉机制造工艺学［M］. 北京：机械工业出版社,1989.

［21］刘世维,储凯,胡里木. 热加工工艺基础［M］. 重庆：重庆大学出版社,1994.

［22］陈家起,罗虹,张伟. 汽车车身制造工艺学［M］. 重庆：重庆大学出版社,1993.

［23］邓文英. 金属工艺学（上册）［M］. 北京：高等教育出版社,1990.

［24］邬惠乐,张洪欣. 汽车技术词典［M］. 北京：人民交通出版社,1993.